JN006547

フィーとは」で詳しく述べますが、1922 年に発表されたマリノフスキー[1]の『西太平洋の遠洋航海者』[マリノフスキー 1967]を契機に人類学の手法として広がり、やがて学問の基盤となるものと見なされるようになりました。マリノフスキーが人類学にもたらしたものを、人類学者の箭内匡は「現実の生の不可量部分」すなわち、民族誌に項目としては書ききれない、つまり量ることのできない日常生活のこまごまとしたことのつみかさねからなる人々の生の血肉部分を、自らも積極的に参加する、すなわち参与観察によってとらえうることを示したことであるとしています[箭内 2018: 47-48]。

　フィールドワークもしくはエスノグラフィーという方法は時代とともに、あるいは人によって形を変えながらも現在まで人類学という学問の中心にあり続けています。先述した池田の言葉を借りるなら、人類学における天と通じる瞬間とは、例えばフィールドで人類学者が経験をともにしながらそのやり方を学ぼうとする現地の人との間に響き合うものを感じ合ったときなのではないでしょうか。

　何年か前、新しく届いたハナレグミのアルバムの、一曲目「線画」を聴いたとき、まず思い浮かべたのがインゴルドによる「線」の話、そして人類学のことを歌っているようだと思いました。

> 町は線画、針金でできた、うたかたの空
> 僕ら線画、かさねてゆけば、気持ちが見えるから、不思議だ
> 君と背中合わせ見あげる空、見つめあうよりも一つになれるからさ、大好きなんだ
> 線画、線画、君と歩いた町はうたになったんだ
> 線画、線画、君と歩いた町はうたになったんだ
>
> [ハナレグミ「線画」より抜粋]

　インゴルドは「ちょうど描画の線のように、社会的生の線は決して完結せず、つねに進行中の世界の中で生成する複数の歴史を顕在化させている」[インゴルド 2021: 510]として、これらの線に沿って人類学を描き直すことを提案します。「線描のように線を引き集め、生の軌跡を束ねることを通して人と物事について理解」するすなわち「ともに在ること」だから[インゴルド 2021: 510]です。

　フィールドで出会った他者とともに過ごし、そこに生成したものは瞬間としてはとらえがたいけれど振り返ってみれば一つの線画、あるいは歌のような形を描いていたことに気づきます。そしてその線は様々な音、楽器、沈黙と出会い、ときに共鳴し、

1　本書第 3 部ではマリノフスキとの名称で登場しますが、同一人物です。

ときに不協和音を奏でながら今この瞬間も何かを描き続けています。このことを「生成変化」の線と言い換えてもいいでしょう。

そして、人類学者は人々について学ぶのではなく、人々とともに学ぶ［インゴルド 2023］のであり、その視線はともにいる人を見ているのではなく、その人と同じもの、例えば同じ空、あるいは天を見つめているのです。

この本では3人の人類学者それぞれが関心をもつ領域、身体、動物、生命、をテーマにおき人類学とは何かを自由に描くというスタイルをとっています。したがって同じ文献や言葉が書き手の間で重複しているところがあります。しかし誰と出会ってどのような生成変化が起こるのかは、人類学者それぞれが異なれば別のものになると考えて、むしろそれこそが人類学らしさをあらわすものとしてそのままにしてあります。

本書の第1部ではケイトリン・コーカーが**身体**を切り口にして、人類学について人類学的に考えることを目標とします。身体に焦点を当てることとはどのような作業になるのか、例えば**ダイバーシティ**（diversity）すなわち**多様性**という概念について考えてみることから始めましょう。2022年現在でいえば、日本での大学の教員の大半が日本人男性です。女性教員のみならず、女性の学生も、様々な困難にぶつかることが考えられます。また、男性か女性という二項対立的なアイデンティティをもたない、Xジェンダーなどの学生の存在を考慮した設備もまだ不十分なことが多いでしょう。

ダイバーシティを身体という切り口から考えてみると、身体という概念を理論的に問い直す際、経験的な積み重ね、つまり身をもって為すことが研究の資源となることがわかります。そして、その経験の中での身体的な理解は繊細で脆いものですが、大事なのはそこから身体が何を成しうるのかを問う姿勢です。身体は理論でとらえる対象であるのみならず、調査の土台ならびに考察の源でもあります。

さらに確認しておきたいのは、身体というとき、生物学的かつ解剖学的に身体を考えることと一般的に考えられていますが、このような身体とは固定化された死体のようなものだということです。本論でいう身体は生きている身体、その身体経験を指し示します。身体経験を通して考えることは、認識論でいう相手の世界が「わかる」というものではないかもしれません。「わからない」か「わかる」かという次元ではなく、「できない」ことが「できる」ようになった時のひらめきがポイントとなります。これは単線的な進歩についてのみあてはまるものではなく、老化や病気の経験で、身体の機能が衰える一方で感じられることや見えてくることなどが増えてくることでもあります。上記の身体経験からの観点は第1部の総合的な視座となります。

具体的には第1章では人類学という学問の始まりを考えるために、他者との**差異**はいかにとらえられてきたのか、差異のとらえ方がどのように学問の在り様を形成させ

てきたのかを考察します。この作業は学問への理解を深めると同時に、脱西洋中心主義的な人類学のヴィジョンを構築するための一助となります。第2章ではジェンダーに関する人類学的な研究がどのように登場して、人類学的な理論を発展させるきっかけになったのかを明らかにし、その重要性を提示します。第3章では、近代的な人類学で身体を固定化した象徴として扱う傾向と、この傾向に対する批判から出てきた**身体経験**をより生き生きととらえ、よりありありと伝えるような人類学について紹介します。最後に第4章は、第3章の諸理論の延長線上の位置づけで、**身体そのものは何なのか**、つまり身体的な存在として生きることとは何なのかを問い直す、現代人類学の流れの中での存在論的転回、特に情動論的転回を紹介します。

　第2部では山口未花子が、「人間」から少し視点をずらし、「**動物**」という観点から人類学の様々な側面について考えてみたいと思います。

　動物がもしこの世にいなかったら、そんなことを考えたことがあるでしょうか。それは思うより難しいことかもしれません。例えば今、あなたがいる空間の中にも動物たちはいろいろな形で潜んでいます。それは机に置かれたモノに描かれたキャラクターの動物かもしれませんし、足元で眠っている犬かもしれません。一見すると動物だと気づかないもの、身に着けている時計のバンドや履いている靴は動物の皮からつくられているかもしれませんし、これから食べるハンバーガーの肉が牛や豚であることに思い至るかもしれません。人間は人間だけでは存在できないのであれば、人間とともに共同体をつくる人以外の存在、例えば動物のことを考えることが人とは何かを考えることの一つの方法になるのではないでしょうか。

　第5章では人とはすなわちホモ・サピエンスという生物種であるという点に焦点を当てて動物との関係を考察します。特にヒトがどのように動物と関わり、資源として利用し（食べるに適している動物）、そしてそのことによってどのような動物との関係が生まれてきたのかという点に焦点を当てて人と動物の種間関係についてみていきたいと思います。第6章では人類学において長らく主流を占めた象徴としての動物という側面について検討します。レヴィ＝ストロースが、「食べるに適している」から動物を取り上げるのでなく「考えるに適している」からであるという言葉を、トーテミズムとアニミズムという観点から再考しています。そして人が動物を象徴として用いるのは、動物との結びつきが重要だからこそであると論じています。第7章では、これまであげた比較的古典的な人類学における動物論をある種乗り越える形で今日注目されている存在論的転回以降の様々な議論、マルチスピーシーズ人類学やインゴルドの動物論などについて取り上げています。そして第8章では、第2部担当の山口によるフィールドワークの経験を中心にライフストーリーのような形で人類学者と動物

との間に生成する物語を描きます。この中で、生物学と人類学の対比、フィールドワークをどのように実践するのか、現地の人々（動物）との関係の変化、経験からどのように考え、生きるための知恵として身につけることができるのかといったことを具体的に描くことを心掛けました。

　第3部では、小田博志が「**生命**」をテーマにした論考を展開します。人類学で近年問題になっているのが自然と人間（および人間に独自の領域としての文化）との関係です。近代社会において両者は明確に分けられる傾向にありました。しかしほんとうにそれほどきれいに分けられるのかが問われ、両者をつなぐ枠組みは何かが求められているのです。小田が担当する第3部では、この両者は生命においてつながっていると考え、それを総論と2つの各論、そして方法論に分けて説明を展開します。最初の**生命**の章では、自然と人間とをつなぎ直すという問いから出発して、生きていることに立ち返り、人類学において関連のある先行研究を検討したうえで、ヴァイツゼカー、木村敏、空海の思想を総合して「生命的自発性の存在論」の立場に至っています。そこでは生命を自発の動きと定義して、そこから自然と文化とが二次的に生成するとみます。最後に生きている世界の人類学の展望を述べています。次の**言葉**の章は、この生命論を前提に、人間にとどまらない言葉の世界を訪ねます。「言葉」という言葉に注目し、それが「事の端（ことのは）」を意味することの意義を考察します。オーソドックスな言語人類学をウォーフを中心にみたうえで、生きた言葉の力を示す中動態、フォーカシング、アブダクションの概念を概観し、そしてパースと空海とを参照して人間を超える言葉の領域へと扉を開いています。3番目の**平和**の章で追求するのは、支配（コントロール）無き平和とは、という問いです。筆者自身（小田）の調査経験と人類学的な平和研究に基づいて、聴く耳と人の痛みのわかる心、影と直面する、つながりの平和、歓待と非所有、大地との平和（スチュワードシップ）といった様々な側面からこの問いに光を当てていきます。最後の**エスノグラフィー**の章は、人類学の独自の特徴を形づくってきたエスノグラフィーという方法論を前半と後半に分けて解説しています。ある現場に研究者が身をもって関わり、そこで得られた理解を言葉にしていくことがエスノグラフィーのプロセスです。その際に、既存の枠組みに閉じるのではなく、自分を現場へと開くこと、現場で直面した問いから探求が始まること、対話の中で言葉を紡ぎ出していくことが重要になってきます。後半では生命論的なエスノグラフィーを構想します。それは、人間の文化や社会に限定されない生命の基層に立ち返り、生きている現場と関わり、そこで感性と想像力をも用いた深い観察を行って、現場と循環する言葉を生み出す方法論となるでしょう。また生命論に基づく研究が、自己目的化した研究に閉じることなく、生きている世界をケアする生業（なりわい）の一環として行われる、そのよう

な風景を展望します。

参照文献

池田晶子 2003『14 歳からの哲学』トランスビュー.

インゴルド，T. 2018 (2015)『ライフ・オブ・ラインズ——線の生態人類学』筧菜奈子・島村幸忠・宇佐美達朗訳 フィルムアート社 (Ingold, T. *The Life of Lines*. Routledge.)

インゴルド，T. 2020 (2018)『人類学とは何か』奥野克巳・宮崎幸子訳 亜紀書房 (Ingold, T. *Anthropology: Why it Matters*. Wiley.)

インゴルド，T. 2021 (2021)『生きていること——動く，知る，記述する』柴田崇ほか訳 左右社 (*Being Alive: Essays on Movement, Knowledge and Description*. Routledge.)

マリノフスキー，B. K. 1967 (1922)『西太平洋の遠洋航海者』(泉靖一・増田義郎編訳『世界の名著 (59) マリノフスキー／レヴィ＝ストロース』所収，中央公論社 (Malinowski, B. K. *Argonauts of the Western Pacific: An Account of Native Enterprise and Adventure in the Archipelagoes of Melanesian New Guinea*. Routledge & Sons.)

箭内匡 2018『イメージの人類学』せりか書房.

参照歌詞

ハナレグミ 2017「線画」，『SHINJITERU』音楽アルバム.

ミニ・レクチャー1　知識と智慧

小田博志

「色即是空　空即是色……」というフレーズで有名な般若心経を、日本のお寺で聞いたことがある人は多いでしょう。「般若」とは日本語ではなくて、prajñā（プラジュニャー）というサンスクリット語の音に、唐代の僧、玄奘が当て字をしたものです。この経典の現代日本語訳において、中村元はこの言葉を「智慧」と訳しました [中村・紀野 2001: 17]。私たちはふだん自分や物事を区別して、「私」がいるとか、私の PC、私のお金、あの鳥、この机などと認識しています。そして「私」が年老いたり、死んだり、物を失ったりすることを不安に思うことがあります。釈迦はそうした在り方を「苦」と言いました。けれどもよく考えてみたら「私」も物事も独立した実体ではなくて、複雑なつながり合いの中ではじめて存在していることに気づきます。大きな関係性の動きの中で、形あるものが生起しているのです。「色即是空　空即是色」とはこのことを言っています。物事を切り離して認識するのが分別知＝知識だとすれば、物事が大きな関係性の中にあることに目覚めるのが無分別智＝智慧です。つながりの智慧、これは仏教のみに限定されないのではないでしょうか。

[中村元・紀野一義（訳註）2001『般若心経・金剛般若経』岩波書店.]

目　　次

はじめに　　i

第1部　身　体 [ケイトリン・コーカー]──────────────1

第1章　人類学という学問の始まりの（再）考察：
　身体をキーワードに────────────────3
　1. 人類学はどのような時代背景の中で始まったのか？　　3
　2. 人類学が始まった当時は、どのような思想が一般的だったのか？　　5
　3. 人類学という学問がいかに語られてきたのか？　　7
　4. 人類学の学説史がいかに学問の中の権力関係につながっているのか？　　11
　5. 日本を中心に据え直したら、人類学の始まりをいかに語りうるのでしょうか？　　13

第2章　ジェンダーについて考えることは、女性のためだけでなく、皆のためです：
　ジェンダーをキーワードに────────────────17
　1. 古典的な人類学での女性の地位　　18
　2. 20世紀初頭の女性たちと人類学　　19
　3. 女が自然、男は文化か？　　22
　4. 属性ではなく実践としてのジェンダー　　27
　5. おわりに　　32

第3章　人類学の身体論（前半）：
　心身二元論を超えていく────────────────37
　1. 社会生活の背景から前景化される身体：モースの身体技法　　37
　2. 構造主義的な身体論：メアリ・ダグラスの社会的な身体　　39
　3. 1960年代の肉体から、ポスト構造主義の身体論へ　　40
　4. 身体の人類学への新たな挑戦　　42
　5. 身体化論の人類学：心身二元論から心身一元論へ　　44
　6. 身体化論の問題：二元論をもって二元論を超えられるのか？　　48

第4章　人類学の身体論（後半）：
　存在論的転回とアフェクト（情動論）的転回────────53
　1. 二元論を克服することから、存在論を多数化することに　　53

　　2. ポストモダンの人類学を振り返った存在論的転回　55
　　3. 人類学的な研究における存在論的なアプローチ：ハウツー編　58
　　4. 存在論的転回にアフェクト論的転回をかけて　61

第2部　動　物 [山口未花子] ———————————————71

第5章　資源としての動物 ————————————————————73
　　1. 人すなわち狩猟民　74
　　2. 贈与でつながる　76
　　3. ヒトと動物の互恵性　80

第6章　表される動物 ————————————————————————85
　　1. 動物で考える　85
　　2. 象徴としての動物　87
　　3. トーテミズムをめぐる議論　88
　　4. 動物描写にみるトーテミズムとアニミズム　91
　　5. 生態と宗教　93

第7章　Part of Animals ———————————————————————99
　　1. 自然と文化の対立を超えて　99
　　2. 存在論的転回　100
　　3. 模倣と誘惑としての狩猟　101
　　4. 動物と人の絡まり合い　101
　　5. 動物になること　103
　　6. 動物の三つのカテゴリー　104
　　7. あいだにいる動物　106
　　8. 動物の視点に立つ　108

第8章　動物たちとともに世界を生きる ————————————113
　　1. フィールド前夜　113
　　2. 猟師に弟子入りする　115
　　3. 経験をとおして学ぶ　116
　　4. 人々の暮らしを支える資源としての動物　118
　　5. ヘラジカを獲る　119
　　6. 身体を贈与してくれるヘラジカ　121
　　7. 人と動物の同一性　123

　　8. メディシン　124
　　9. 動物のリズムと出会う　126
　10. 学んだことをなぞる　127
　11. 北海道の森でシカを追う　128
　12. 動物の言葉に耳を澄ませてみよう　129

第3部　生命：自然と文化の基層としての［小田博志］————————133

第9章　生　命————————————————135
　　1. 自然と文化をつなぎ直す　135
　　2. 生きていることへと立ち還る　137
　　3. 人類学の存在論的転回　139
　　4. 生命的自発性の存在論　141
　　5. 生きている世界の人類学へ　146

第10章　言　葉————————————————151
　　1. 言葉は事の端　151
　　2. 言葉が経験を規定する：言語相対主義　152
　　3. 言葉の力：中動態・フォーカシング・アブダクション　153
　　4. 人間を超える言葉　156
　　5. 存在は言葉である　158

第11章　平　和————————————————163
　　1. 聴く耳と人の痛みのわかる心　164
　　2. 影と直面する　165
　　3. つながりの平和　166
　　4. 歓待と非所有　169
　　5. 大地との平和：スチュワードシップ　171
　　6. 支配無き平和へ　172

第12章　エスノグラフィー————————————179
　　1. エスノグラフィーとは　179
　　2. エスノグラフィーのポイント　182
　　3. 生命論的なエスノグラフィーを構想する　186

おすすめの映画／書籍など　196

あとがき　199
索　　引　201

ミニ・レクチャー 1　知識と智慧［小田博志］　　vii
ミニ・レクチャー 2　異種間のコミュニケーション、異種混合の群れ［山口未花子］　　110

コラム 1　ドラァグ・クイーンの実践からわかる、ジェンダーのパフォーマティヴィティ
　　　　　［呉 納馨］　30
コラム 2　「アフェクト」と「集合的沸騰」［レットソン ジェームス D.］　　68
コラム 3　モンゴル遊牧社会における人間と動物の関係［サリントヤ（薩仁図雅）］　　82
コラム 4　漫画が描く他者の視点［山口未花子］　96
コラム 5　動き続ける音の世界［加賀田直子］　131
コラム 6　生をともにする［田中佑実］　148
コラム 7　障害・ケア・平和：安積遊歩さんとの 29 年から［小田博志］　176
コラム 8　オートエスノグラフィ──「私」──が拓く世界［石原真衣］　194

第1部　身体

「手と足」(撮影：FUJISAKI Soshi)

第1章　人類学という学問の始まりの（再）考察：
　　　　身体をキーワードに

第2章　ジェンダーについて考えることは、女性のためだけ
　　　　でなく、皆のためです：
　　　　ジェンダーをキーワードに

第3章　人類学の身体論（前半）：
　　　　心身二元論を超えていく

第4章　人類学の身体論（後半）：
　　　　存在論的転回とアフェクト（情動論）的転回

第 1 章
人類学という学問の始まりの（再）考察：
身体をキーワードに

　ざっくり言えば、初期の人類学は様々な人間を比較してその差異をとらえようとし、人間の普遍性ならびに特定の集団の特異性について考える学問でした。そして、誰かと出会った時、第一に浮かび上がってくる差異は、身体的な特徴です。ここでは外見のみならず、話し方や身体装飾なども身体的な特徴にカウントしています。このような差異をたくさん見出すことで、相手のことを他者と呼ぶことになったのでしょう。

　本章の目標は、先ほどの差異がいかにとらえられたのかを吟味することで、人類学という学問を人類学的に再検討することにあります。この人類学的な観点とは、学問の始まりを説明するというよりも、その始まりの裏にある固定観念を問い直すことです。つまり人間の差異に関わる諸概念を明らかにすることで、その固定観念がいかに学問を成り立たせていたのかを考察します。

　そして、差異に関する固定観念に基づいた権力関係を掘り下げて考えていくことで、人類学の学説史の西洋中心主義的な傾向を揺さぶることを目指します。この目的も人類学という学問の在り様を人類学的に考えることとなります。上記を踏まえて、脱西洋中心主義的な観点から、人類学という学問の起源をみていくこととしましょう。

1. 人類学はどのような時代背景の中で始まったのか？

　当時の人々にとっての他者、人間の差異のとらえ方を考えましょう。

　他の入門書を手に取ってみれば、人類学はどのように始まったのかという質問に答えようとするものが多いということに気づくでしょう。その中では、大航海時代において、イギリス、アメリカ、フランスの（航海）技術が発展し、遠隔地の人々に出会うことが急増したため、他者について考える必要性が増し、その他者との差異をとらえようとする営みが人類学の始まりだった、と大まかに書いたものがあります。

　大航海時代の到来で、確かに他者との出会いはかつてより増えたでしょう。しかしそれ以前は地理的に離れた者同士でも交流していなかったというわけではありません。人類学は異なる者同士が出会って、お互いの存在について知ろうとすることから始まったというなら、人類学はいつ始まったのかについてはっきりと示すことはできま

写真 1-1

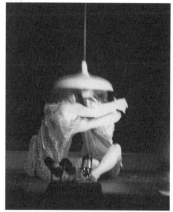

写真 1-2

写真 1-3

出会い、一員となる

本章は人類学という学問の始まりについてですが、同時に本章の写真では私がどのように人類学的な研究を始めたのかを紹介させていただきます。2006 年に私が来日し、舞踏家今貂子（いまてんこ）と出会い、2007 年に今貂子主宰の舞踏カンパニー「倚羅座」に入団した際の初舞台です。1 枚目と 2 枚目の写真で私は右側に座っており、左側も「倚羅座」に所属していた舞踏家です。3 枚目は舞台の花道と、1 枚目と 2 枚目に写っている出島というところを写しており、場所は京都五条にある、旧五条楽園です（撮影：三村博史）。

22 歳の私、まだ言語や生活の様々な面で苦労していたかと思いますが、今貂子に暖かく迎え入れていただき、舞踏ファミリーの一員になれたような感覚を覚えています。本来の意味の踊りには深いつながりをもたらす力があると思っています。踊る私たちが同じ「**踊る族**」のように感じました。

せん。

　では、質問を変えてみましょう。そもそも人類学という学問の成立には自分と他者、私たちとよそ者との区別が不可欠でした。そのため、人類学がいつ・どこで始まったのかという質問から、何をもって相手のことを他者と見なす、その差異の諸条件がどのように設定されたのかという質問にしたらどうでしょうか。どのように差異を計れば、相手が私たちの一員ではなく、他者となったのでしょう。

　まず、大航海時代の他者との出会いが、どのようなことだったのかを一緒に想像してみましょう。

　　15世紀までは、世界中を漫遊し豊かな経験をもった者には人間を分類する発想がなかった。その理由は、歩いて、あるいははラクダに乗って旅をするなかで、〔人間の〕段階的な変化を見ていたからだ。ヨーロッパ人にとってこれは、16、17世紀に一変した。その時代は船に乗って、何ヶ月か航海して、異なる大陸にたどり着くことが可能になった。船から降りたとき、「うわー、皆が異なる容姿をしている！」と思うわけ。我々の、人種（race）による分類は、ただたんに昔の海上貿易経路の複数の到達点そのものでしかない〔Brace 2005 in Goodman et al. 2020: 17, 和訳は筆者による〕。

　これは、人類学者 C. ローリング・ブレイズがアメリカの人類学会（American Anthropological Association）の展示で、**人種**という分類がいかに大航海時代の技術的な発展がもたらした変化に基づいているのかを指摘したものです。16世紀以前は歩いて移動していたため、少しずつ様々な出会いがあり、出会った人間を緩やかな連続体の一部とすることで、自分とは比較的に近い存在に感じ取ったのでしょう。そして、海を渡ることができるようになると、船から降りたら人間の差異が目の前にどのように現れるのかが一変して、同じ人間が遥か彼方の他者のような存在となりました。つまり、人間の本来の差異は連続体にあり、はっきりと分類できないはずなのに、異なる大陸の相手が自分とは極端に異なる存在、そして自分とは異なる分類にあると感じ始めたようです。

2. 人類学が始まった当時は、どのような思想が一般的だったのか？

　ここで自然科学から受け継がれた、人間の差異のとらえ方を考えましょう。

　大航海時代の影響の下で人間の差異のとらえ方が変容していき、その後に人類学という学問が誕生したことは、時代背景と関連しています。そのため、その当時の差異のとらえ方を大きく形成していった自然科学者2人に絞って彼らを紹介します。

　まずは、スウェーデンの博物学者カール・フォン・リンネ（1707-1778）です。18世紀に彼が自然界全体を鉱物界、植物界、動物界として分類する体系を提示した『自然の体系』が版を重ねています〔Linne 1766〕。リンネは、自然界の生き物、特に植物の特徴を記述し、それらの共通点によってグループ分けをしました。共通点とは、他者との相違がなくては成り立ちません。例えば、成長するが移動はできない植物と比較することによって、成長し移動ができる人間やミミズなどを含む動物界ができ、他者として植物界という分類ができる、といったように。さらに、リンネは一般的な「界」からより具体的な「属・種」という二命名法へと連なるトップダウン式の階級型をもって、自然界を分類しました。

　そして、リンネは人間同士についても上記のような方法で分類を行いました

［Linne 1766: 28-30］。人間はヒトつまり「ホモ・サピエンス」という「属・種」として、他の分類群と区別されます。リンネは 7 つの海を渡ったわけではありませんが、冒険者の語りなどから得られたわずかな知識をもって、ヒトとして人間をさらに「*Ferus*（野生人）」「*Americanus*（アメリカ人）」「*Europeaus*（ヨーロッパ人）」「*Asiaticus*（アジア人）」「*Afer*（アフリカ人）」「*Monstrosus*（奇形人）」と分類しています［Linne 1766: 29］。野生人と奇形人はさておき、それ以外は当時に知られていた 4 つの大陸にあてはまる分類となります。そして、それぞれの項目の最初に書かれているのが肌の色だということに注目せずにはいられません。先住民のことを指すアメリカ人のすぐ後に「赤褐（*rufus*）」、ヨーロッパ人は「白（*albus*）」、アジア人は「薄黄（*luridus*）」、アフリカ人は「黒（*niger*）」と書かれています。その次は、それぞれの身体的な特徴や、行動、服装、政治の形態などが記してあります。その後、この分類が肌の色と人間の先天的な本質を結びつける考え方、つまり人種主義の基盤の一つとなってしまいました。ここでは、ヨーロッパ人の説明項目がもっとも肯定的なのに対し、他の大陸のヒトについての項目は次第に否定的な内容となっています。この書き方はヨーロッパ人を最上位にし、アフリカ人を最下位にしてしまうという、人間に本質的な優劣を段階的につける誤謬を強化することにつながりました。

　この分類は現在の私たちの自然界、生き物の間の差異に関する先入観を形成していることを強調しておきます。そして、自然というものは確固たる真実ではなく、結局のところ、それも文化と同様に様々な関係を通してつくられてきたものであり、自然と思われるものでも、人間の考え方や価値観を反映する鏡となっていると指摘したいと思います。

　現在でも彼の二命名法およびその分類法の大まかな体系が使われており、科学的な思想として認められています。ただし、彼による人間の分類は覆されました。アメリカ合衆国の人類学ではその人間の分類法が後に**人種**という概念の基盤となってしまうことを指摘し、批判しています。それは、人種概念は科学的な事実ではなく、虚構だからです。人種は容姿における大まかな違いの不正確さに基づいており、血統の系譜や遺伝子など、つまり人間の先天的な本質との関連はないものと断言できます。後天的な特徴や身振りを、先天的な差異と結びつけてしまうというのは間違っています。ただし、人種という虚構の社会的な影響は事実です。人種という概念が浸透していくことと、不平等な権力関係が維持されることは、表裏一体になって存在していると言い切れます。上記の引用からわかるように、人種概念が大航海時代の遠征とともに産出されてきました。さらに、植民地主義の正当化にあたって、人種概念が用いられることが、その人種概念を強化することになりました。**批判的人種理論**（critical race theory）を参照すれば、人種の概念は個人間というレベルのみならず、社会構造にま

で深く組み込まれており、今日の社会生活における不平等をも産出し続けていることがわかります。

　リンネの分類体系によると、生き物の差異は種間の硬い隔たりとされており、木の枝のように分岐していく形として表現されます。リンネにとってこの体系の分岐はキリスト教の神が創造した秩序でしたが、その後の進化論ではそれが生き物の間の競争としてとらえられることとなりました。生き物は生殖し子孫をつくりますが、全員が生き残るというわけではありません。進化論では、環境に適応できる者は生き抜いて子孫を残せる一方、これができない者は滅びるとされます。つまり、どの生き物が生存できるのかという選択は、神によるものではなく、自然の競争つまり自然淘汰の結果にすぎないこととなります。リンネの『自然の体系』の約100年後に現れたこの考え方は**チャールズ・ダーウィン**（1809-1882）の『種の起源』（1859）の重要な土台となりました。リンネの分類法と同様にダーウィンの進化論は自然科学のみならず、人類学を含む学術的な知に大きく影響する理論となりました。

　その後、ヨーロッパ系の科学者たちはリンネの分類体系およびダーウィンの進化論に基づいて、人間の分類法を発展させていきました。特にイギリスの哲学者ハーバート・スペンサー（1820-1903）が進化論を人間社会に適用し、自然淘汰の原理をもって経済や政治の規制緩和の必要性を訴えていました。つまり、もっとも能力のある強い人間が自然に生き残るように、経済や社会生活をそのいわゆる自然な原理に任せようという姿勢です。スペンサーはこの立場を社会進化論（Social Darwinism）と呼び、「最適者生存」という用語を導入しました［Spencer 1864］。スペンサーは、最適者が生存するため、労働者階級や障害をもつ人々に社会福祉などを通して手を差し伸べてはならず、自分の力で生き残ることができないものは自然消滅をすればよいという強烈な思いをもっていました［Spencer 1851］。すなわち優生思想を広める一人であったのです。このような思想をもとに、さらにヨーロッパ系の科学者たちは顔面の角度や頭骨の形状を図り、その計量的データを収集し、頭骨の大きさと知的能力に関連があるという誤解を広めていきました［Bhopal 2007; Blumenbach 1865］。このように、自らを進化の頂点とし、それ以外の人々をその頂点から退化してきたものとする**退化論**（degeneration theory）を普及させました。そして、この退化論を批判しようと試みるなかで人類学という学問が立ち上がることとなったのです。

3. 人類学という学問がいかに語られてきたのか？

　この学問の始まりを再考しましょう。

　まず、最初の人類学者とされている人々をみてみましょう。特にイギリス人の**エドワード・バーネット・タイラー**（1832-1917）やアメリカ人の**ルイス・ヘンリー・**

モーガン（1818-1881）が多く取り上げられています［Tylor 1871; Morgan 1877］。彼らは、人間が同等な可能性を普遍的にもっていると主張し、したがって人間の間に生じる差異は先天的なものというよりも、より後天的で代々に継がれてきたものであるとし、上記の退化論を批判しています。言い換えれば、生まれた環境とその状況に沿って人間集団が何世代かにわたって変化することで異なる特徴をもつようになったという主張です。その時代からすれば、彼らはヨーロッパ人以外の人々をより肯定的にとらえていたといえますが、それでもヨーロッパ人のことを進化論的頂点に置いた観点をとっていたため、当時の優劣の順位づけを超克できなかったとも考えられます。人間社会にも進化論的な考え方を適用することで、人間の差異のとらえ方から生じる差別を批判しようとしたものの、かえってその裏にある理念を強化することになってしまいました。

　まず、モーガンについて考えていきましょう［Trautmann 1987; Resek 1960; Frankel 2006 参照］。モーガンの故郷はニューヨークの小さな村で、かつてはアメリカ先住民のイロコイ族の地域でした。その当時、イロコイ族の人口減少とともにその生き方が消滅に近づいていました。モーガンは裕福な家庭に育ち、投資家であり弁護士でもありましたが、当時は不景気で仕事が比較的暇でした。アメリカで男性の社交団体（フラタニティ）に入った際、その団体のテーマは白いローブを着るようなギリシャ風からイロコイ族様式へとテーマを変更し、イロコイ族の服装や政治の仕組みを取り入れようとしていました。モーガンはこのテーマにとても真面目に取り組んで、イロコイ族の表面的な特徴を知るに留まらず、彼らの習慣や風習、組織などを徹底的に調査しました。さらに、イロコイ族およびその風習に対する包容力も大切であると呼びかけました。つまり、モーガンにとって団体活動の一環は、イロコイ族への素直な関心を芽生えさせ、誠心誠意に取り組む研究につながったのです。これは、人類学の始まりの一つといわれています。

　人類学はあたりまえとされてきたことを問い直す学問ですが、モーガンの**親族関係**に関する研究はその例の一つです［Morgan 1851］。モーガンは、自分自身のアメリカ合衆国社会で家族の財産などが父系の男性によって受け継がれるのに対し、イロコイ族では母系の女性が後継者になっていることに驚きました。モーガンはイロコイ族の親族関係について知ることによって、親族関係そのものが自然で普遍的なつながりではなく、むしろ集団によって異なっているものだと理解しました。私たちは家族や親戚という特定のつながりに組み込まれていますが、そのつながりはまったく自然だと思えるほどあたりまえのこととされることがあります。しかし、この事例は私たちの住む状況や歴史が異なっていれば、私たちの親族関係の在り方も違っていたことを示唆しています。この事例から考えると家父長制は普遍的で自然なものではなく、偶

有的な構築物であることがわかります。そうすれば、家族そのものも、様々な形態をとりうることを知ることによって、様々な可能性に目覚めると思います。このように、相手を知ることによって、自分をみつめ直す機会を得ます。そして、自分をみつめ直すと、潜在的な可能性が浮上します。相手を知ろうとするうえでは、外からみつめるのではなく、その相手の社会の中から体験することが必要になります。モーガンの場合は「橋渡し役、アメリカ先住民と白人との絆」（*Ta-ya-do- wuh'-kuh*）と命名されるほどイロコイ族の中に深く入り込んだからこそ、親族関係の体系をも検討できたと考えられます。

　モーガンは、もともと人類は平等であったが、動物の家畜化や鉱石の製錬技術などの発見や技術的な発明を通して進化していったと主張し、これらの発見や発明とともに、社会制度も成長し、その社会の人間の大脳および知能も拡大したといいます。つまり、モーガンにとって、文化的な変化に伴い生物学的、すなわち身体的な特徴も発展していったのだというのです。このように人間の差異をいわゆる自然の法則として論じることは、進化論的なヒエラルキーを本質的な事実としてしまい、ヨーロッパ系の人々の植民地主義および人種主義の正当化につながる危険をはらんだ考え方でもありました。

　さらにいえば当初から人類学という学問の方法論的な問題が伴っていたと考えられます［Asad 1973 参照］。モーガンと団体の会員たちはイロコイ族について調査しただけではなく、彼らのように身を着飾り、彼らの儀式を真似て、彼らの政治組織を団体に取り入れました。これらを総合的にいえば「**going native**」つまり現地の生き方に没頭してネイティヴ化、すなわち土着化することといえます。最初の人類学では、これでは適切な距離が取れなくなることから、自分独自の視座を失い、ある時点に至って論文が書けなくなるという問題として認識されていました。現代人類学は、現地の人々とのラポール（**rapport**）および共感の大切さを呼びかけつつ、過度なラポールつまり「over-rapport」も人類学の妨げとなると注意喚起されています。ただ、現代人類学では「going native」という言葉を使わなくなったのは、「native」を用いることで現地の人々を他者化してしまい、不平等な力関係に陥る恐れを避ける目的があります。多くの場合、人類学的な研究は、調査ができるほどの資源および制度的なサポートを得た人類学者と、対象化されてしまう現地の人々という微妙な権力関係のもとで行われるため、フィールドでの関係をどのように構築していくかは大いに注意が必要です。

　モーガンの場合はどうでしょうか。モーガンは裕福な家に生まれ、先住民の風習を楽しんで彼らのように振る舞うことができ、彼らについて語る権力をもっていました。モーガンにこれらのことは許されましたが、先住民であれば同じことはできませんで

写真 1-4　相手が語る権利の尊重

2011 年の今貂子主宰の舞踏カンパニー「倚羅座」の舞台宣伝の写真です。下から今貂子、飼鳥愛、次は私、ボノコです。私の顔の表情は、今貂子に教わった「カモメ」の踊りからです。公演の題目は「而今の花」で、場所は京都・西新ファクトリー Garden でした（撮影：三村博史）。

舞踏の歴史になりますが、そもそも戦後日本のダンサーたちが西洋からのダンスや都市部の近代化に抵抗して作った踊りといえます。もともとモダンダンスやジャズダンスをしてきたアメリカ人の私がどこまで舞踏を自分のものにしてもよいのかは、人類学者の私にとって大事な問いかけです。舞踏家に教えていただいたことに感謝をして、誘われた際にともに舞台に出させていただいていますが、私ではなく、むしろ舞踏を作った人たちが舞踏とは何なのかを決める**権利を尊重**し、舞踏家とともに研究をしながら舞踏について書くことに挑んできました。

した。先住民は土地および富が剥奪されており、ヨーロッパ系アメリカ人になろうとしても、それは許されざることです。そして、先住民であるイロコイ族は自分自身についてすら語ることは認められなかったに違いありません。モーガンの意図はイロコイ族の習慣を守ったり、敬意を払ったりするという純粋な心情にあったとしても、上記のような力関係では純粋な想いでさえも捻れてしまいます。つまり、不平等な権力関係においては、彼らの文化を賛美するという意図をもってしても、**文化の盗用**（cultural appropriation）つまりある種の**搾取**（exploitation）という結果に転じてしまう恐れがあるのです。つまり、人類学者は、相手について語る権利およびその過程を疑問視し、自らの権力と立場について真剣に考える必要があります［Clifford & Marcus 1986 参照］。

　上述のように、人類学者は微妙な立場に置かれています。相手を理解することを通して相手に還元したいという想いをもっていても、権力関係のもとで相手を害する結果にもなりえます。このことは、イギリスの人類学者タイラーが提唱した、文化の定義からもわかります。

　　文化（culture）**すなわち文明**（civilization）**を民族誌的な広い意味でとらえると、それは知識、信仰、芸術、法律、慣習および男性**（man）**が社会の一員として獲得したすべての能力と習慣を含む複合的な全体である**［Tylor 1871: 23, 和訳は筆者による］。

　タイラーにとって、文化は文明と同じ意味で、文明という基準に基づいた度合いのあるものでした。つまり、ランキングができるものととらえていたのです。そうすると、もっとも社会的に進化を遂げている人たちはもっともレベルの高い文明を有するのに対し、そうでない社会は文明をそれほど有していないという考え方になってしまいます。タイラーにとって、この進化は自然界を自由自在に形づくるための知識や技術、芸術などを会得して学んでいくことを通して、社会全体が文明を獲得することでした。ここで、人類学でなされる「文化」の古典的な定義の裏づけには、ヨーロッパ系の男性の文化を高度文明として進化論的な一直線の上位に置くことに対し、その下位に他の人々の文化をより劣った文明として段階的に位置づけるという、リンネの自然体系にまでさかのぼる思考傾向があります。

4. 人類学の学説史がいかに学問の中の権力関係につながっているのか？

　学問の歴史だけではなく、現状もとらえ直しましょう。

　前節は、モーガンとタイラーが自分にとっては他者である者の生き方および風習を尊重しようとしたこと、しかしリンネやダーウィンの自然科学が深く根づいていたた

め、植民地主義および人種主義から抜け出せなかったことを述べました。この負の遺産は過去の人類学のみならず、現在の学問的基盤となっているものと考えられます。この現代人類学の世界的な権力関係は、人類学者桑山敬己によって**知の世界システム**と称されています［Kuwayama 2004, 2017］。

　知の世界システムとは人類学という学問の知の構造です。これはアメリカ、フランス、イギリスがその中心を占めて、他の国々や地域を周辺に退けて支配するという力関係を表しています。この概念はスウェーデンの人類学者トーマス・ゲルホルム［1995］によって紹介され、その後、桑山は人類学という学問の世界的な力関係について論じるために応用しています［Gerholm 1995; Kuwayama 2004, 2017］。桑山は、アメリカで人類学者として研究していくなかで、アメリカ、フランス、そしてイギリスの研究の方が重要視されており、それ以外の国々や地域の人類学的な研究は軽くみられている傾向に気づきました。桑山自身もこの態度を内面化して、中心となる国々の研究を高く評価するようになってしまいましたが、1993 年に日本に戻ると、日本に優れた人類学的な研究がどれほどあるかを体感しました。それらの研究の多くは英訳されているにもかかわらず、人類学の国際的議論では取り上げられていないことに疑問をもって、その原因を知の世界システムという構造に見出しました。知の世界システムでは、中心の国々はあまりにも大きな影響力をもっていたため、人類学という学問の基準を決めてしまうことになっています。この基準では、中心的な彼らが認めている方法論、書き方、理論を用いる研究しか評価されません。そして、周辺の国々では優れた研究があっても、その基準にそぐわなければ認められず、周辺から発信していること自体も軽視されると論じています。

　知の世界システムの影響は、人類学の歴史がいかに構築されてきたかということに深く切り刻まれていると考えられます。つまり、人類学の歴史を振り返る時にアメリカ、フランス、イギリスが中心になることは、知の世界システムの権力関係によるものです。この権力関係を裏づけるロジックもリンネの人間への分類法のヒエラルキーや、社会進化論の段階的な一直線に似ているのではないか、この点について読者にも考えてもらいたいと思います。とにかくここでいえることは、これらの国々の知的な帝国主義の影響下で、学問の在り方さえもがつくられてしまったということです。

　本章では人間の差異のとらえ方が、人間の間に優劣をつけてしまうような考え方といかにつながっているのかをみてきました。そして、これは最初の人類学を形成しただけではなく、人類学の歴史がいかに編成されるのかに影響するほど根深いことがわかりました。ベル・フックスが述べているように、脱植民地化のうえでまずは自らの姿勢を脱植民地化する必要があります［hooks 1994: 46-47］。人類学ならフィールドである現地の脱植民地化について考えるための課題がたびたび取り上げられていると

思いますが、人類学という学問の中での脱植民地化に挑んでいけたら、人類学の始まりはいかに語られることになるのでしょう。

5. 日本を中心に据え直したら、人類学の始まりをいかに語りうるのでしょうか？

　人類学の脱植民地化を実現してみましょう。

　入門書は人類学の始まりを語る際、タイラーやモーガンを取り上げることが多いのですが、同時代の日本には人類学といえる学問がなかったのでしょうか。実際、東京帝国大学で生物学専攻の坪井正五郎（1863-1913）が、学生を中心とした10名を集めて、当時流行だった平仮名書きで「じんるいがくのとも」という学会を設立し、1886年には『人類学報告』という学術誌を出版するようになっていました。この学会で研究された人類学は自然人類学すなわち形質人類学とされていますが、実のところ、縄文土器や古墳、石棒などの過去からの文化的な遺産や、淡路方言や婚礼の習慣、地方の衣食住に注目することで、人類学という大きな枠組みに入る考古学や言語人類学、民族学の要素も有していたと考えられます［寺田 1981］。

　上記のように多岐にわたる研究ですが、日本国内やその歴史に見出された様々な他者を通して、いわゆる日本人の特質あるいは起源を明らかにしようという試みが多くありました。例えば、アイヌあるいはアイヌの祖先とされていた「コロボックル」を重大な差別を込めて他者化した経緯があります。

　そして、日本人や他の人間集団を考えるために、人種概念もすでに用いられていました。当時の自然科学の教科書には、リンネの分類法を受け継いだドイツの比較解剖学者ヨハン・フリードリヒ・ブルーメンバッハの人種概念が掲載されていたともいわれています［坂野 2005: 232; 東・太田 2021: 73-87］。当時の「人種」の意味が曖昧で、今日でいう「人種（Race）」と「民族（Nation/Ethnicity）」そして「民族集団（Ethnic Group）」の意味が混在する用語となっていました［與那覇 2003］。現在でも、日本人論をめぐる英語圏の論説では、「日本人」という今日の概念でも、英語圏とは違い、「人種（Race）」と「民族（Nation/Ethnicity）」そして「国家（State）」のどれもが「日本人」とされ、単一国家の神話を成り立たせているといわれています［Lie 2001: 45］。「じんるいがくのとも」の場合、坪井は人種概念の曖昧さを批判し、英語のRaceの訳語として人種を用いており、英語圏における人類学の最初からの人種概念とともにその負の遺産も受け継いでいると考えられます。「じんるいがくのとも」の設立直後、イギリスに人体測定器を発注していることも［寺田 1981: 48］、このことを示唆しています。人類の中の差異が骨にまであるとすることと、国家主義そして帝国主義とは地続きです。

写真 1-5　マジョリティ／マイノリティ
執筆時点で、私は日本に 16 年間滞在しています。人々と一緒に踊るなかで、自分が移民として他のマジョリティの人々と違うことを一時的に忘れて、一緒に創作するなかでもっとも人々との親密な関係を感じられ、研究調査そして生活を続けるための力をいただきました。
写真は生きるための力をくださる舞踏家の地案とともに踊った、2015 年のパフォーマンスです。私は右側で、ジャグアのボディアートは長井優希乃によって施されました（撮影：FUJISAKI SOSHI）。

　本章はヨーロッパの大航海時代から私たちの日本語圏の現在まで、差異のとらえ方がいかに人類学という学問の始まりとなっていたのか、それのみならず今日に至る現状を成り立たせているのかを考察しました。ただし、日本における人類学の始まりは明治維新までしかたどることができず、人類学という学問の世界システムの脱植民地化はまだできていません。この脱植民地化の実現は読者の皆さんに託します。権力関係に巻き込まれても、その関係に定着せず、自分自身の考え方を改めていければ、学問自体はもちろん、世界中の権力関係を少しずつ改革していけることでしょう。そう願います。本章では、その一つの手段として、リンネの自然体系やダーウィンの進化

論に伴う考え方を鵜呑みにせず、人間の豊かな差異をとらえ直していくための土台を
築く作業としました。このように人類学では、あたりまえなことを問い直すことから、
世界がすべての人々にとってより生きやすい方向に変化させていくことをも目指して
いるのです。

参照文献
坂野徹 2005「人種・民族・日本人——戦前日本の人類学と人種概念」竹沢泰子編『人種概念の
　　普遍性を問う』人文書院.
寺田和夫 1981『日本の人類学』角川文庫.
東優也・太田満 2021「第4章　社会系教科の教科書記述に見る『人種』『民族』」中山京子ほか編
　　『「民主」「民族」をどう教えるか』明石書店.
與那覇潤 2003「近代日本における「人種」観念の変容：坪井正五郎の「人類学」との関わりを中
　　心に」『民族学研究』68(1): 85-97.
Asad, T. (ed) 1973. *Anthropology and the Colonial Encounter*. Ithaca Press.
Bhopal, R. 2007. The Beautiful Skull and Blumenbach's Errors. *British Medical Journal* 335:
　　1308-1309.
Blumenbach, J. 1865. *The Anthropological Treatises of Johann Friedrich Blumenbach*.
　　Anthropological Society
Brace, C. L. 2005. *"RACE" Is a Four-Letter Word: The Genesis of the Concept*. Oxford
　　University Press.
Clifford, J. & G. E. Marcus 1986. *Writing Culture: The Poetics and Politics of Ethnography*.
　　University of California Press.
Darwin, C. 1859. *On the Origin of Species by Means of Natural Selection, or, The Preservation
　　of Favoured Races in the Struggle for Life*. J. Murray.
Frankel, O. 2006. *States of Inquiry: Social Investigations and Print Culture in Nineteenth-
　　century Britain and the United States*. The John Hopkins University Press.
Gerholm, T. 1995. Sweden: Central Ethnology, Peripheral Anthropology. In Han F, Vermeulen,
　　H. F. & A. A. Roldan (eds) *Fieldwork and Foot notes: Studies in the History of European
　　Anthropology*, pp. 159-170. Routledge.
Goodman, A. H., Y. T. Moses & J. L. Jones (eds) 2020. *RACE: Are We So Different*. Wiley
　　Blackwell.
hooks, b. 1994. *Teaching to Transgress: Education as the Practice of Freedom*. Routledge.
Kuwayama, T. 2004. *Native Anthropology: The Japanese Challenge to Western Academic
　　Hegemony*. Trans Pacific Press.
Kuwayama, T. 2017. Japanese Anthropology, Neoliberal Knowledge Structuring, and the Rise
　　of Audit Culture: Lessons from the Academic World System. *Asian Anthropology* 16(3):
　　159-171.
Lie, J. 2001. *Multiethnic Japan*. Harvard University Press.
Linne, C. 1766. *Systema Naturae per regna tria naturae secundum classes, ordines, genera,
　　species cum characteribus, differentiis, sinonimis, locis*. Laurentius Salvius.
Morgan, L. H. 1870. *Systems of Consanguinity and Affinity of the Human Family*. Smithsonian

Institution.

Morgan, L. H. 1877. *Ancient Society or Researches in the Lines of Human Progress from Savagery through Barbarism to Civilization.* Charles H. Kerr & Co.

Resek, C. 1960. *Lewis Henry Morgan: American Scholar.* University of Chicago Press.

Spencer, H. 1851. *Social Statics: Or the Condition Essential to Human Happiness Specified and the First of Them Developed.* John Chapman. Retrieved from ⟨https://oll.libertyfund.org/title/spencer-social-statics-1851⟩ on July 6, 2022.

Spencer, H. 1864. *The Principles of Biology. Vol. 1.* Williams and Norgate. Retrieved from ⟨https://www.gutenberg.org/files/54612/54612-h/54612-h.htm⟩ on July 6, 2022.

Trautmann, T. 1987. *Lewis Henry Morgan and the Invention of Kinship.* University of California Press.

Tylor, E. B. 1871. *Primitive Culture: Origins of Culture.* J. Murray.

第2章
ジェンダーについて考えることは、女性のためだけでなく、皆のためです：
ジェンダーをキーワードに

　「はじめに」で述べているように、様々な背景をもつ人々にとって公平な社会をいかにつくっていけるのかは大きな課題となっており、ジェンダーもその重要な一部となっています。ジェンダーは日常生活を形成しており、社会の諸制度に深く組み込まれています。そして、より良い社会をつくるために社会規範について考え直すのは、女性をはじめとしたいわゆるマイノリティのためだけではなく、マジョリティである男性のためでもあります。その理由の一つとして、女性に対する社会的規範が、男性の生き方そしてライフコースを大きく決めてしまう社会的規範と表裏一体であることがあげられます。そして、女性のライフコースの選択肢を増やしていけば、男性にも新たな可能性が開かれていくものと考えられます。例えば、2022年現在でいえば、女性の職場への進出を奨励することが、男性の育児休暇をとる権利を担保する要因になりつつあります。つまり、女性や女性性に関わるとされている問題が、女性そのもののみならず、男性にも大きく影響してきているのです。このように考えると、女性に対して配慮することは、男性にとってもより豊かな生活ができる社会をつくるための課題だといえます。

　人類学において、男性以外の人々にも焦点を当てることは、より充実した研究のためになります。そうすることでしか、その社会を全体的に把握する研究ができないともいい切れるでしょう。「男性以外」とは、男性と女性という二つのカテゴリー以外の人々も含まれるためです。例えば、現在私たちの社会では、男女のカテゴリーに属さない人々は「Xジェンダー」や「ノンバイナリー」などを自称し、男女の二元論に囚われずに生活できています。そして他の社会では男性でも女性でもない人々の、特定の社会的な枠組みや役割もあります。このことから、男性と女性は普遍的な枠組みではなく、場所または時代によって変わってくるものであるとわかります。この総体をとらえるためにジェンダーというキーワードが使われるようになり、そしてジェンダーにセクシュアリティの諸問題もついてくるようになりました。そして、ジェンダーおよびセクシュアリティに注目することで、人類学の理論ならびに方法論は大き

く発展してきています。

　本章は、人類学はどのようにジェンダー問題に関わってきたのかを、時代背景とともに紹介します。そのため、女性運動が人類学にいかに影響してきたのかについては、時系列にそって触れていくことにします。そこで紹介する研究は、現代人類学でジェンダーを考えるための理論的なアプローチの基盤となっています。特に本章では、ジェンダーを深く考察することによって、ジェンダー人類学だけではなく、人類学そのものがどれほど発展してきたのかを提示します。

1. 古典的な人類学での女性の地位

　第1章で人間の差異に関する固定観念、その観念に基づいた権力関係が、いかに人類学の成り立ちに結びついているのかを考察しました。ただ、ここでいう人間とはその人間の世界の大半が欠如した限定的な概念です。第1章で紹介した、タイラーの文化の定義をもう一度みてみるとわかるでしょう。

> **文化（culture）すなわち文明（civilization）を民族誌的な広い意味でとらえると、それは知識、信仰、芸術、法律、慣習および男性（man）が社会の一員として獲得したすべての能力と習慣を含む複合的な全体である**［Tylor 1871: 23, 和訳は筆者による］。

　ここで文化的な営みの主体となっているのはヒトではなく、男性（man）です。書いたタイラーも男性であり、男性を念頭において研究を発表していたと考えられます。女性はなぜここに含まれないのでしょうか。当時の思想では男性自身を人間の頂点に位置づけ、女性を劣位に置いていたことが、その根底にあります。

　タイラーと同時代の人類学者が頭蓋骨を計測していた頭蓋計測学を用いて、頭蓋骨の大きさを知能と関連づけていました。まず、指摘しておきたいのは、後にこの頭蓋計測学が科学的な根拠のない疑似科学とされるようになり、人類学では用いられなくなってはいるものの、人間の差異をどのようにとらえるかという基本的な考え方に多大な影響を及ぼしていることです。例えば、アメリカの人類学者サミュエル・ジョージ・モートン（1799-1851）は、様々な人々の頭蓋骨にマスタードの種子を入れてその容積を測り、容積が大きければ大きいほど知能が先天的に優れていると主張しました［Gould 1978, 1981; Morton 1839, 1844］。そして、フランスの人類学者ピエール・ポール・ブローカ（1824-1880）は、女性の頭蓋骨が男性より小さいゆえにより知能的に劣っているとしました［Morton 1861: 304 in Gould 1981: 115］。このように、白人男性の学者たちは他の別人種とされていた人々のみならず、同一の集団に属する女性をも下位に置いてしまったことが初期人類学を成り立たせる歴史的な背景にありま

した。

2. 20 世紀初頭の女性たちと人類学

マーガレット・ミードについて

　19 世紀後半、20 世紀前半の様々な近代国家では、女性たちが法律上の相続権や財産権などの、男性と同等の権利、特に女性参政権を獲得するために政治的な運動をし始めました。後にこれは、フェミニズムの第一波と称されることになります。

　フェミニズムというと、時代や地域、思想などによって意味が異なってきますが、本章はベル・フックスによる次の定義に依拠します。フェミニズムとは「性差別をなくし、性差別的な搾取や抑圧をなくす運動」です［hooks 2000: 1; フックス 2017: 13］。便宜上、本章は人類学の発祥地といわれているアメリカ合衆国とイギリスに限定しておきますが、同時代の日本で行われていた女性運動、その女性たちをも視野に入れます。ここで、アメリカとイギリスと並行して繰り広げられていた日本の女性運動史にも触れることにします。

　まず、20 世紀に自分自身の人生を切り開いて有名になった女性の人類学者を紹介します。マーガレット・ミード（1901-1978）は、文化人類学の創始者とされているフランツ・ボアズの教え子でした。ミードは学習と研究においては競争心をもって臨み、父親が「パンク」というあだ名をつけるほど自己主張が強い性格でした［Mead 1972］。

　当時の女性は、結婚し、子供を生み、子を育てるという役割を期待されながらも、このような社会規範を変革する過渡期にもありました［Mead 1961: 234-247］。ミードの母親の時代なら避妊や安全な中絶という選択肢はありませんでしたが、ミードの時代は避妊を普及させようとする運動がありました。避妊が導入されつつあったことから、女性たちは自分の身体および人生を管理できるようになってきました。また、1920 年にはアメリカ合衆国の憲法修正第 19 条によって、女性参政権が保障されるようになったことも大きな転機でした。この歴史的な背景があったからこそ、ミードの周囲の友人すなわちクラスメイトも、結婚より学問そしてキャリア形成に熱心に取り組む女性でいることができたのです。

　ところで、日本では 20 世紀に入って、社会がさらに急激に変化をしているのをよそに、女性の社会的な立場はなかなか変わりませんでした。あるいは、いっそう権利を失ってしまい、これらに不満を持つ女性たちがいました。例えば、日本が富国強兵というスローガンを掲げて近代化に邁進するなか、1880 年の旧刑法そして 1907 年の新刑法で堕胎罪が成立しました。その結果、人工妊娠中絶は禁止となり、罰せられるのは妊娠した女性でした［谷口 2017: 47; 大橋 2017: 82］。また、男性避妊具はわいせ

つ物とされており、販売が禁じられていました［三成 2019: 134］。この結果、女性は自らの性と生殖を自ら管理することができず、それらが国家権力または家父長制に制限されていることに疑問をもった女性たちがいました。そうしたなか、**平塚らいてう**（1886-1971）というフェミニストを中心に文芸誌『青鞜』が 1911 年に創刊されました。平塚らは、男性に付随してしまうことで隠されていく女性たちの能力の発現を求め、〈新しき女〉を提唱して女性解放のマニフェストとなった文芸作品を残しました［堀場編 2019］。

　また、女性は政治の場から排除されていたため、男性より社会的に低い位置に置かれていました。1924 年に、上記『青鞜』とつながりのあった**市川房枝**（1893-1981）が久布白落実などとともに「婦人参政権獲得期成同盟会設立総会」を開き、参政権獲得に向けた運動を推し進めようとしました。しかし、日本は日中戦争に突入してしまい、運動家が逮捕される時代となってしまいました。市川は逮捕されるより政府に協力する方針をとりました。戦後、1945 年に女性参政権が認められると、1953 年に市川は参議院議員となり、約 30 年間望んでいた政治参加を実現しました。このように長い年月を経て、女性たちは社会的に公平な機会を得て、自らの社会的な地位を向上させ、より豊かな人生が送れるようにとアクションを起こしていきました。そして彼女らの運動を発端に変化が連続していき、公平な社会参加を望む女性の権利が一般的に知られるようになっていきました［堀場編 2019］。

　さて、ミードに戻りましょう。ミード自身のジェンダーそしてセクシュアリティの経験は、本人の研究テーマにつながっていると考えられます。ミードはジェンダー規範に囚われながらも、キリスト教の教えに従って結婚するまで婚約者と性交渉はしませんでした。結婚後、夫と性の営みをしても、性的な興奮や快楽は感じなかったそうです。既婚者でありながらも、先輩であったルース・ベネディクト（女性）およびエドワード・サピア（男性）とも性的な関係をもち、また三回の結婚と離婚を繰り返すに至りました。このミードがボアズに研究テーマについて相談した際、ボアズはミード自身の経験について研究すればよいという助言をし、女性の思春期を主題にするよう勧めました［Howard 1981: 67］。ボアズは教え子に適したテーマを見出す能力を有していたそうですが、当時自らのセクシュアリティを考えていたミードには、ぴったりな主題だったといえるでしょう。1925 年に 23 歳のミードがサモアでのフィールドワークに出かけた際、女性一人で行くことは危ないし無理だろうと周りから強く反対されながらも、ボアズの応援のおかげで調査が実施できました。

　このようにミードはサモア諸島の女性たちの青春と性的な行動の研究がきっかけとなり、その後も様々な社会の思春期を比較することで男性性および女性性が社会によって大きく異なっていることを主張しました。当時、人間形成の要因は氏か育ちか

と議論されていました。その中で、ミードは生物学的で先天的な特徴と思われていた男性性および女性性が、いかに環境などの後天的な要因によって形成されているのかという問いをもって調査しました。のちにそのフィールドワークの信憑性が疑われるようになったものの［Freeman 1998］、近年ではその批判の信憑性こそが懐疑的にみられています［Shankman 2009］。真偽はどちらにせよ、ここまで議論の対象となり続けているということは、この研究が社会に対して巨大なインパクトを与えたことを物語っています。ミードは、アメリカ合衆国の若者にとって思春期は大変な時期であるが、サモアの女性は思春期における苦難は特にないと述べています。その相違は生物学的な特徴に基づくものではなく、家庭環境や教育、情緒の感じ方、男女間の関係性などの経験の違いから生まれたものと論じています。つまり、フィールドワークのデータをもって、ミードは女性と男性という枠組みの絶対性および普遍性を反証し、女性性と男性性とは社会的な構築物であると論じています。また、太平洋の七つの島々でのフィールドワークを題材にし、人々は性別が曖昧になるほど非常に多様な生物学的な特徴を有していると述べています。この分析を通して、ミードは、私たちは生まれた時から男性か女性かというよりも、一生かかって身体そのものが男性になること、または女性になることを学んでいくのだと主張しています［Mead 1949: 5］。

写真 2-1　フェミニズムと出会う
そもそも、私はなぜフェミニズムに興味があるかと思う読者もいるでしょう。
私は 1985 年生まれで、1990 年代に育てられた者ですが、1990 年代初頭に生まれたフェミニスト・パンク運動（Riot grrrl）のバンドに憧れてフェミニズムを知るようになりました。そして、日本で調査をしながら、「ハクバ」という女性バンドを組んで、バンドメンバーの私たちが日々考えていることを歌にして独自のサウンドを繰り広げました。写真は 2019 年に京都の Annie's Café で行われたライブです。右側からドラムのキノコ、ギターのヨーダ・カオリ、ベースボーカルの私です。音楽にも興味がありましたが、何よりも私は、この格好いいお二人と時間を過ごしたくてバンド活動を続けていました。

　上記の研究成果から、ミードはアメリカの思春期、言い換えれば女性性および男性性の経験をより苦痛のないものにするために、その環境、そして特に教育を変えるべきだといいます。「**子供たちが教わるべきものは、何を考えれば良いのかではなく、考え方そのものである**」「The children must be taught how to think, not what to think」[Mead 1961: 246]。つまり、宗教的な価値観や差別的な固定観念を一方的に子供に伝達するのではなく、子供に独自の思想、そして選択ができるような知恵、そして相手を理解しようとする包容力を養うことを推奨しています。ミードの研究は、人類学におけるジェンダー研究にとっての第一歩となり、また、人類学のみならずフェミニスト運動にも貢献することとなりました。

3. 女が自然、男は文化か？
ジェンダーにおける二元論の問い直し、そして脱構築
　ミードの時代はちょうどフェミニズム第一波の末期と重なっていること、そして次にジェンダーが人類学の中で活発に論じられるのが 1960 年代からおおよそ 1980 年代までのフェミニズムの第二波と同時代であったことは偶然ではありません。上記のように、第一波は特に参政権を要求して社会的な構成員として認めてもらうために戦っていました。そして、**フェミニズム第二波**は、女性が家庭の私的な領域に限定されず公の領域に参加できるように運動をしながらも、私的かつ個人的な領域における日常的なジェンダーや性をも凝視していました [清水 2022: 17-30]。第二波では、1960 年代アメリカ合衆国の運動が有名でしたが、日本のウーマンリブも 1970 年から活発な動きをみせていました。

　この日本の運動家たちがどのような不満をもっていたのかという点については、次の例があげられます。1960 年代日本の学生運動では男女ともに制度的な革命を求めながらも、運動内の運営においては家父長制に依拠したジェンダー規範はそのままだったようです。例えば、男性は様々な相手と性交渉をもつことを誇っていたのに対し、積極的に性交渉をもった女性は「公衆便所」と呼ばれ、ダブルスタンダードが適用されていました [上野・田房 2020: 65]。**ウーマンリブ**つまり女性解放運動というのは、男性に依存するような存在であることから自分を解放し、自分自身が独立した存在価値を探し出すことであったと考えられます。

　このような問題意識をもって、1970 年 10 月 21 日の国際反戦デーに「便所からの解放」と題したマニフェストを掲げて「女だけのデモ」が行われました。これが、日本のウーマンリブの始まりとされています [上野 2016: 73; Frühstück 2022]。その中で、女性同士が自分自身はどのように生きてきたのかについて語ることで、彼女らに共通

した個人的な困難から構造的な問題を考えるようになっていきました。そして、どのように生きていきたいのかというビジョンをともに描いたのです［栗原 1993］。彼女らはリブ新宿センターという 2LDK マンションを拠点にし、そこで合宿や大会を開くほど濃密な共同体となりました［大橋 2017: 64］。

　では、彼女らはどのような政治的な運動をしたのでしょうか。代表的な例として、1972 年に中絶を制限するよう優生保護法の改正が提案されると、女性の運動家たちは厚生省玄関ホールに座り込み、身体を張って抵抗したことがあげられます（時事通信社 1973 年 5 月 15 日記事 参照）。ここで彼女らが課題としていたのは中絶だけではなく、女性が自身の身体を自分で管理できる権利を有する社会的な存在でいられることでした。つまり、フェミニストたちにとって中絶は避妊と同様、性と生殖に関わる人権、すなわち**リプロダクティヴ・ライツ**となります。彼女らが声を上げて、自身の社会的な存在そのものの変化を求めることが、社会的な意識そして学問にも影響を与えていく力があったと思われます［栗原 1993］。

　欧米ではフェミニズム第二波からの波紋が、1970 年代以降のイギリスおよびアメリカ合衆国での人類学的な研究にまで広がりました［Reiter 1975; Rosaldo & Lamphere 1974; Ardener 1975］。当時の一般社会と同様に、人類学では女性のことを私的な領域つまり家庭内の存在とし、社会的考察から排除されてきた点が指摘されるようになりました。特に 1974 年の論集『**女性・文化・社会（Women, Culture, and Society）**』では、かつての人類学的な研究が女性の社会的役割や働きを軽視してきた傾向を批判して、女性にまつわることを視野に入れれば、人類学的な理論がより展開していくと主張しています。

　この論集では、ミシェル・ロサルドなどがなぜ女性が第二の性［de Beauvoir 1949］とされてきたのかを検討しています［Rosaldo & Lamphere 1974］。まず、出産したり母乳を与えたりする女性が自然側の存在とされる一方で、男性は文化的存在とされるといいます。そして、文化側に立たされる男性は、人間性を帯びて高い地位を得て、自然側に立たされた女性を支配するものと論じられています。この支配は普遍のように想定されていますが、本質的な、いわゆる「自然」とはされていません。むしろ、この二元論さえも文化によってつくられた概念であり、絶対的ではないと述べています。そうすると、女性の立場は先天的かつ固定された「自然」ではなく、様々な文脈から現れてくる、文化的に構築された「自然」なのだといいます。同じ論集でシェリ・オートナーは、女性のために社会的な機会を設けようとすれば、男女平等を担保する法律などを通して社会の構造的な制度を変えるだけでは不十分だと主張します。文化的概念に根づいた、個人個人の差別心をも変えない限り、本格的な変化にはならないはずです。そうでなければ、女性は第二の性におかれ続けていくことに

なるといいます。

　ここでのロサルドらの主張はミードの論述に似ていますが、この論集の独自性は自然な性の役割を虚構とし、自然・文化の二元論は普遍ではないことを指摘していることにあります。また、人類学においてジェンダー研究の課題を提示したことで、議論の分岐点となったことも重要です。この論集で、社会的なアクターとしての女性を人類学的に考察することで、人類学的な理論をより発展させていくとともに、女性にとってより生きやすい社会を築いていくことを目指したのです。

　ロサルドらは、女性の社会的な存在が生物学的な特徴ではなく文化的な構築物であるといいながらも、生物学的と思われる性別という枠組みについて問い直されてはいません。ここでいう性別は、生殖器官、ホルモンの分泌量、身体の大きさや力強さの差異によって区別される性差です［Rosaldo & Lamphere 1974: 4］。これ以降の社会科学では、自然とされる性別はさておき、ジェンダーは文化的に構築された、性の属性を扱うための用語として導入されました。このように、性別 − 自然、ジェンダー − 文化と分ける考え方は、自然・文化の二元論という西洋の思想に従ったものでした。しかし、実際は性別とジェンダーを切り離しては考えられないことが、1980 年代以降の大きな課題となっていきます。

　そして、1980 年代の自然・文化の二元論を脱構築した論述といえば、**ダナ・ハラウェイ**（1944-）に言及せざるをえません。ハラウェイは人類学者とはいえませんが、人類学と深い関わりがあります。ハラウェイの研究は、愛犬とのアジリティ[1]実践を通して自らの生成変化に焦点を当てた研究ですが、人類学的な手法であるフィールドワークでもあり、人類学におけるマルチスピーシーズ理論（第 7 章参照）にも重要な研究成果となっているためです［Haraway 2003, 2007, 2016; ハラウェイ 2013］。ハラウェイはもともと生物学者であり、フェミニストでもあります。そして、そのフェミニスト科学は自然主義を問い直し、ジェンダーのみならず性別をも含めた、様々な社会的な属性を脱構築するための切り口を提示しています。

　本章では、ハラウェイの「**サイボーグ宣言**」というエッセイを取り上げます。これは、1985 年に初めて発表され、のちにハラウェイ著の『猿と女とサイボーグ—自然の再発明』［Haraway 1991；ハラウェイ 2000］に収録されました。ここでのサイボーグとは私たちのことです。サイボーグというのは、自然な有機体でありながら人工的なアクターであるため、動物と機械のハイブリッドであるとされます。さらにいえば、この 2 つの要素が分けられないほど絡み合っているキメラ（混合体）でもあります。

　1　ここでは、犬の障害物競走、ドッグ・アジリティのことをいう。語そのものの意味は、機敏性、敏捷性、軽快さなどを指す。様々な形態で置かれた障害物を犬がいかにかいくぐるかを競う競技を指す。

ハラウェイは、私たちがどのようにこの混合体になったかの経緯を考察し、そしてこの状態で何ができるのかを提示しています。

　私たちが機械でもあるという主張の裏には、1980 年代に独特な時代背景もあります。当時、新たに開発されたテクノロジーが日常生活に浸透してきていました。日本は世界の先駆者となり家電製品や車など、現在の私たちにとって不可欠なモノを次々と発展させていきました。さらに、アメリカと旧ソ連との軍拡競争の中で、敵そして国内の市民を統制あるいは支配するために、テクノロジーを生かした情報収集つまり監視が重視されるようになりました。シリコンヴァレーでコンピューターのテクノロジーを発展させた人々の生活が豊かになっていく一方で、生産拠点の移転先の海外工場の肉体労働者には低賃金しか支払われないという状況になっていました。ハラウェイが指摘するのは、テクノロジーの発展が私たちの働き方をより効率よく、より機能的にしているけれども、その一方で私たちへの統治（ガヴァナンス）をより冷たく、格差をさらに拡大することとなった点でした。ハラウェイは、人間とその生活が機械的になっているだけでなく、社会的な諸制度にある植民地主義、家父長制、資本主義と深く関わっているとも論じています。そして、その諸制度によるテクノロジーの活用が私たちの生活、そして私たちそのものを成り立たせているといいます。

　また、自然・文化の二元論を支えている概念として、動物と人間という分け方もあります。ハラウェイは、霊長類学に依拠して、動物と人間との区別がつかなくなっていることを指摘しています。具体的にいえば、人間を人間として成り立たせていると思われた言語や道具の使用、社会的な行動、心理的な事象は霊長類にもみられることがわかったということです。霊長類と人間との区別がつかなくなると、何よりも人間が動物であることは否定できなくなってしまいます。このことは、人間＝文化という固定観念を取り外す一つの起因となり、人間はどのように存在しているのか、自然はどのように存在しているのかという、私たちの存在論を揺るがすこととなります。これは、近年も続いている議論となり、ハラウェイの脱人間中心主義的な思想がその土台の一部となりました。

　そして、人間は動物や自然を支配しようとするだけではなく、あらゆる他者を支配しようとすると述べています。特に他者とは女性、有色の人々、労働者だといいます。他者を支配する実践やその裏にある倫理観は自然／文化のみならず、他の二項対立もその支配を正当化してしまうというのです。それらは「自己／他者、心／身体、文化／自然、男性／女性、文明／未開、リアリティ／外観、全部／部分、媒介主体（エージェント）／資源（リソース）、製造者／被製造物、能動的／受動的、正／誤、真実／幻影、全体的／部分的、神／人」などが取り上げられています［2000: 339］。これらの二項対立はあらかじめ存在しているのではなく、人間、特に西洋の認識論によって

つくられたものです。そして、これらによって私たちは形成されています。繰り返しになりますが、これらは、一人の主体的な自己が、複数であり客体とされる他者の支配を促す文脈となります。

　私たちは一般化した二元論の影響から免れられません。しかしながら、できることもあります。ハラウェイは、テクノロジーを拒むのではなく、受け入れることで抵抗できるといいます。サイボーグとしての私たちが技術的な発展で生み出された問題をみつめて責任をとり、さらにテクノロジーを生かして日常生活を再構築できると述べています。さらに、サイボーグである私たちは機械と動物から生き方を学べるといいます。何よりも私たちにできることは、自らのハイブリッドな状態に喜びをみつけて、双方と関係を結び、脱性差（ポストジェンダー）の時代を生きることであると提案しています。

　ハラウェイはジェンダーやセクシュアリティ、階級、人種が歴史的に構築されてきた属性であることを指摘しています。これらの属性は、それをもとにした同盟関係を可能にすることもあれば、支配につながることもあります。例えば、アメリカ合衆国のフェミニズムは中産階級の白人女性を重視したものであったため、他の人種や階級について配慮がなされなかったことが、たびたび問題視されています。同じ女性でも、社会的な位置づけや状況によって一人一人の経験は異なってきます。もちろん、女性という文化的に構築された概念すら時代や地域によって異なります。ハラウェイの論文でさえ、全女性にサイボーグのフェミニズムを適用してしまうなかで、有色人女性や低賃金労働者の経験が十分考察されていないと批判されています［Sandoval 2000］。

　自然／文化、女性／男性などが脱構築できたとしても、人間の計り知れない数の差異をどのように扱えばよいのかは、筆者の執筆時点でも大きな課題となっています。このため、インターセクショナリティの概念、言い換えればインターセクショナルなアプローチも多く用いられるようになっています。インターセクショナリティとは、ある人の人生において人種やジェンダー、階級、セクシュアリティ、宗教的属性、身体的な特徴などがいかに交差しているのか、その交差性がその人の社会的な状況をいかに構築しているのかを示す用語です［Ahmed 2016; アーメッド 2022; Crenshaw 1989］。そしてこの交差性が、社会的な相互作用の中で差別あるいは特権にどのようにつながっているのかを分析し明示します。自らの社会的な位置に基づいた差別に遭うこともあれば、特権を与えられることもあり、自分の特権によって相手が受けている差別がみえなくなるということもあります［Ahmed 2016; アーメッド 2022］。

　インターセクショナリティの枠組みは、批判的人種理論のキンバリー・クレンショー（1959-）が1989年に発表しています。ここでは、黒人女性と自動車メーカーのゼネラルモーターズとの1976年の訴訟を参考にしています。その訴訟について簡

潔に述べると、ゼネラルモーターズは黒人女性に対して差別していると訴えるもので
した。人種や性別、宗教などに基づいた差別を禁止する 1964 年公民権法が成立した
後にゼネラルモーターズは黒人女性を雇用するようになりました。1964 年以前には
黒人女性を雇用していなかったので、不景気による解雇が続いたとき、年功序列制の
ため最初に失職となったのは黒人女性でした。ゼネラルモーターズは、女性（白人女
性）も黒人（黒人男性）も雇っているため、性差別および人種差別はないと主張しま
した。裁判は性差別と人種差別を複合させて考えることができず、性差別か人種差別
のどちらもなかったと判決したため、訴えは却下されました。この判決に対してクレ
ンショーは、解雇された黒人女性が黒人男性とも白人女性とも異なる差別を受けてい
たので、彼女らを単なる女性または単なる黒人として扱うことは黒人女性の特有の経
験を不可視化するという問題を提起しています。近年、この分析的な枠組みは、人間
の複雑な差異とそこから生まれる経験を考えるために援用されており、英語圏および
日本語圏の人類学においても新風をもたらしてきています。

4. 属性ではなく実践としてのジェンダー
マリリン・ストラザーンとジュディス・バトラー

　一般的に考えるとジェンダーはアイデンティティや属性になりますが、人類学的に
とらえれば、ジェンダーを根本的に問い直すこととなります。その際、ジェンダーが
人々の関係を形成させる動的な要素となり、またその関係から再生産されるものとと
らえることになります。代表的な例として、**マリリン・ストラザーン**（1941–）の**『贈
与のジェンダー』**［1988］でのジェンダーは、贈与される物質的な物や交換する人々に
帰着する本質的な属性ではなく、贈与の仕方、その働き方にまつわる行為によって開
かれるというものがあげられます［Strathern 1988: xi］。以下、具体例を紹介します。
　この例は、マウントハーゲン族での慣習を考察したものです。贈与するための豚を
家庭内で妻（女性）が育てた後、夫（男性）が儀礼的に交換することを調査しました。
マルクス主義フェミニズムの観点からの研究では、この交換は男性のみの名誉になる
ので、男性が女性の労働を搾取しており、さらに言えば女性を支配していると主張し
ていました。この主張に対し、ストラザーンは研究者自身が属する社会の商品経済に
基づいた先入観からのバイアスがかかっていると批判し、その先入観の考え方を解体
しています。商品経済的に考えれば、労働の価値が豚の価値に変換されるわけで、労
働者と自らの労働の結果である豚が結び付くのです。労働者にその利益の授権がある
はずですが、男性が豚を自分の所有物にすれば、働いた女性は労働の生産物（豚）の
授権から疎外されるという考え方です。
　ハーゲン族は商品経済ではなく、贈与経済というシステムをとっているため、マル

クス主義フェミニズムとは根本的に異なるとストラザーンは指摘しています。ハーゲン族で重要なのは豚という物の価値ではなく、その贈与を通して関係が築かれていくことです。また、豚は女性の手で育てられますが、豚の餌は男性が耕した土地の作物であることから、豚の価値は妻と夫との関係から創出されています。つまり、豚の価値は個人の労働によるものではなく、複数の社会的なアクターの関係性でできています。経済システムの裏には、それを支える存在論があるということです。

　豚と同様に、人間も関係性でできています。つまり、人間はそれぞれの固有の内在的なアイデンティティからなる個人ではありません。人間の体に複数の潜在的な可能性があり、複数の人間関係からその可能性がその人の特徴として引き出されています。この考察でストラザーンはマッキム・マリオット［1976］の分人論を用いて、ジェンダー的な実践がどのように社会的な営みを成り立たせているのかを分析し、人間はどのように社会的存在になっていくのかという根本的な問いまで掘り下げています。

　上記の例では、ジェンダーが社会的な行為をどのように生み出しているのかがうかがえましたが、一人のライフコースにおいてジェンダーがどのように具体的に現れるのかは、まだ曖昧なままでしょう。これを解説するため、もう一つの例を紹介します。サンビア族では、男性は男性として生まれるのではなく、通過儀礼を通して男性になります。男性は、男性性および女性性を備えた存在として生まれて、幼少期の母とともに過ごす時間では女性的な特徴が引き出されます。そのため、男性になるための通過儀礼で少年が年長の男性にフェラチオをして精子を口で受け取ることで、生殖能力を有する男性になるとされています［Herdt 1981］。一般的には女性性や男性性というジェンダー的な特徴は内面的なアイデンティティから表出するものと思われていますが、ストラザーンの観点では、**分人**の要素は外部との関係を通して体の複数の可能性から引き出される、つまり潜在的な要素によることがわかります。

　ジェンダーは外部との関係を通して生成されますが、その社会的な関係は動的かつ流動的であり、ジェンダー化される本人の行為によってつくりあげられます。パプアニューギニアのギミ族の考察で、ストラザーンがこれをわかりやすく説明しているため、引用します。

　　ゲイテンス［1983］は、女性は身体が異なっているため、男性と異なってくると論じている。女性は男性と同じことをしても、彼女らの身体からもたらされる文脈がその行為をジェンダー化する。ギミ族の場合、この構図が逆になると言った方がよりよいだろう。女性の身体がジェンダー化されるのは、男性とは異なったやり方そして振る舞い方をすることから男性とは異なった能力を示すためである［Strathern 1988: 129-130，和訳は筆者による］。

　性差を自然つまり本質に基づくものと考える人々にとっては、どのような行為をとっても、その行為を通して身体の性差による違いを見出すこととなります。ストラザーンはギミ族のジェンダーを参照して、私たちの身体は本質的な性の、一つの属性があらかじめ決まっているのではなく、むしろ身体に様々な性的特徴が備わっているのであるといいます。このように、私たちの行為を通してその特徴が引き出されていくなかで、身体のジェンダーが現れてくることを示唆しています。つまり、ジェンダーは社会的な関係のなかで付与されるような静的属性ではなく、相互作用によって産出されていく要素です。ジェンダーは最初から存在する属性ではなく、生きているうちに私たちの実践から現れてくるものです。

　ここまで読むと、ジェンダーと性差という用語が混在して、ジェンダーと性差の違いがわかりにくくなっているかもしれません。先行研究の中でも、この区別は疑問視されてきました。特にジュディス・バトラー（1956-）は、1988年の論文で性差も文化的な構築物であることを論じています。バトラーというと、和訳されている1990年および1993年の単行本が多大な影響力があり、もっとも引用されている研究ですが、本章はその理論的な萌芽である1988年の論文に注目しながらバトラーを紹介します。

　この論文でモーリス・メルロ＝ポンティの現象学を参照して、社会的リアリティのみならず私たちも自らの行為によって構成されるといいます。これは、私たちが主体でありながらも、自分の行為の影響を受ける客体でもあるからです。そうすると、私たちの行為は性差という自然な要素の表現として解釈されるので、性差は生まれもった性質としてみえてきます。

　さらにバトラーは性差が自然な要素とみえてくる現れ方についても、理論化を試みています。そのために人類学者ヴィクター・ターナーおよび演劇理論家リチャード・シェクナーのパフォーマンス理論を用いて、行為が繰り返されることによって蓄積されてきた印象が社会的なリアリティとして構成されていくと論じています。言い換えれば、意図せずとも自分のジェンダーのパフォーマンスを一定の形で繰り返していくうちに、そのパフォーマンスが一貫性のある自然な性自認となっていきます。パフォーマンスというと、何かのフリをするという意味にとらえられがちですが、バトラーのいうパフォーマンスは女性や男性、自然な事実と思われる何かを構成させていく行動です。バトラーはこれを**パフォーマティヴな行為**［1988］、そして**パフォーマティヴィティ（行為遂行性）**［1990］と呼んでいます。

　つまり、私たちは生まれた時から男性あるいは女性であるのではありません。生きていくなかで、繰り返される行為を通して私たちがある性別になっていくのです。性別が自然な要素にみえるのはフィクションで、人々の社会的な行動を通してそのフィクションが社会的なリアリティとなります。

　ジェンダー考察を通して、バトラーは英語圏の人類学にも、日本語圏の人類学者にも多大な影響を及ぼす理論を展開してきました。特に用いられるのは「エージェンシー」および「パフォーマティヴィティ」の理論です。この二つの理論を簡潔に紹介しておきます。

　バトラーは、私たちが特定の歴史的な文脈の中で特定の社会的制約を受けながら生きているため、完全に自由に自分自身をつくりあげることはできないと述べています。ただし、ジェンダーは受動的な身体に対し、社会規範によって刻まれるものでもないともいいます。個々人はジェンダーにまつわる様々な期待を裏切り、その規範に抵抗することもできます。行為を通してある種の可能性も実現できる能力について、バトラーはエージェンシー（行為主体性）という用語を用いて説明しています。私たちの

コラム1 ●●●●●●●●●●●●●●●●●●●●●●●●●●●●●●●●●●●●●
ドラァグ・クイーンの実践からわかる、ジェンダーのパフォーマティヴィティ

呉 納馨

図1　2022年6月18日札幌市　Mm PROJECT 撮影現場のてるまゑ・ノエビアさん

　ドラァグ・クイーンとは、過剰な女装と派手なメイクを身にまとい、クラブやバーなどの場所を中心にショーをする者です。19世紀末に登場し、アメリカ合衆国ニューヨークのゲイ文化として、1989年前後に日本に導入されました［佐藤 2017；魚住 2018］。現在、日本国内においては、副業や趣味としてクイーンの活動をしているゲイやトランスジェンダーの者が多い［市川 2021］一方、バーのママのように主業として活動しているクイーンもいます。

　ジェンダー・パロディ、つまり装いの転倒、誇張によってジェンダーと戯れる、あざ笑ったりすることがドラァグ・クイーンのもっとも重要な特徴と考えられます。クイーンたちは様々な活動形式、また女装スタイルをもっていますが、日常生活で着るのがほぼ不可能なスカート、色鮮やかで特殊な髪型のウィッグ、20センチのハイヒール、仮面のように劇的なメイクと独特で耳障りなぐらいの笑い声はもはや定番です。さらに、一部のドラァグ・クイーンはあえてヒゲを生やし、「男性らしさ」を売りとしてアピールすると同時に、スキンケア、脱毛に対してもかなり熱心です。このような「女性像」を装うけれどもわざと「女性」にもなかなかみられない異装、あるいは男女の境界を曖昧に提示している身体表現は、ドラァグ・クイーン文化の核といえるでしょう。アメリカの哲学者ジュディス・バトラー［1999］が主張

パフォーマティヴィティを通して、つまり自分が繰り返す社会的な行為を通して、社会的なリアリティに変化をもたらします。要するに、エージェンシーが発揮できるのだといいます。

　そして、ジェンダー化された主体がいかにつくられるのかという問いに対して、バトラーは主に行動と言語、特に言説と言語行為に注目して論じています [1990, 1993]。この具体例はコラム 1 に記載しています。このコラムはドラァグ・クイーンについて扱っていますが、一般女性もこのようなパフォーマティヴィティを毎日経験しているのではないかと思います。どのような下着をどのように身に着けるかによって、身体のラインが変わってきます。メイクをどのようにするかによって、顔の特徴が異なって見えてきます。様々なテクノロジーを使って「詐欺」といわれるほどに、イメージ

・・

したように、ドラァグ・クイーンのパロディ化される身体は、パフォーマティヴィティ（performativity）によって構築されるジェンダーの模倣の失敗を通して異性愛主義的な規範を攪乱していきます。

　この「ジェンダー・パフォーマティヴィティ」はジュディス・バトラーの中心概念といえます。彼女は主著である『ジェンダー・トラブル』で、ジェンダーは自然に「ある」ものではなく、一種の進行中の人為的な行動（＝おこなうこと）、パフォーマティヴなものであり、ジェンダー・アイデンティティはまさにパフォーマティヴに構築されるものであると述べました。実際の調査中、「男でもない女でもないものになって自分のジェンダー・アイデンティティがわからなくなった」[1]のような言葉もドラァグ・クイーンのてるまぇ・ノエビアさんから耳にしました。この話から考えると、クイーンは変装によって「女をおこなって」も、大抵変装し過ぎや変装不完全になるものの、クイーン自身のジェンダー・アイデンティティを混乱させていくことでジェンダーが流動化していることがわかります。

参照文献
市川尚徳 2021「日本のドラァグ文化を取り巻く現状と展望――日本独自のクイーン像」早稲田政経瀬川ゼミ生の Web マガジン.
　　〈http://wasegg.com/archives/3472#note_1〉（最終閲覧 2021 年 7 月 9 日）.
魚住洋一 2018「There's No Place Like Home――ドラァグ・クイーンと『ホーム』の政治」『論理学研究』(5)1: 3-22.
佐藤知久 2017「ドラァグ・クイーン――触発するフェティシュあるいは最も美に近い創造物としての」田中雅一編『フェティシズム研究 3 侵犯する身体』京都大学学術出版会.
バトラー，J. 1999『ジェンダー・トラブル新装版―フェミニズムとアイデンティティの攪乱』竹村和子訳 青土社.

1　2022 年 2 月 25 日、女装バー・7 丁目のママで「LGBTQ ツーリズムセミナー」の打ち上げ会にて聞き取った証言。

は加工できます。女性への変身を繰り返す日々を重ねていくにつれて、女性になります。しかし、その変身をこなせなければ、周囲の目線が気になってしまいます。何らかの社会的な罰さえ受けるかもしれません。洋服やメイクなどは、私たちが駆使して楽しむテクノロジーでもあれば、社会的な期待を満たすための縛りにもなるという二重性があります。

　また、ハラウェイのようなアプローチをとれば、生物学的な観点からもジェンダー構築について考えられます。ロサルドらがいうように、私たちの性差は様々な生物学的な特徴によって決まるのは確かです。ただし、これらの特徴は「男性的」か「女性的」という両極端にはっきりと分けられない場合も多々あります。例えば、男性ホルモンとされているテストステロンは、男性だけではなく女性にもある程度の分泌が必要です。また、女性のテストステロン値が高いと、スポーツ競技などで有利とされます。したがって、テストステロンを男性ホルモンだと厳密にはいえなくなります。実際、キャスター・セメンヤという南アフリカ共和国の陸上競技選手が世界大会で何度も優勝しているので、彼女の性別についての疑惑がもち上がり、検査したところ他の女性選手よりテストステロン値が高いとわかりました。それから、女性の平均的なテストステロン値はどの程度か、セメンヤの出場を認めるべきかどうか長年にわたって議論されることになりました。

　もう一つ例をあげましょう。生まれたときから、身体的な特徴が曖昧であり、女か男という区別がつかない場合もあります。例えば、身体的な生殖器官において男性的な特徴と女性的な特徴が混在していたり、染色体に変異があったりするなどです。生物学的な性差の区別がつかない人々はインターセクシュアル（中間的な性）といわれており、LGBTQIA ＋の I とされるほど多く存在しています。

　この二つの例からいいたいのは、私たちは、男性か女性かという両極に収まらないほど、様々な性的な特徴の連続体に位置する可能性です。性差は生物学的な特徴によって決まっているといっても、生物学的な特徴をもって性差を自然だと主張することすら、人工的つまり文化的な概念に基づく判断なのです。

　つまり、生物学というものは、自然の客観的な事実を発見する学問ではなく、ジェンダーと同様に歴史的な文脈の中でつくられているものです。男性か女性かというのは、現地の歴史的な文脈に基づいて人々がどのように振る舞い、他人と関係を築き、生きてゆくのかということの総合として生成されているものなのです。

5. おわりに
ジェンダーの切り口から全体を眺めます。
　本章は男性以外の、かつて不可視だった存在が可視化されるというところから始ま

りました。そこでは、男性以外の人々が男性より劣った存在と思われていましたが、フェミニズムの諸運動が広がるとともに女性も文学作家や学者、政治家などになることができ、かつてより声をあげられるようになりました。このことにより、本質主義的な傾向を批判して、ジェンダーそして性差が社会や時代によって異なってくることが明らかになりました。そして、ジェンダーがいかに構築されてきたのか、あるいはどのように創出していけるのかが大きな議論となってきています。

　ジェンダーについて深く考えることによって、近年でも多く引用される理論が生み出されました。ハラウェイが文化／自然の二元論を脱構築して脱人間中心化した試みは、特にマルチスピーシーズ人類学における重要な基盤を形成しました。ストラザーンは、分人という概念を展開させ、私たちの存在論に**再帰的な眼差し**（reflexive gaze）を向けることができました。これは第4章で取り上げる存在論的転回の重要な土台となっています。また、バトラーのエージェンシーそしてパフォーマティヴィティも人類学にとって多く用いられる概念となりました。これらの概念はジェンダー問題を考察することから生まれており、そしてジェンダー以外の問題にも適用できるような分析枠組みとなりました。ジェンダー問題を出発点とし、人類学の理論的な発展を成し遂げました。

　このようにジェンダーに問題意識をもつことは、様々な人々が共存するうえで免れえない課題でもあり、人類学を大きく展開させる起因ともなりました。個人的なことは政治的なことであるというのは、フェミニズム第二波のモットーでありますが、同様に人類学においては日々の社会的な営みにおけるジェンダーを考えることが、社会全体の生の絡み合いにつながっていくための端緒となりうるのです。そうすると、ジェンダーは男性以外の人々の問題ではなく、誰もが直面する問題であることも明らかでしょう。そして、ジェンダーは誰でも駆使できるアプローチであり、人類学者にとって必要不可欠な視座となっているのです。

参照文献
アーメッド, S. 2022（2016）「ハンマーの共鳴性」藤高和輝訳『現代思想』50(5): 90-106.
　　（Ahmed, S. An Affinity of Hammers. *Transgender Studies Quarterly* 3(1-2): 22-34.）
上野千鶴子・田房永子 2020『上野先生、フェミニズムについてゼロから教えてください！』大和書房.
上野千鶴子 2016『〈おんな〉の思想——私たちは、あなたを忘れない』集英社.
大橋由香子 2017「避妊や中絶をめぐるタイムトンネル」北原みのり編『日本のフェミニズム』河出書房新社
栗原奈名子 1993『ルッキング・フォー・フミコ』DVD.
時事通信社〈https://www.jiji.com/jc/d4?p=syo207-photo2047&d=d4_oldnews〉（最終閲覧2022年10月31日）

清水晶子 2022『フェミニズムってなんですか？』文藝春秋.

谷口真由美 2017「リプロ運動——女性の身体にまつわる権利を考える」北原みのり編『日本の
　フェミニズム』河出書房新社.

ハラウェイ, D. J. 2000（1991）『猿と女とサイボーグ：自然の再発明』高橋さきの訳　青土社
　（Haraway, D. J. *Simians, Cyborgs, and Women: The Reinvention of Nature*. Routledge.）

ハラウェイ, D. J. 2013（2003）『伴侶種宣言：犬と人の「重要な他者性」』永野文香訳 以文社
　（Haraway, D. J. *The Companion Species Manifesto: Dogs, People, and Significant
　Otherness*. Prickly Paradigm.）

フックス, b. 2017（2000）『フェミニズムはみんなのもの——情熱の政治学』堀田碧訳 エトセト
　ラブックス（hooks, b. *Feminism is for Everybody: Passionate Politics*. Pluto Press.）

堀場清子編 2019『「青鞜」女性解放論集』岩波書店.

三成美保 2019『ジェンダー法学入門』法律文化社.

三浦まり 2017「日本のフェミニズム——女性たちの運動を振り返る」北原みのり編『日本の
　フェミニズム』河出書房新社.

Ardener, S. 1975. The Social Anthropology of Women and Feminist Anthropology.
　Anthropology Today 1(5): 24-26.

de Beauvoir, S. 1949. *Le deuxième sexe*. Gallimard.

Butler, J. 1988. Performative Acts and Gender Constitution: An Essay in Phenomenology and
　Feminist Theory. *Theatre Journal* 4: 519-531.

Butler, J. 1990. *Gender Trouble: Feminism and the Subversion of Identity*. Routledge.

Butler, J. 1993. *Bodies that Matter*. Routledge.

Crenshaw, K. 1989. Demarginalizing the Intersection of Race and Sex: A Black Feminist
　Critique of Antidiscrimination Doctrine, Feminist Theory and Antiracist Politics.
　University of Chicago Legal Forum 1(8): 139-167.

Freeman, D. 1998. *The Fateful Hoaxing of Margaret Mead: A Historical Analysis of her
　Samoan Research*. Basic Books.

Frühstück, S. 2022. *Gender and Sexuality in Modern Japan*. Cambridge University Press.

Gould, S. J. 1978. Morton's Ranking of Races by Cranial Capacity. *Science* 200 (4341): 503-509.
　Retrieved from ⟨http://www.jstor.org/stable/1746562⟩ on July 2nd, 2022.

Gould, S. J. 1981. *The Mismeasure of Man*. W. W. Norton and Company.

Haraway, D. 2007. *When Species Meet*. University of Minnesota Press.

Haraway, D. 2016. *Staying with the Trouble: Making Kin in the Chthulucene*. Duke University
　Press.

Herdt, G. 1981. *Guardians of the Flutes Volume 1: Idioms of Masculinity*. The University of
　Chicago Press.

Howard, J. 1981. *Margaret Mead: A Life*. Random House Publishing Group.

Marriott, M. 1976 Hindu Transactions: Diversity without Dualism. In B. Kapferer (ed)
　*Transaction and Meaning: Directions in the Anthropology of Exchange and Symbolic
　Behavior*, pp. 109-142. Institute for the Study of Human Issues.

Mead. M. 1949. *Male and Female: A Study of the Sexes in a Changing World*. William Morrow
　and Company.

Mead, M. 1961. *Coming of Age in Samoa: A Psychological Study of Primitive Youth for
　Western Civilisation*. William Morrow and Company.

Mead, M. 1972. *Blackberry Winter: My Earlier Years*. Peter Smith Publishing Inc.

Morton, S. G. 1839. *Crania Americana: Or a Comparative View of the Skulls of the Various Aboriginal Nations of North and South America*. J. Dobson.

Morton, S. G. 1844. *Crania Aegyptiaca; Or Observations on Egyptian Ethnography Derived from Anatomy, History and the Monuments*. John Pennington.

Reiter, R. (ed) 1975. *Toward an Anthropology of Women*. Monthly Review Press.

Rosaldo, M. & L. Lamphere 1974. *Women, Culture, and Society*. Stanford University Press.

Sandoval, C. 2000. *Methodology of the Oppressed*. University of Minnesota Press.

Shankman, P. 2009. *The Trashing of Margaret Mead: Anatomy of an Anthropological Controversy*. University of Wisconsin Press.

Strathern, M. 1988. *The Gender of the Gift: Problems with Women and Problems with Society in Melanesia*. University of California Press.

Tylor, E. B. 1871. *Primitive Culture: Origins of Culture*. J. Murray.

第3章
人類学の身体論（前半）：
心身二元論を超えていく

　身体論というと自然科学的分野が想起されがちですが、人類学においても身体は重要なテーマの一つです。人類学的な研究は社会生活の中に現れる人間の差異あるいは普遍性を理解するための学問だといえますが、初期の形質人類学でその差異・普遍性はまず身体的な特徴でとらえられているといえるでしょう（第1章参照）。この一方、初期の文化人類学で身体はあたりまえな自然物とされており、研究の着眼点ではなく対象の背景に潜んだ要素となっていました。主な理由としては、文化や社会が身体的ではなく、精神的な諸領域に基づくものというデカルトの心身二元論的な前提で研究が行われていたことがあげられます。そのため、身体そのものに焦点を当てる際、その対象は社会生活の中で生きている身体ではなく、解剖学的な身体、特に頭蓋骨となり、その研究法は測ることでした（第1章参照）。人類学において身体が前景化するのは20世紀に入った第一次世界大戦後でした。

　そして、身体への視座は時代の変化とともに理論的に展開されていきました。これまでの議論のとおり、身体的な差異は先天的にあらかじめ決まっているものではなく、むしろ身体に基づいた相互作用およびその身体経験の中で発現されるものであることが明らかにされています（第2章参照）。身体経験の重要性を認めた結果、身体そのものが、他者ならびに自分自身を理解する土台であるということが、身体論のみならず、人類学の核心をなす考え方となってきたのです。

　本章の目的は、20世紀に身体論がいかに登場して、時代変化とともにいかに展開していったのかを提示することで、身体の人類学とその背景にある理論を紹介することです。身体の人類学というとフランスやイギリスなどの研究を中心とすることが多いと思われますが、本章では日本の歴史的な文脈、そして日本出身の人類学者による身体論を取り入れ、学問における脱西洋中心主義化への第一歩を踏み出したいと思います。

1. 社会生活の背景から前景化される身体：モースの身体技法
　人類学において身体に初めて注目したのは、フランスの人類学者マルセル・モース

（1872-1950）による「**身体技法論（Les Techniques du Corps）**」［1935］であるとされています。モースは民族誌、日常生活、そしてフランスの伍長としての経験を通して知った身体的な行為を分析し、「有効で伝承的」と考えたものを身体技法であると論じています［Mauss 1973（1934）: 75; 倉島 2007: 121］。モースによると、社会によって身体的な動作が異なってくることは自然な差異あるいは個人差として説明しきれない点があるとされます。身体技法という身体的な行為は、文化、流行、社会的地位によって異なる習慣であるがゆえに社会化を通して習得される行為であるといいます。

　例えば、モースの経験を描写した箇所では様々な歩き方について鮮明に描いています。モースは小学校のときに歩き方を厳しく説教されたようです。手のひらを外側に返して学校の廊下を歩いていたら、「バカ！　手のひらを内側に！」と教師に怒鳴れたと書いています［Mauss 1934: 72, 和訳は筆者による］。そして、モースは第一次世界大戦で様々な兵隊の行進の相違を目の当たりにしました。イギリス兵とフランス兵がともに戦場で戦った時、互いの行進の歩幅とペースが異なっており、イギリス兵の歩き方をフランス兵のリズムに合わせようとしたらギクシャクした歩き方となったと述べています。さらに、フランス兵のモースにはドイツ兵のガチョウ足行進があざ笑う対象となるほど異なって見えていました。また、モースがニューヨークで入院した際、看護師たちの歩き方がパリの女性の歩き方に類似していることに気づいて、両者ともハリウッド映画の影響を受けていると推測しています。これらのことから、同時代であっても学校教育や軍隊教育、メディアなどの様々な影響のもとで歩き方が異なってくることを論じています。こうした違いは様々な社会的な文脈から生じるものであり、「自然な歩き方」はもはや存在しないのだと主張しています。

　モースは日本について論考で取り上げていませんが、本書の第１部では人類学的な理論の脱西洋中心化の第一歩として日本もその中心に添えていくため、当時の日本兵の行進についても言及しておきます。近代化以前の日本の農民は**ナンバ歩き**が一般的だったのです。今私たちは直立し腕を振って歩く場合、右足を出すときに左腕を前に振り出すことが多いと思いますが、ナンバ歩きでは、前屈みになって右足と同時に右肩を出して、片側ずつ前に出ていくことを繰り返して歩いていました。身体の人類学の第一人者である野村雅一によれば、日本の軍隊教育では直立して歩く時、出された足の反対の腕を振るということが求められ、このような近代的な歩き方を習得するには半年かかっていたといいます［野村 1996; 牧原 2008: 143 in 國分 2017: 325 参照］。ところで、近年の英語圏文献をみてもナンバ歩きに興味が集まっており、その由来は農民がクワを持った畑の作業からなのか、あるいは重たい荷物の運び方からなのか、または伝統芸能の歩き方からなのかなどと、推測されています［Kawada 1996 in Ingold 2011］。

　モースの身体技法に戻りますが、モースは身体のいわゆる自然な側面、そして心理的な側面は生物学や心理学などに託して、社会的な側面のみに注目しようとしました。モースに続く人類学者にも身体の社会的な側面のみに焦点を当て、そこから文化を読み取ろうとする視座が多くみられます。

2. 構造主義的な身体論：メアリ・ダグラスの社会的な身体

　モースに続いて人類学の身体論を大きく展開していくのは、イギリスの人類学者メアリ・ダグラス（1921-2007）でした。ダグラスは構造主義的な眼差しから、身体そのものを象徴体系として見なしました［1966, 1970］。1966 年の『**汚穢と禁忌**』では、身体は他の象徴体系と同じく、体系の境界を逸脱すると汚染、そして脅威が招かれるという考え方の普遍性を主張しています。また、1970 年の『**象徴としての身体──コスモロジーの探求**』では、社会の中の様々な規範や儀礼などによって社会化され、身体が自然な身体（physical body）から社会的な身体（social body）になっていくと論じています。そして、この社会的な身体は、社会規範の表象であると提示しています。その二著を合わせて考えれば、身体は根本的には肉体的で物質的なものですが、社会生活上の身体は社会の表象であり、社会を維持するような構造をまとっているといえます。

　まずは象徴体系としての身体を提示します。象徴体系の境界は危うく傷つきやすいものです。身体はまさにそうです。例えば、身体内（体系内）から身体外（体系外）に移動するものが汚いと思われるのは、その境界を逸脱しているため危険だからであるといいます。例えば、「唾、血、乳、尿、大便あるいは涙…皮膚、爪、切られた毛髪および汗」を含みます［2009（1966）: 282］。上記のものは衛生的に汚いわけでもなく、あるいは個人の精神的な情緒によって汚いと感じているだけでもありません。これは、ただ単に身体という象徴体系からはみ出たことで秩序が乱されたため、汚れ、そして危険と思われるのだとダグラスは論じます。例えば、イスラム教で豚肉を禁じるのは、豚という動物にかかわる衛生的な問題ではなく、豚という生き物が旧約聖書に書かれている動物のカテゴリーに収まらない身体的な特徴を有しているからだといいます。カテゴリーから逸脱していることはその秩序を乱すことなので、穢れと考えられるようになったという、ダグラスの有名な論点があります。このように「汚（穢）れ」という概念は特定の社会におけるコスモロジーに基づいて構築されているといいます。長くなりますが、ダグラスがこれについて簡潔に述べている箇所を引用します。

　　　我々のもっている汚れの概念を検討すれば、汚れとは体系的な秩序から排除されたあらゆる要素を包含する一種の全体的要約ともいうべきものであることを認め得

るだろう。それは相対的観念なのである。靴は本来汚いものではないが、それを食卓の上に置くことは汚いことなのだ。食物はそれ自体では汚くないが、調理用具を寝室に置いたり、食物を衣類になすりつけたりすることは汚いことなのである。同様に、応接室に浴室の器具を置いたり、椅子に衣類をかけておいたり、戸外で用いるべきものを室内に持ちこんだり、二階に置くべきものを階下に下したり、上衣を着るべき場合に下着でいたり等々のことは汚いことなのである。要するに、汚穢に関する我々の行動は、一般に尊重されてきた分類を混乱させる観念とか、それと矛盾しそうな一切の対象または観念を非とする反応にほかならないのだ［2009（1966）：103-104］。

　ダグラスは様々な社会での身体経験、その身体的な感覚を検討しているといえますが、その考察はそれぞれの社会にとどまってはいない点を指摘しておきたいと思います。ダグラスは様々な事例をもって、自分自身のイギリスでの社会生活をも再帰的に考察しています。なじみのない社会の、不思議と思えるような習慣や宗教からの掟は迷信のように思われるかもしれないのですが、その裏にある考え方は私たちが置かれた近代社会の生活にも見出せると論じています。つまり、日々の片付けなどの私たちの日常生活でも非合理で伝統的な考え方が働いているものと考えられます。

　生物学的な身体は内と外の境界が弱く、汚れる恐れに溢れています。そのため、浄化儀礼や日常の衛生管理などを通して汚染の予防または対処することが多いのです。ダグラスはさらに、汚れの概念のみならず、身体にまつわる社会的な規範や身体観がいかに身体を制限し、公の場に提示できる社会的な身体を規定するのかを考察しています［1970］。例えば、1970年代の大学教員なら、髪がボサボサでも許されていましたが、その教員たちもある程度身だしなみのルールを守っていることについて述べています［Douglas 1970: 81］。私自身も、大学教員のポストに就いてから、髪の毛を様々な色に染めましたが、反抗精神というより、許容範囲内とされるとわかったからということもありました。就職活動に必死に取り組んでいる新卒の方なら画一的な黒いスーツや髪型、ナチュラルメイクに目立たないヒールと決まっています。社会の中で、どのように身体を提示すればよいのかをよく知ったうえでそれぞれの立場をわきまえて、その範囲内で自己主張することが多いでしょう。社会的な構造がより複雑であればあるほど、そして社会的な規制がより強ければ強いほど、それに応じて身体への制限はますます厳しくなるといいます［Douglas 1970: 80］。

3. 1960年代の肉体から、ポスト構造主義の身体論へ

　ダグラスの1970年の論考の背景には、1968年パリの五月革命があります。これは、学生たち、そして一般人の運動家らが、私生活そして性生活への解放を求めていくな

かで、既存の制度とその儀式主義に抵抗するものでした。この抵抗に対してダグラス
は、運動家が主張するように儀式と象徴を捨てるのではなく、むしろ象徴を通して制
度つまり構造が改められる可能性があると主張していました。ダグラスの論じるよう
な身体は、エロスと情動を制御し、社会的な象徴が刻み込まれる客体でしたが、これ
に対して五月革命の学生たちにとっての身体は自らのエロスと情動を堪能できる主体
性のある存在でした。ダグラスは構造主義に執着しますが、社会学者のブライアン・
ターナーによれば、五月革命はそれ以降の身体論を構造主義および記号論に反する方
向に走らせる契機になったようです［Turner 1994］。このことから、身体がその生お
よび性から切り離されて、固定化したテキストとして文化を象徴的に提示するものと
して扱われることは少なくなりました。この時代背景をもって、人類学を含む社会科
学における身体論では、静止画のような身体ではなく、身体経験そのものに注目し、
その流動性を視野に入れるようになりました。

　私にとって、身体を考えるにあたって、五月革命よりも 1960 年代日本の方に想像
力が搔き立てられます。その当時、日本は**肉体の時代**といえるほどであり、政治的な
運動および前衛芸術における身体が衝撃的に表現されていました。当時の運動を一括
りにすることはできませんが、彼らは自分自身の身体の物質性をもって都市部の近代
化や既存の諸制度の西洋化などに対し、異議申し立てをしていたといえるでしょう。
そして、私の関心は 1960 年の安保闘争や 1968-70 年の全共闘運動・大学紛争よりも、
同時期に繰り広げられた暗黒舞踏という前衛的なパフォーマンスにあります。暗黒舞
踏の重要な文脈となったハプニングというパフォーマンスや、アングラの小劇場運動
や映画などの前衛芸術に、支配不可能な肉体を認めることが、ある種の武器となって
いました。本章では具体例を述べる余裕はありませんが、五月革命の 5 ヶ月後に行わ
れた、暗黒舞踏の創始者とされている土方巽の『土方巽と日本人—肉体の叛乱』とい
うソロ公演のタイトルからでも、その時代性がうかがえるでしょう。土方の暗黒舞踏
は、西洋のモダンダンスの様式とともに近代化された社会生活、その中で制御されて
いる身体を拒否し、自らの肉体の混沌とした宇宙から踊りをすくい上げようとした実
験の連続といえるのではないでしょうか。そして、土方による『肉体の叛乱』は、彼
の肉体の中の飼い慣らされない動物性や神秘性、性の両義性などをグロテスクかつ美
しく、衝撃的に打ち出したものでした。この公演は伝説となり、芸術家や表現者に多
大な影響を与えたようです。私は大学院に進学する前から土方の弟子や孫弟子たちと
研究をしてきたことから、土方から受け取った彼らの肉体論で私の考える身体論が形
成されているといっても過言ではありません［コーカー 2019］。私の場合は時間のズ
レがあるものの、このように時代と思想は並行して走っていくものなのです。

4. 身体の人類学への新たな挑戦

　次に、構造主義ではとらえきれない身体を考えていきます。身体の人類学を再び構想する試みが『**身体の人類学（Anthropology of the Body）**』［Blacking 1977］として論じられています。当時、自然・文化の二元論を超克する必要性がうたわれており、その編集者であるジョン・ブラッキング（1928-1990）は、身体論においても身体そのものを物質的な身体（自然）と社会的な身体（文化）に切り離しては考えることができないと主張しました。ブラッキングは身体的な表出がいかに生物学的な要因と環境的な影響との相互関係に現れてくるのかを検討すべきだといいます。彼は、外在的と見なされてきた環境からの影響あるいは文化が身体の物理的な特徴に影響を与える一方、身体に潜在的なものが文化における変化を促すものだと考えます［Blacking 1977: 2］。後者については、感情や衝動（インスピレーション）が人間に共通した生物学的な条件に基づいているとも述べています。この視座には、身体を自然・文化に分けるのではなく、それらの要素の密接な関わり合いを考察しようとする姿勢が表れています。

　ところで、このような姿勢はブラッキングとこの論集では終わりません。例えば、ティム・インゴルドとパルソン編『バイオソーシャルの生成変化—社会人類学と生物学的な人類学の統合』［2013］では、人には文化的に構築される要素もあれば、生物学的な過程による要素もあるため、人間の性質はどちらか一方に還元できないと主張しています［Ingold & Palsson 2013: 9］。ここでインゴルドは、遺伝の後天的発現を検討する後成学（エピジェネティクス）や進化論的な心理学、マルチスピーシーズ人類学にみられるような生態学的な視座などから自然と文化との緻密な関係性を具体的に示そうとしています。このように、ブラッキングの提案は1970年代末においては実現せず、人類学の身体論では長く続いている論題となっています。

　さらにブラッキングは自然・文化の二元論とともに、身体論における主客の二元論の克服を目指します。ダグラスなどの構造主義ならば身体は受動的な客体となりますが、ブラッキングは自らの音楽実践ならびに研究をもって身体経験がいかに私たちの考えや創造性を生み出しているのかについて述べています。特に、身体として生きていることが思想や文化の条件であると論じており、これを理解するための鍵として舞踊を取り上げています。

　　　舞踊の究極的目標は考えずに動かされること―〔自分が〕踊らされていること、と同じように思惟における究極的達成は考えるように動かされること、〔自分が〕考えさせられていることである。これは霊感（インスピレーション）や洞察力、非凡な才能、創造性などと、しばしば呼ばれている。しかし、これは本質的にいえば身体の

運動であり、無意識の思考の形態である。我々は思考へと動かされている（We are moved into thinking）。身体と脳は一つである［1977: 23, 和訳は筆者による］。

　ここでブラッキングは、デカルトのいう心身二元論を批判し、自らの身体一元論を提示しています。心身二元論では、思想やアイデンティティは精神の非物質的なマインドにあり、このマインドは肉体がなくても存在するといいます。そして、肉体は精神の物質的な容器にすぎず、思考などはしないという考え方です。これに対して、ブラッキングやその後の身体の人類学には次の目標があります。それは、心身二元論をあたりまえとしている、身体への一般通念を問い直して、より身体経験、さらにいえ

写真 3-1　私たちは思考へと動かされている
2015 年から私はポールダンスを研究するようになりました。ポールダンスとは、垂直の棒に絡んだり登ったりすることで披露する身体表現です。写真では、既存のポールダンスに囚われず、「コンテンポラリー・ダンス」風のポールダンスからのワンシーンが写っています。このダンスの創作は、動きについて話し合った後、考えずにお互いやポール、あるいは目に見えない何かによって動かされつつ、新しい考えに導かれる時間でした。写真は 2020 年のパフォーマンスより、踊り手は上から私、ERIKA RELAX、肉野ハラミです（Utsu Koki ［https://www.instagram.com/utsukoki］ 撮影）。

ば、生きられた経験の只中の身体を新たにとらえることです。ブラッキングにとって
ダンスに没頭しているときは、精神と身体が一体化した主体に主導権を握らせること
になるのと同様に、インスピレーションを受け取って何かを新しく創るときも、その
源は非物質的な精神からではなく、むしろこの世界に組み込まれている身体運動を通
して導かれているのだと考えられます。このような考え方には心身二元論、そこに含
まれている自然／文化、客体／主体の二元論では追いつくことができず、そのため心
身二元論を克服する必要が生じるのです［第２章のハラウェイ，菅原 2010: 3]。

5. 身体化論の人類学：心身二元論から心身一元論へ

　1980 年代以降、身体に関する人類学は心身二元論的な考え方からの束縛を解くた
めに、既存の身体論の傾向とは別の方向に展開していきます。この方向は、私たちは
身体そのものであるがゆえに、私たちの考えていることや共有されていることは身体
を対象とするのではなく、むしろそれらは「身体＝私たち」から生じるものであると
いうアプローチをとります。これは身体化という、モーリス・メルロ＝ポンティの現
象学の鍵概念です。人類学における身体化論を牽引した**トマス・ショルダシュ**は、身
体は自己の実存的な条件であるため、身体的な経験そのものが身体の在り方を分析す
るための方法論的な出発点となるといいます［Csordas 1994: 12, 2011: 137]。例えば、
ブラッキングの論述もメルロ＝ポンティの現象学に依拠していますが、上記の引用を
みると、ダンスに没頭しているときは、世界の内に存在し、世界と一体となっている、
つまり**世界内存在**（being-in-the-world）」であることをもっとも意識できる状況であ
ることがわかります［Csordas 1994: 10, 269; 菅原 2013: 1]。インスピレーションを
受け取って何かを新しく創るときも、その創造性の源は世界に浸される身体にありま
す。そして、身体として生きていくなか、自らの生物学的な機能や文化的な要素も資
源として、社会生活における意味を形成していきます。世界内存在である身体を検討
するためには、舞踊や病、痛み、性的な触れ合い、宗教的なヒーリングなどの著しく
身体的な経験が、もっとも適切な対象であるとされています。以下、身体化論を人類
学に用いた人類学者に焦点を当てて、身体化論の登場と展開をみていきます。

　まず、人類学における身体化論といえば、**マイケル・ジャクソン**（1940-）の名前が
あがってきます。ジャクソンはダグラスなどのかつての身体論が身体をテキストとし
て扱って、そこに文化を読み取ろうとする傾向を批判し、人類学における現象学的な
アプローチとして「**根源的経験主義**（radical empiricism）」［菅原 2013: 21]を提唱し
ました［Jackson 1989]。このアプローチは彼のフィールドワーク、具体的にいえば
シエラ・レオネのクランコ族との研究で必要に応じて立ち上がってきたものと考えら
れますが、実はジャクソンが身体化に初めて目覚めたのは研究ではなく、自分自身の

ヨーガ実践中だったといいます。ジャクソンによれば、30 代半ばまで身体を意識でき
たのは倦怠感や痛み、欲望、食欲を感じたときくらいだったといいます。そして、
ヨーガを始めた時、身体への意識、身体経験そのものが一変して、呼吸と運動を通し
て自分の意識と意図の身体化を感じることができました。ただし、その運動の習慣を
意図的に変えることはできませんでした。習慣を変えられないのは、自分自身がその
習慣そのものであるからだと実感したといいます。身体運動における習慣は彼に染み
付いたハビトゥス［Bourdieu 1977］ですから、彼の運動が習慣を繰り返しながら、
この習慣が彼そのものをつくりあげるという循環になります。そして、この循環に変
化を与えるには、精神や心、すなわち心身二元論のいうマインドで考えることではな
く、新しい運動手法が身に（ボディに）つくことを必要とするといいます。さらにい
えば、文化というものは彼の身体に培われているものです。文化（culture）というと、
語源は耕す（cultivate）というように、身体は文化を生み出す畑であるといえます
［Jackson 1989: 119-22］。このようにフィールドで身体化を見つめる前に、自分の日
常の身体経験の中で身体化に気づいたのです。その気づきが身体を通して新たな何か
を耕す種になったと考えられます。

　そして、ジャクソンの身体化論を表すのに、二つの事例がたびたび用いられます。
一つは、シエラ・レオネのクランコ族の通過儀礼であり、もう一つはジャクソン自身
がクランコ族の火起こしの方法を身につけたことです。前者は非日常であり、後者は
日常ですが、どちらでも身体化論が明示できます。

　一つ目は、**クランコ族の通過儀礼**の時期には、毎晩女性たちによる踊りが披露され
る事例です［Jackson 1989: 123-34］。ジャクソンのフィールドワークから、この踊り
で女性たちは男性の真似をしていることが明らかになりました。女性ならやってはい
けない、男性の典型的な表情や振る舞いを披露し、他の女性の笑いを誘うような踊り
だったようです。ジャクソンがこの踊りを分析しだした当初、この踊りの象徴的な意
味を解釈しようとしましたが、のちにこの踊りを記号として読み取ってしまうと、単
純化あるいは偽造に陥ってしまうことがわかりました。この女性による踊りは、意味
が不確定であるからこそ、言語的なコミュニケーションにおいて束縛された意味より
も解釈の自由が認められていると論じています。踊りでは男性の身体的なハビトゥス
も、女性の身体的なハビトゥスも、またその二つが披露される際の矛盾をも表すこと
ができ、女の子が女性になるとともにこれらのジェンダー規範を含めたクランコ族の
社会が再生産されるのです。

　二つ目は、ジャクソン自身が**火の起こし方**を身につけたことによって、クランコ族
の文化の一要素を身体化したという事例です。ある日、ジャクソンが焚き火を自己流
で行った際、現地の人々に笑われたといいます。なぜ笑いの対象になったのかわから

なかったので、現地の人々の火の起こし方を真似てみました。そうしたら、現地の人々による火の起こし方には経済的なセンス、そしてある種の知識があり、優雅な身体運動も伴ってくることがわかったと述べています。ジャクソンは、自分の焚き火は無駄が多く、不細工に見えたのだろうと考えました。この知見から、他の日常的なタスクにおける常識がだんだんわかってきたといいます。このように身をもって現地の人々のやり方を真似るのは、文化生活における象徴や意味を明らかにするためではなく、真似ること自体に意義があるからだといいます。そのタスク、つまり活動を通して、意味を把握するというよりも、その活動のセンス、つまりある種の感覚および美学を身につけることで現地の人々とその生き方に迫ることが目的となっています。

　身体、そして身体化論の人類学を広めた**菅原和孝**（1949-）は、上記のジャクソンの論考に言及し、現地の人々を模倣する参与観察には無理があると批判しながらも、身体経験にもっとも近い知識に肉薄する点ではジャクソンと同様に考えています。

> 　人類学全体を支配している、あくまでも現実世界から身をひきはがし超越的な世界へ上昇しようとする「知」に対する深い懐疑がおそらく彼をしてこの晦渋な論文を書かせたのだろう。そのような「知」の姿とはもっと別な、あくまでもわれわれの「生」そのものを〈まるごと理解〉するような「知」のありかた、あるいはまさに「生」と一体化した「知」のありかたをみいだそうとする希求をこそ、われわれはそこに読みとるべきであろう。
> 　そしておそらく私もそのような希求につき動かされてこの本を書いたのだ［菅原1993: 286］。

　この引用では、ジャクソンの論考に疑問を提示しながらも、社会生活を言語化し理論化することで生きられた身体経験から遠ざけてしまう恐れを認めて、ジャクソンと共鳴しています。これは、世界内存在（being-in-the-world）という実存条件を受け入れて、その観点から身体的経験の中の在り方に肉迫するという視座を提示しています。菅原は身体の人類学［1993］、人類学における身体化論［2013］などを論じているので、以下にその研究を紹介します。

　菅原はカラハリ狩猟採集民グウィとフィールドワークを行い、彼らの身体的な触れ合いと会話を徹底的に調査しました。そこで文化と身体が完全に絡み合っており、日常会話と身体経験とは分けられないと主張しています。つまり、言語実践には身体的経験が色濃く表れているという一元的な考え方です。文化は私たちの身体的な経験に満ちていますが、その一方、**言語の手前に私たちは身体として生きている**ことが人間の普遍的な条件であると指摘しています。その経験からどのような人でもある種の共通感覚があるといいます。

　〈共通感覚〉とは、われわれの生物学的な身体が本来的にそなえている外界に対する志向性の束としてイメージすることができる…彼らの身体の用いかたが、私が彼らと分かちあっている〈共通感覚〉によびかけ、それを震わせるものである［1993: 56］。

　菅原のフィールドワークでは、ジャクソンのように一生懸命その模倣をしなくても身体が同じ場にともにいるだけでわかることもあるといいます。それは完全に会話分析に依拠するのではなく、研究者がその場にいることによって起こる共振という、身体的あるいは感情的な揺れを研究のデータに取り入れているともいえるでしょう。例えば、菅原にとって言葉を交わすことは、その意味を伝達したり受けたりするのみならず、より密接な関係をつくる働きをし、ある種の身体的な儀式であると述べています［1993: 290-1］。さらに、菅原は自身の日本での生活や家庭のことへの再帰的な思考を通して、より身体と言語を融合させた知見を探ることで学問における言語中心主義を超えるべきだといいます。

　クランコ族の踊りに対する解釈自由な芸術的感覚や、火起こしの経済的かつ美学的な感覚、触れ合いや身振りの共通感覚などからわかるように、「身体」といえば身体的な感覚が重要となります。ジャクソンの論考と同時期に、感覚の人類学という分野が開かれる契機となった民族誌『**民族誌的なものの味――人類学における諸感覚**（The Taste of Ethnographic Things: The Senses in Anthropology）』［1989］も出版されました。この執筆者である**ポール・ストーラー**（1947-）は研究の最初から感覚に焦点を当てようとしたのではなく、味覚が民族誌の着眼点となったことは偶然でした。ストーラーが大学院生の時にニジェールのソンガイという人々とフィールドワークを行い始めた際、その成果を言語人類学の一助にするつもりでした。そして、現地の人々の政治的関係に注目して2ヶ月の間で178本のインタヴューを実施しました。しかし、情報を収集しているうちに、聞き取り調査の証言のほとんどが嘘だったことがわかりました。これに対してストーラーは聞き出すというアプローチをやめて、耳を傾けるスタンスつまりその場に共在するというシンプルな姿勢に切り替えました。この姿勢によって、ソンガイの人々と信頼関係を築くことができ、ソンガイの人に誘われてソルコという魔術師・信仰療法家になるための道を歩み始めました。この調査から、ソンガイにとって視覚よりも味覚・嗅覚・聴覚の方が重要であることが明らかになりました。ストーラーはソンガイの人々とともに食事をすることで、ソンガイが料理の味を通して自分の好意または憎しみを相手に伝えるのだとわかりました。さらにソンガイにとって、胃袋は自分のアイデンティティそのものであると論じています。ストーラーはこれをもって再帰的に思考していくと、ストーラー自身の文化では視覚を優位とする感覚のヒエラルキーは自然ではなく、歴史的な文脈からできている概念

であることが判明したといいます。ソンガイの人々にとっては味覚の方が優位になることを真剣に受け取ることにより、ストーラーがあたりまえとしていたこのヒエラルキーは逆転します。

　ストーラーの研究はジャクソンや菅原と同様にメルロ＝ポンティの現象学および身体化に依拠していますが、身体化論という小分野ではなく、デイヴィッド・ハウズとともに**感覚の人類学**（anthropology of the senses）を発展させていくこととなります。そして、感覚の人類学はサラ・ピンクらによって**感覚的な人類学**（sensory ethnography）という形でさらに展開し、現時点でも動きをみせている小分野です[Pink 2009]。

　ここでは、ジャクソンと菅原、ストーラーの紹介を通して二点示しておきましょう。まずは、現象学、身体化の理論を用いることによって、身体の人類学、そして感覚の人類学が小分野として展開できました。そして、これは身体論にとどまらず、人類学全体の方法論としても画期的でした。かつて人類学者リチャード・ギアーツ（1926-2006）が推奨した象徴人類学の表象主義的なアプローチをとれば、フィールドワークはフィールド側から見たものを象徴として解釈し、ときには聞き取り調査の言語的な情報を加味して翻訳するということが多くありました。身体化論が掲げるような、ポストモダンかつポスト表象主義的なアプローチは象徴人類学の方法論に疑問を抱き、身体感覚全体でフィールドワークに挑む必要性をうたっています。そして、人類学者の身体はフィールドワークを行うための道具ではなく、フィールドでの出来事とその変容に肉薄しようとするうちに身体が必然的に生成変化をする「生き物＝私」です。このような姿勢は身体化論のみならず、他の人類学の大きなテーマともなってきます[インゴルド 2017（2013）; 松嶋 2014; Mol 2021]。つまり、人類学において身体論あるいは感覚論が展開していくと同時に、人類学の方法論はより身体全体に基づいたものとなりました。

6. 身体化論の問題：二元論をもって二元論を超えられるのか？

　ここで本章のここまでの内容をまとめておきましょう。モースやダグラスのような身体に関する人類学は身体を研究対象とすることで人類学における身体論を切り開きました。そして、時代とともに固定化された対象として身体を扱うことに疑念が生じ、ブラッキングなどが新たな身体の人類学の小分野を切り開いていきました。その後、現象学的な人類学は身体を対象ではなく、私たちそのもの、私たちにおける生そのものととらえ直して、身体が世界の中に生きる条件であるとともに人類学をする条件でもあるという理論かつ方法論へと展開させていきました。

　次に、この流れの先にある大きな課題を提示しておきましょう。デカルト的な心身

写真 3-2　身体の可能性
写真は 2020 年に RELAX HOUSE というポールダンスのスタジオにて「コ
ンテンポラリー・ダンス」風のポールダンスの創作風景です。私は舞踏家
今貂子に教わった「牛になる」動きをポールダンサーの ERIKA RELAX と肉
野ハラミと共有して、そこから新しいものをともに生み出している作業が
写っています。

二元論の観点から身体を眺めると、研究者は都合よく身体を自然か文化かというふうに切り離して考察していましたが、ポストモダンすなわちポスト構造主義、ポスト表象主義の時代に入ると、その二元論的な考え方を脱して心身一元論的に身体をとらえる必要性がうたわれるようになりました。しかし、ここで次の問題にぶち当たります。現象学的な身体経験となると、それは省察、そして言語化する前の段階にあり、表象として表現されると消えてしまうようなものであるという問題に突き当たります。菅原はこのアプローチを次のように表しています。「言語を使いつつ、言語の手前に逆行しなければならない」［2010: 4］。つまり、表象できないものを表象でとらえようとしています。言い換えれば、答えのないものを問い、追い詰めようとしているのです。舞踊や性交渉、音楽の演奏、病などの様々な経験から心身一元論的な身体を感じ取ることができても、学問では身体における二元論を超克し、心身一元論に到達することは難しいようです［菅原 2013: 27］。その理由として、学問は心身二元論の上に成り立っているからだと考えられます。すると、心身二元論に基づいた考察を通して心身二元論ではとらえきれないリアリティをとらえようとしている、という矛盾が生じてきます。

　ここまで考えてくれば、学問を変えるしかないと思われるかもしれません。つまり、近代的な学問の外から学問の中の考え方を問い直すべきなのです。このような問題も抱えつつ、人類学においては存在論的転回、そして情動論的転回が訪れます。次の章では、この二つの転回を取り上げて、そこでの身体論に焦点を当てます。現象学的な人類学では身体が世界にどう内在しているのかを普遍的な問題としてとらえていました。これに対し、存在論的転回では、身体において発現されうる潜在的な可能性が、身体的な存在としてどのように現れてくるのかを考察するようになります。そのなかでの、身体の潜在的な可能性を検討しようとするのは情動論となります。潜在的な可能性というのは回りくどい表現ですが、英語では「what a body can do」つまり「身体には何ができるのか」が 2000 年代以降の身体論にとって有力な問いかけとなり、人類学の未来を方向づける問いでもあります。そのため、次章ではこれらの理論的な転回を取り上げて身体を人類学的に考えていくことにします。

参照文献

インゴルド，T. 2017（2013）『メイキング―人類学・考古学・芸術・建築』金子遊・水野友美子・小林耕二訳 左右社（Ingold, T. *Making: Anthropology, Archaeology, Art and Architecture*. Routledge.）

倉島哲 2007『身体技法と社会学的認識』世界思想社.

コーカー，C. 2019『暗黒舞踏の身体経験――アフェクトと生成の人類学』京都大学学術出版会.

國分功一郎 2017『中動態の世界――意志と責任の考古学』医学書院.

菅原和孝 1993『身体の人類学——カラハリ狩猟採集民グウィの日常行動』河出書房新社.
菅原和孝 2010『ことばと身体——「言語の手前」の人類学』講談社.
菅原和孝 2013『身体の人類学——認知・記憶・言語・他者』世界思想社.
ダグラス，M. T. 2009（1996）『汚穢と禁忌』塚本利明訳 筑摩書房（Douglas, M. T. *Purity and Danger: An Analysis of the Concepts of Pollution and Taboo*. Routledge.）
野村雅一 1996『身ぶりとしぐさの人類学——身体がしめす社会の記憶』中央公論社.
松嶋健 2014『プシコ　ナウティカ——イタリア精神医療の人類学』世界思想社.
Blacking, J. 1977. *The Anthropology of the Body*. Academic Press.
Bourdieu, P. 1977. *Outline of a Theory of Practice*. Cambridge University Press.
Csordas, T. J. 1994. Introduction: The Body as Representation and Being in the World. In T. J. Csordas (ed) *Embodiment and Experience: The Existential Ground of Culture and Self*, pp. 1-26. Cambridge University Press.
Csordas, T. J. 2011. Embodiment: Agency, Sexual Difference, and Illness. In F. E. Mascia-Lees (ed) *A Companion to the Anthropology of the Body and Embodiment*, pp. 137-156. Wiley-Blackwell.
Douglas, M. T. 1970. *Natural Symbols*. Barrie and Jenkins.
Ingold, T. 2011 *Being Alive: Essays on Movement, Knowledge, and Description*. Routledge.
Ingold, T. & G. Palsson 2013. *Biosocial Becomings: Integrating Social and Biological Anthropology*. Cambridge University Press.
Jackson, M. 1989. *Paths Toward a Clearing: Radical Empiricism and Ethnographic Inquiry*. Indiana University Press.
Mauss, M. 1973 (1934). Techniques of the Body. B. Brewster (trans). *Economy and Society* 2: 70-88.
Mol, A. 2021 *Eating in Theory*. Duke University Press.
Pink, S. 2009. *Doing Sensory Ethnography*. Sage Publications.
Stoller, P. 1989. *The Taste of Ethnographic Things: The Senses in Anthropology*. University of Pennsylvania Press.
Turner, B. 1994. *The Body and Society: Explorations in Social Theory*. Sage Publications.

第4章
人類学の身体論（後半）：
存在論的転回とアフェクト（情動論）的転回

1. 二元論を克服することから、存在論を多数化することに

　本章は身体論という観点から人類学における存在論的転回とアフェクト（情動論）的転回を紹介して、第1部を締めくくります。そのため、本題に入る前に第1部の各章について振り返っておきます。まず、第1章では人類学の草創期に人間の身体を自然つまり生得的なものとしてとらえており、そのなかで人種差別そして植民地主義を正当化してしまう危険性を孕むことになったと述べました。そして、第2章ではジェンダーを考えるうえで人間の身体が社会的な関係性とそのなかの実践を通して構築されていることを提示し、ここから身体は完全に自然なものではないことがわかりました。第3章では（身体は）文化か自然かというような二分法は身体経験から遠ざけることになることが明らかになりました。総括していえば、自然・文化などを含む二元論群が機能しなくなり、考え方あるいは世界そのものを根本的に改める必要に迫られていると考えられます。

　1980年代ごろから、一部の人類学者たちはこのような二元論を用いたアプローチを疑問視しはじめて、その裏にある固定観念を存在論的に問いただすことによって、自らの考え方そして世界をさらに拡大させようとしています。例えば、第2章で述べたフェミニズムの登場までは性別（自然）とジェンダー（文化）を分けて考えることが多く、人類学などの社会科学ではジェンダーがどのように認識され、そして知られるかという**認識論的な**（epistemological）**アプローチ**がとられ、性別に対する考察を置いてきぼりにしていました。そして、フェミニズムの議論から刺激を受けた人類学者たちは性別（自然）とジェンダー（文化）を分けず、ジェンダー＝性別として心身一元論的な方向に論考を繰り広げていくことになりました。ジェンダーそして性別の現れ方は、私たちの社会（バトラー）か、他の社会（ストラザーン）かによっても異なってくるため、普遍的ではないこともわかりました。このようにジェンダー化される身体はどのように存在していくのかと考察することは、存在論的なアプローチだといえます。

　人類学者アンマリー・モルはこの1980年代の「女性とは何か」という問いを存在

論的なアプローチの一つの原点として考えていると、インタヴューで語っています［Martin et al. 2018］。モルによれば存在論を再形成させたのは自然科学の実践を人類学的に再考したブリュノ・ラトゥールらのいう**アクターネットワーク理論**（以下ANT）でした［Mol 1999］。ここで詳細には説明できませんが、1980年代に登場したANTとは、自然科学の分野とされていた物質的なモノを、人間という主体と同等な社会的なアクターとして扱うことによって、科学［Latour & Woolgar 1979］や近代社会の存在論［Latour 1993］、社会そのもの［Latour 2005］を考え直すための理論だとしておきます。身体がどのようにジェンダー化されるかという問いが発せられた同時期の1980年代、様々なモノの関係がいかに自然科学の諸現象を生み出しているかという問いも起こり、どちらも人類学における認識論を揺るがすことになりました。

　このANTを用いたモルの研究は病気やケア、食事などに注目しています。例えば、**『多としての身体：医療実践における存在論（The body multiple）』**［2016（2002）］でモルは、オランダの大学病院で、動脈硬化（atherosclerosis）という病気に関わる医療実践に注目しました。具体的にいえば、動脈硬化について外来診察室で語られた様々な症状や、多様な検査方法およびそれらの検査結果によって異なってくる事情、複数の治療法、専門家による講義などを含めて考察しています。この様々な場面で様々な物質的なモノ（アクター）がともに実践を行っていくなかで、複数のリアリティが生み出されていく様相を民族誌として提示しています。

　上記の研究でモルは動脈硬化という病気（disease）がいかに実際に現れるかは、その病（illness）［2016（2002）: 32-58］が複数のモノ同士の関わりとそのなかで行われる複数の実践によって実行（enact）［2016（2002）: 17, 278］されることによると主張しています。このように考えると、一つだと思われがちな動脈硬化という存在は複数であり、大学病院には複数の存在があるということになります。そうすると、動脈硬化を患う身体も一つではなく、動脈硬化の存在の仕方によって多数の動脈硬化の身体が存在することになります。例えば、診察室で語られた症状は軽かったのに、検査結果ではかなり重度な病気になっているという場合もあるでしょう。また、様々な検査方法は多角的に病気を察知しようとすると、病気が異なって見えるのではなく、病気の存在そのものが異なってくるのだと述べています。なぜなら、病気は自分から切り離せる客観的なものではなく、身体的に経験されているからです。多数の身体であっても、それらは様々な実践を通して一つの存在として調整されています。モルの言葉を引用すれば、次のとおりです。「単一の存在（ontology）が事物の秩序における所与なのではなく、**複数の存在**（ontologies）が、ありふれた日々の社会物質的な実践のなかで、存在させられ、維持され、衰えるまで放置される」［2016（2002）: 31-32］。

　ここで、モルのいう存在論的アプローチと、人類学を含む諸学問の土台をなしてい

る自然主義的かつ近代的な存在論とのもっとも大きな相違点が明確になります。自然主義にのっとって考えると、自然には人間の手が加わっておらず、たった一つの普遍的なものとなります。そして文化はその自然を資源にして人間によってつくられたものであり自然への多様な解釈そして表象とされます。第3章の最後ではこの心身二元論を克服する必要性がうたわれていることに触れましたが、この存在論的なアプローチは二元論からではなく、外部から考えを改めようとします。存在論では自然だと思われるリアリティそのものが複数になります。そして、自然が複数になると文化ならびに文化相対主義は転換を余儀なくされ、したがって人類学も大きく覆されるのだという潮流が存在することになります。次に紹介します。

2. ポストモダンの人類学を振り返った存在論的転回

　上記に説明したとおり、存在論つまり世界が複数だというアプローチは人類学に対してどのようなことを提唱しているのでしょうか。以下で説明しましょう。

　世界が複数なのであれば、一つの大理論（グランド・セオリー）で説明できないということです。人類学の理論史を紐解くと、人間の普遍性と差異を把握するための大理論を提供して、それを批判して、また理論を新しく提案するという繰り返しだと考えられます。例えば、第3章で述べたように構造主義からポスト構造主義、その中で現象学が主流となるというような、理論の入れ替わりといえるところがあります。この基盤には文化相対主義があります。**文化相対主義**というと、自然の解釈が多数であることを認めて、様々な文化を自分の文化と対等に尊敬するという考え方になります。ただし、この裏には「自然」が潜んでいます。様々な文化を認めるといっている一方で、それぞれが唯一の自然に基づいているという固定観念があります。誰が唯一の自然の真相を理解しているのかと問われれば、それは自然科学だと想定してしまいます。そうすると、様々な文化は解釈にすぎず、客観的なリアリティがわかるのは自然科学だという考え方になってしまいます。結局のところ、西洋近代の自然科学を事実とし、そこから逸脱するような考え方を迷信としてしまうアプローチに陥ります。**存在論的なアプローチ**では様々な人々の様々な信念そして複数の世界を受け止めるためには、それらを自然科学でいわれる自然に還元してはいけないということなのです。

　特にアミリア・ヘナレほか編の論集『**Thinking Through Things: Theorising Artefacts Ethnographically**』では、1980年代からの人類学における存在論的なアプローチの動きを存在論的転回と称しています［Henare et al. 2007］。そしてマルティン・ホルブラードとモーテン・アクセル・ピーダーセン（以下 H & P）の『The Ontological Turn: An Anthropological Exposition』［2017］では、存在論的転回および Thinking Through Things（以下 TTT）という物質論へのビジョンをより詳しく描いています。

　彼ら（ヘナレらとH＆P）によれば存在論的転回は、ロイ・ワグナーが自然・文化の二分法を普遍的ではないと論じたことに由来するといい、さらにストラザーンの関係論、そしてストラザーンに影響を受けたヴィヴェイロス・デ・カストロへと展開されていったとします。ここでは、存在論が一つでなければ、それらを一つの理論で、一つのいわゆる自然として説明できないと論じています［Henare et al. 2007］。そもそも、他の人々の存在論は自分の存在論的な概念には翻訳できないとも述べています。ヘナレらは他の存在論にある概念を私たちの存在論の中の概念に置き換えるのではなく、複数の存在そのものを根本的に理解しようとする姿勢を推奨しています。複数の存在というのは、複数の自然つまり複数のリアリティがある、あるいはありえるということです。そうすると、他の文化はある一つの世界観ではなくなり、一つの世界として認めるということになります［2007: 10］。

　どのように**複数の存在（世界）**ができあがるのか、具体例をあげましょう。例えば、私が実施した舞踏家との研究では、踊る実践を通して舞踏家の身体において複数の存在が浮かび上がる可能性が直接体験できました。舞踏は1950～60年代の日本でつくられた前衛的で身体的なパフォーマンスです。舞台上で披露されますが、現代舞踊と違って実験を繰り返すことによって身体表現を根本から考え直しつつ斬新な舞台を創造する踊りです。舞踏の創始者は土方巽とされていますが、私が研究を始めた2006年からみると土方巽はその20年前の1986年に他界しており、土方の孫弟子にあたる方々そして直弟子と研究することになりました。そのなかでも、女性の舞踏家のライフストーリーと舞踏実践は特に興味深いものがありました。1960～1980年代に弟子入りした女性たちは舞踏の舞台に出演しつつ、キャバレーで踊り子として働いてもいました。舞踏の舞台というと、白塗りをして、人間ではないものに変容することが多いので、ジェンダーを含めた社会的な自分を剥ぎ取って自らの肉体を観客の目に晒すパフォーマンスになるので、グロテスクかつ不思議に思われることが多いようです。これに対し、キャバレーで踊ることは究極の女性性を披露し、男性の観客の目線を喜ばせるエロティシズムを醸し出すようなパフォーマンスでした。舞踏とキャバレー、この二つのパフォーマンスの種類は両極端でした。私が最初に上記の話を聞いた頃、女性の舞踏家は舞踏を踊りたいがために、資金稼ぎのためだといって仕方なくキャバレーで踊らされた、つまりある意味では搾取されていたという勘違いをしていました。しかし、さらに聞き取り調査を行っていくうちに、女性の舞踏家は「本当に」舞踏家であり、女性性を極めたキャバレーの踊り子を「演じていた」というわけではないことがわかりました。舞踏家でもあり、キャバレーの踊り子でもあることを同じ身体に存在させていたわけで、実際どちらの実践もすることによって切磋琢磨されて最強の踊り手になったことがわかりました。彼女らは、仕方なく片手間で踊り子を演じてい

(1)　　　　　　　　　　　　　(2)

写真 4-1　舞踏家とキャバレーの踊り子　二つの存在
左の写真 4-1（1）は 2018 年に舞踏館という、京都にある舞踏の専門劇場で舞踏を踊る今貂
子です（撮影：小杉朋子）。
右の写真 4-1（2）は、女神というキャバレーでショーをする踊り子の春名キキです。今貂子
と春名キキは同一人物です。1960 年代から 1990 年代くらいまで、今貂子のように、多くの
舞踏家は舞踏を踊りながらキャバレーの踊り子もしていました（撮影：乃木鳥男）。

たというわけではなくて、舞踏家にもなれる、キャバレーの踊り子にもなれるという、
複数の存在が潜在的に在る身体でした［Coker 2021］。
　認識論的な考え方をすれば、**舞踏とキャバレーのショーは女性の身体による表現で**
あるように思われますが、上記のように考察してきた結果、そうではないことに気づ
かされました。キャバレーのショーつまりストリップティーズは脱ぐことと女性の裸
を晒すことだけでは完成せず、踊り子は身体の動かし方で女性性を生産する必要があ
ります。身体を完全に支配することはできませんが、内なる身体感覚（内受容感覚）
や身体が空間の中のどこにいるかを察知する感覚（固有受容感覚）、自分の気持ちや
表情などによって身体が動きのなかでその場に現れ方を方向づけることができると考
えられます。つまり存在論的なアプローチでは、キャバレーで踊っていた女性の舞踏
家は、身体運動のなかで移り変わることのできる複数の身体的な存在となります。
　ただし、彼女らはたった一人でこの複数の身体を生み出せるわけではありません。
踊る実践はその現場とそこにともにいる人々と繰り広げられており、ともに実践する
からこそ成し遂げられるものになります。簡単にいえば、舞台と観客がなければなら
ない実践です。また、稽古場や楽屋、その実践を支えている場所もなくてはなりませ
ん。化粧や衣装なども彼女らと一体化するからこそ、パフォーマンスが成立します。
彼女らは、この場所とモノとの関係性のなかで複数の身体的な存在として生まれてく
るわけです。また、モノが揃えばできるわけでもなく、特定の地域と時代があったか
らこそできたものです。例えば、キャバレーがほぼ消滅した現在では、同じショーや
生き方はできなくなっていることも事実です。これらの、地域と時代、そして物質性

という側面が重要であり、存在論的なアプローチをとる場合はモノとの関係性そして現地の特有の存在論を考慮することになります。

　存在論的転回を掲げているヘナレらは、理論から物事を理解しようとするのではなく、モノそのものから存在論的なアプローチをとろうとします。モノ（things）に付与された概念は、その自然なモノへの文化的な解釈ではないと論じており、物質的なモノと概念は同一存在であると主張します。例えば、第2章で述べたストラザーンのいう贈与の豚は、社会的な関係を表しているのではなく、社会的な関係そのものであるという考え方になります。これは、その概念がモノを存在として創出させており、反対にモノそのものが概念を生み出しているともいえます。ここにラトゥールのANTやアルフレッド・ジェルのエージェンシー論［Gell 1998］との大きな相違点があります。ラトゥールやジェルの考え方では、人間がモノと関係をもつことから、そのモノが社会的なアクターとなってエージェンシーを発揮できることになりますが、ヘナレらにとっては社会的なアクターとして何かをなす能力はモノそのものに備わっています。そのため、モノそのものを通して考えること、そしてその物質論をThinking Through Things と名づけています。

　繰り返しになりますが、上記の存在論的転回とこのTTTは2007年の論集に萌芽し、2017年の共同執筆で展開されています。2017年の著作では、存在論的なアプローチの特徴が明らかにされているので、次は主にこれを参照しつつ、そのアプローチが具体的にどのようになされているかを紹介します。

3. 人類学的な研究における存在論的なアプローチ：ハウツー編

　ここではH＆Pが述べる存在論的なアプローチ、つまり方法論の三つの特徴を提示します。これらは、①再帰性（Reflexivity）、②概念化（Conceptualization）と③実験（Experimentation）です［Holbraad & Pedersen 2017: x］。人類学においては、この三つの特徴は新しいものとはいえません。H＆Pがこの三つの点を再考察し、極限に至るまで適用したことで人類学的な研究を再び構想するところにこの方法論の新規性があります。

3-1　再帰性（Reflexivity）

　存在論的に考えると、自分の世界つまり存在論はすべてではないことがわかります。他の章では二元論を批判的にとらえているのは確かですが、私たちの世界への固定観念や心身二元論などが必ずしも間違っているというわけではありません。二元論が悪というわけではなく、二元論を含む固定観念によって私たちの目が曇らされることを避けようとしているのです。これに関しては、H＆Pからの引用を以下に付しておき

ます。

　　…私たちのエスノグラフィの中で新しいモノを見出すことを妨げているものが、
　様々なモノがどのようなものでありえるのかという〔人類学者自らの〕既存の存在
　論を成り立たせている思い込みだとすれば、この存在論的な苦境を克服するために
　…それらの思い込みを浮き彫りにしてから、それを変えることに取り込むべきだ
［Holbraad & Pedersen 2017: 12, 筆者による和訳］。

　重要なのは、人類学者自身のもっている思い込みを考え直すことによって、フィー
ルドでの物事を新鮮な目で見ようとすることです。その目的は、あらゆる二元論を否
定して変えることではありません。むしろ、自らの概念や理論ではなく、フィールド
での様々なモノそのものを優先して考察を進めていくことが目的です。そして、
フィールドでのモノを素直に受け止めることができるよう、考えてきたことを存在論
的に問い直す作業が必要になります。これは、答えを導こうと焦らずに、モノがどの
ように存在しているのかをしっかりと省察し問い続けることです。このように他なる
存在論を通して自分自身が今まであたりまえのように思ってきたことを考え直すこと
を再帰性（reflexivity）といいます。

3-2　概念化（Conceptualization）
　問い続けることで終わりのない内省的な脱構築がなされると思われるかもしれませ
んが、Ｈ＆Ｐにとってこれは、むしろフィールドに開かれていくための新しい考え方
を（再）構築していくことであったのです。その考え方の（再）構築とは概念化
（conceptualization）です。既存の人類学は人々の行動を説明または解釈しようとし
てきましたが、Ｈ＆Ｐは説明・解釈と概念化とは違うものだと主張するのです。つま
り、説明・解釈によって、人類学者はその根底にあるモノを最初から理解していると
思い込んでいるのにほかならないというのです。一方で、存在論的に問い続けた場合、
フィールドの人々には世界と私たちがいかに存在しているのかの差異に接近できるこ
とになります。
　例えば、私は暗黒舞踏という身体的なパフォーマンスを研究しながら人類学の研究
法や思考法を大学院で身につけましたが、暗黒舞踏の世界にどこまで深く入り込める
かが存在論的な問いとなりました。多くの文化人類学では、身体的なパフォーマンス
すなわち舞踊がいかに社会的に機能しているかを説明したり、あるいは踊っている身
体がいかに文化的な象徴になっているのかを解釈したりすることが多いのですが、そ
もそも暗黒舞踏はそのような機能性や意味あいを最初から排除しています。日本の

1960 年代に生まれた暗黒舞踏は踊りとは何なのかを根本的に問い続けるものなので、このパフォーマンス自体が存在論的だとも考えられます。さらに、暗黒舞踏を踊る人々と一緒に踊ってみて、踊りそのものを機能や意味だけでは誠実にとらえきれないと考えるようになりました。そして、実際に踊ることは、身体運動を通して身体は何なのか、身体が生きることとは何なのかと問うことだとわかりました。そうすると、私の研究も身体とは何なのか、身体が生きることとは何なのかという問いが中心となり、この問いを踊り手同士、そして踊り手と観客の間で共有することで自分たちと世界がどのように生まれてくるのかを問うことになりました。このなかで、踊りを問い直すことはもちろんのこと、さらに私が今まで考えてきた身体への固定観念をいったんわきに置き、舞踏家たちのいう身体、そして肉体、すなわち身をもって踊ることを通して考える作業を行いました。彼らの考えていることを言葉で聞き取りながら、一緒に踊るなかで物質性を感じながら、その概念化は長い過程をたどり、未だに続いています［コーカー 2015, 2019］。

　ここで目的とするのは、自分からすると異なっている存在論を考えることによって、その他なる存在論が自分の世界にも潜在的にある可能性に気づくことでしょう。ヘナレらに多大な影響を与えたエドゥアルド・ヴィヴェイロス・デ・カストロも、説明や解釈などではなく、増殖（multiply）、実験を勧めています［2015: 23］。ヴィヴェイロス・デ・カストロはワグナーとストラザーンと、哲学者ジル・ドゥルーズを参照にして、フィールドの人々を真剣に受け止めることについて次のことを述べています。「Anthropology's constitutive role (its task *de jure*), then, is not that of *explaining the world of the other*, but rather of *multiplying our world*.」つまり「人類学の構成的な役割、その規則上の仕事は、他者の世界を説明することではなく、むしろ私たちの世界を複数にすること」にあるということです［Viveiros de Castro 2015: 27］。"Multiply" というと、「多元化」と訳すことも多いのですが、「多元化」というと "plurality" や "diversity" という意味にもなります。ここであえて "plurality" や "diversity" ではなく、"multiply" というシンプルな数学的な表現が使われていると考えられます。そして、私たちの世界を複数にするということは、相手の世界を自分の世界の中に実現するという意味ではありません。実現する可能性ではなく、ドゥルーズのいうようなバーチャル、つまり潜在的な可能性として認めることです。再帰性を大切にすることで人類学は一つの完璧な大理論をつくりだすのではなく、相手の世界そのものを凝視して、自分の世界を新しく体験し、考え方を複数の方向へと拡張する学問になったといえます。

3-3　実験（Experimentation）

　人類学の研究が実験だという点については、多義的な意味があります。それは主に、フィールドの中での実験、人類学者の自らに対する実験、人類学的な概念や理論での実験です。人類学的な研究は黎明期からフィールドの中での実験ではありますが、H&Pは、人類学者は透明人間ではなく、またフィールドの人々は研究対象という客観的なデータの源でもないと述べています。人類学者やその人類学的な研究プロジェクトはフィールドの人々に何らかの影響を与えており、フィールドの人々はその人類学的な知を人類学者とともにつくりあげる対話者だと指摘しています。研究のなかでの様々な出会いを通して、対話者も人類学者も変容していきます。すなわち、人類学の実験は人類学者の自己変容をも含めた自らの自己実験という意味もあります。最後にH&Pは人類学についても、人類学とは何かをあたりまえとせず、人類学がどのような学問になりうるのかを問い続けるなかで、人類学の概念や理論で実験していくものであると述べています。

　このように人類学における実験は、フィールドの中で情報を得るために条件つきで行うものではなく、人類学をしていくなかであらゆる側面に浸透していくアプローチだと考えられます。

4.　存在論的転回にアフェクト論的転回をかけて

　ポストモダンの人類学では、自らの存在論を再考することで思考を生み出す基盤を考え直すことになると同時に、身体をとらえ直すことにもなりました。第3章で述べたように、身体を自然・文化の二分法のなかで考察すると、あるがままの身体が自然なものとなり、表現や解釈など自然に手を加えてできたものが身体の社会的あるいは文化的な側面として論じられていました。自然・文化の二分法は普遍ではなく、その二分法に基づいていない存在論もあると考えると、その二分法に由来しない「身体」も存在するということになります。このように、存在論的転回といわれる、人類学のなかにじんわりと出てきた動きのなかで、身体そのものを根本的にとらえ直すことにつながったと考えられます。

　例えば、存在論的転回では、ヴィヴェイロス・デ・カストロの**多自然主義**は一つの代表的なものとなっています［Viveiros de Castro 2017（2009）］。多文化主義は一つの普遍的な自然に対して多様な文化があるという考え方だといえますが、ヴィヴェイロス・デ・カストロのいう多自然主義では一つの文化に対して多数の自然があり、動物や精霊も射程にいれた脱人間中心主義的な視座となります。これは、彼がパースペクティヴ主義を用いてアメリカ先住民の神話を分析し、その世界を描こうとした作業から生まれた発想です。ここでいうパースペクティヴ主義というのは、相手の観点

（パースペクティヴ）を通して世界およびその諸過程や関係を新たに見てみることです。その視座から神話を分析し、あらゆる動物が人間同様の魂をもって、自らを人間（パーソン）だと考えて、人間としての生活を営む、複数の世界が見られたと述べています。

　デ・カストロによれば、最初の自然な状態では、魂は同じであり、動物や人間が様々な種に細分化するのは様々な身体経験の結果です。例えば、人間もジャガーもビールで酔っぱらいますが、人間のビールは製麦が発酵した液体であるのに対して、ジャガーのビールは人間の血となります。つまり、人間とジャガーの文化であるビールは同じで、差異はその複数の自然な現れ、すなわち発酵した飲み物なのか人間の血なのかということになります。その自然の違いは、それぞれの身体経験のなかに現れるものだといえます。

　上記を踏まえて、パースペクティヴは身体によって異なってくるものだといえます。ヴィヴェイロス・デ・カストロは身体とは何かという問いを存在論的に問い直しています。動物と人間の肉体は同質ですが、種の独自性は身体がどのような傾向性（disposition）をもって、どのように行為をするかに由来しており、つきつめていうならば、身体とは「アフェクトの束と力能（capacity）」そのものであると述べています［Viveiros de Castro 1998: 478; Kohn 2015］。この定義について説明しましょう。種の独自性は生まれもった性質ではなく、行為によって現れるというのであれば、行為とは何を食べているか、意思疎通をどうとっているか、どこに住んでいるか、社交的か単独行動を好んでいるかなどによって現れます。その行為は社会的歴史的な文脈をもっていないわけではなく、その行為者が置かれている場によって培われる傾向あるいは態度や気質を帯びたものになります。つまり、身体は物質的な肉体というよりも、その物質性に基づいてなしうることから現れる存在です。では身体には何ができるのか、これは身体が生きるなかでどのような潜在的な可能性を具現化するかという問いかけになります。そのなかで、どのような影響を与えたり受けたりできるのかというアフェクト（affect）、そしてどれくらいの影響を受け入れられるかという力能（capacity）によって、身体の出現への方向が決まってくるものと考えられます。この考え方はアフェクトの理論に基づいています。

　アフェクトは、アフェクト的転回（すなわち情動論的転回）といわれるほど、2000年代以降の社会科学的な論考に多大な影響を与えている理論的パラダイムでもあります。このパラダイムの立ち上がりにおいては、哲学者ブライアン・マッスミが**ジル・ドゥルーズとフェリックス・ガタリ**のアフェクト論を参照して、さらに認知科学の実験を分析することを通して新たに構成したアフェクト概念が大きな契機となりました。アフェクトを広く定義すれば、様々な身体と身体との間で影響し合うことだといえま

す。そして、日本語で「情動」として訳されることもあります。マッスミのいうアフェクトは、その影響が言語化あるいは表象化される前、さらにいえば認知・意識され、合理的に思考される前の、身体の中で感じ取る段階の過程を指しています。

　例えば、1981 年にアメリカ合衆国の大統領となった、ロナルド・レーガンという元俳優で保守派の政治家がいましたが、レーガンからのメッセージの効果はイデオロギーからの力ではなく、その政治家から放たれるカリスマ、つまりある種のアフェクトに基づいていると論じています [Massumi 2002: 39-42]。カリスマとして感じ取れる声のトーンや自信の表れを通して、市民が欲しがっているものをほのめかすこともアフェクトといえます。このような政治家が大多数の支持を得て大統領になれるという現象からわかるように、このアフェクトは個人的に感じるというよりも、同時に多くの人々が共同して感じ取れるものになります。マッスミはこのような現象について、アフェクトが自律しているといいます。このように考えると、主体である人間が客体の感情や気持ちを感じるという存在論から、客体と主体の間にある人間が主体であるアフェクトに突き動かされ、またアフェクトを及ぼすことによって、そのアフェクトが伝染していくという存在論になります。

　アフェクト概念の存在論は突如出現したわけではなく、哲学者ジル・ドゥルーズと精神科医フェリックス・ガタリが参照した**バールーフ・デ・スピノザ**のアフェクト概念とその存在論が思想的な背景になっています。私の解釈ですが、ドゥルーズとガタリの生成変化論を考えると、アフェクトとは社会的なカテゴリー（属性）や主体性、意味、機能、制度などに管理されながらも、それらによって制御されえない、現在の自分とは何か異なる存在になるときに立ち上がってくる強度だと考えています［コーカー 2022: 619-621]。この強度というのは、空腹や痛み、快楽、苦痛などのように、知覚しえないが確かに身体を駆け巡っているものです [Adkins 2015: 100 in コーカー 2019]。そもそも、スピノザはアフェクト（ラテン語では *affectus*）を欲望や、快楽、悲しみなど 48 種類として、それによって身体が活動する能力を増幅または減少させる「存在する力 *extendi vis*」であると定義しました [Kisner 2011: 20; Spinoza 1994: 154 in コーカー 2022]。ここで社会生活という物語の主人公は個人個人の人間ではなく、私たちを突き動かす生命力、雰囲気のように私たちを包むエネルギーそのものとなります。

　アフェクト論は抽象度が高く、実質は多義的な用語です。日本語圏の文献では、英語圏でいうアフェクトではなく、スピノザの原文に立ち戻った『アフェクトゥス（情動)』が人類学の情動論にとって代表的な文献となっています [西井・箭内 2020]。『アフェクトゥス』の編者の一人である**西井涼子**は、自らの『情動のエスノグラフィー』で情動の定義を次のように明記しています。「情動は、意識や主体を超えて、

共在する身体が互いに触発しあうことで、新たな活動の力を生み出していくエネルギーのようなものである」［西井 2013: 13］。この定義は英語圏のアフェクトにも適用できると考えています。情動（アフェクト）は感情と異なっていることを指摘しています。感情は個人のライフストーリーの様々な気持ちを解釈したものですが、情動（アフェクト）とはその解釈がなされる手前の強度です。

　これはどういうことかと疑問をもたれるかもしれないので、読者も実感できそうな例をあげておきます。**マライア・キャリー**という、アメリカ合衆国の歌姫がいますが、彼女の曲「エモーションズ（感情）」を取り上げます。歌詞からの抜粋をみてみましょう。

> I'm in love　恋をしている
> I'm alive　生きている
> Intoxicated　陶酔した
> Flying high　高く飛んでいる
> It feels like a dream　夢のように感じる
> When you touch me tenderly　私を優しく撫でるとき
> I don't know if it's real　本物の愛かどうかがわからないが
> But I like the way I feel inside　自分の中での感じ方が好きなの
> You've got me feeling emotions　あなたは私を様々な感情を感じさせている
> Deeper than I've ever dreamed of　夢をみていたより深いもの
> You've got me feeling emotions　あなたは私を様々な感情を感じさせている
> Higher than the heavens above　天国より高いもの

［Carey 1991, 和訳は筆者による］

　ここでキャリーは自分の気持ちを歌詞として言語化しているものの、それを特定の感情とはできず、複数の感情つまりエモーションズとすることで故意に曖昧にしています。これらの気持ちは夢のようだが夢を超えたものだといい、矛盾するほど複雑です。さらにいえばキャリーが恋をするなかで、潜在的だったものが新しい可能性として開かれていくようです。歌う言葉でもこれが伝わってきますが、ここで言語化されていない箇所を取り上げます。曲の特に２分49秒および３分48秒が経過したところ、キャリーは非常に高い声で歌いますが、その高い声の技術や意味ではなく、声に乗ってくるアフェクトそのものを指摘したいのです。私の見解ですが、この声はキャリーの気持ちを表現しているのではなく、キャリーがその気持ちを感じているからこそ出てくる声だと思います。そして、その高い声を聴く者も、スピーカーやイヤホンからの振動の形をとった高音に包まれてキャリーの気持ちに触発されるでしょう。そこに

は言語化できない、自分も何か具体的に言えない、キャリーの気持ちだけではなく、彼女の力能をもって、彼女の運動とともに流れてくる生々しい生命力つまりアフェクトがあると考えられます。ここでキャリーが発する高い声の動きはアフェクトを考えるのに適切な比喩であり、アフェクトそのものでもあるのです。

　このようにアフェクトは個体が所有しているものではなく、その個体を通して循環しており、周囲の人々を巻き込んだりして、さらに伝わっていくものです。人類学において、アフェクトは考察の対象のみならず、研究の方法論、さらに研究を発表する形態にも影響を与えて、研究の仕方を根本的に考え直す契機になりました。アフェクトが伝染していくと、人類学者もその一部になるため、人類学者もアフェクトに揺るがされます。そうすると、相手がそのアフェクトに揺るがされるように研究発表をすることも一つの方法となります。そのため、アフェクト的にあるいはアフェクトを通して（affectively）研究すること、アフェクトを用いて（ここも affectively）研究成果を発表することも、フィールドで得たデータを伝達するのではなく、フィールドで出会ったアフェクトが伝染していくということの一つだと考えられます［コーカー 2022; 西井 2013; Skoggard & Waterston 2015; Stewart 2007］。

　私が書いた他の論文や書籍では、アフェクトのことを「**情動**」と訳していますが、ここでアフェクトという名称にこだわる理由は、アフェクトがかつての情動に関わる概念とはまた異なった概念であるとイメージしてほしいからです。しかしながら、アフェクト論でも、かつての情動概念そしてその基盤をなす心身二元論に陥ることもあることがたびたび指摘されています。例えば、アフェクトは前－言説的（pre-discursive）ゆえに社会化される前のことを考えようとしていますが、そもそも社会化の外にある身体経験はないとも論じられています［Mazzarella 2002］。マッスミが情動を意識的に把握する前の身体的な諸過程に還元してしまったことで、アフェクトから認知や意味、主体性、意図性などを排除する羽目になったという指摘も多いのです［Cromby & Willis 2016; Leys 2011; Leys 2017; Martin 2013; Mazzarella 2008; Navaro-Yashin 2012; Newell 2018; Wetherell 2012; Wetherell & Campbell 2018］。感情の人類学はすでに一分野として先立って成立しており［Beatty 2019; Briggs 1970; Levy 1973; Lutz 1988; Rosaldo 1980］、アフェクト論の意義はかつての感情や情動へのとらえ方とは異なる存在論的なアプローチを提供していることにあると考えます。アフェクト論の課題はその特有の存在論的なアプローチをどのように人類学的すなわち実証研究として実現できるのかということで、これに関してはまだ検討の余地があると考えられます。

　言い換えれば、アフェクト論に関しても、H＆Pのいう実験・概念化・再帰性を適用して深めていけば、さらに展開し変容していく視座となる可能性があります。方法

論と思考法にこだわって、次の人類学を切り開いていくミッションとして読者に託し
たいと思います。

参照文献

ヴィヴェイロス・デ・カストロ，E. 2015（2009）食人の形而上学：ポスト構造主義的人類学への
　　道　檜垣立哉・山崎吾郎訳　洛北出版（Viveiros De Castro, E. *Métaphysiques cannibales:
　　lignes d'anthropologie post-structurale*. Presses universitaires de France.）
コーカー，C. 2015「舞踏の肉体──現代日本における舞踏家たちの日常実践と共同生活」，『人文
　　学報』107: 73-101.
コーカー，C. 2019『暗黒舞踏の身体経験──アフェクトと生成の人類学』京都大学学術出版会.
コーカー，C. 2022「『しぬかも』──ポールダンス実践で情動を体現させる生成変化」『文化人類
　　学』86(4): 617-634.
西井涼子 2013『情動のエスノグラフィ──南タイの村で感じる・つながる・生きる』京都大学
　　学術出版会.
西井涼子・箭内匡 2020『アフェクトゥス（情動）──生の外側に触れる』京都大学学術出版会.
モル，A. 2016（2002）『多としての身体──医療実践における存在論』浜田明範・田口陽子訳　水
　　声社.（Mol, A. *The Body Multiple: Ontology in Medical Practice*. Duke University Press.）
Beatty, A. 2019. *Emotional Worlds: Beyond an Anthropology of Emotion*. Cambridge
　　University Press.
Briggs, J. 1970. *Never in Anger: Portrait of an Eskimo Family*. Harvard University Press.
Carey, M. 1991. "Emotions" Emotions. Universal Music Publishing Group, 1991. iTunes.
Coker, C. 2021. How the Place of Striptease Fueled Avant-garde Performance in Japan. In
　　Kajimaru, G., C. Coker, & K. Kazuma (eds) *An Anthropology of Ba: Place and Performance
　　Co-emerging*. Kyoto University Press.
Cromby, J. & M. Willis 2016. Affect- or Feeling (after Leys). *Theory & Psychology* 26(4):
　　476-495).
Gell, A. 1998. *Art and Agency: An Anthropological Theory*. Oxford University Press.
Henare, A., M. Holbraad, & S. Wastell (eds) 2007. *Thinking Through Things: Theorising
　　Artefacts Ethnographically*. Routledge.
Holbraad, M. & M. A. Pedersen 2017. *The Ontological Turn: An Anthropological Exposition*.
　　Cambridge University Press.
Kisner, M. J. ed Silverthorne, M. trans. 2011. *Spinoza: Ethics: Proved in Geometrical Order*.
　　Cambridge University Press.
Kohn, E. 2015. Anthropology of Ontologies. *Annual Review of Anthropology* 44: 311-327.
Latour, B. 1993. *We Have Never Been Modern*. Harvard University Press.
Latour, B. 2005. *Reassembling the Social: An Introduction to Actor-Network-Theory*. Oxford
　　University Press.
Latour, B. & S. Woolgar 1979. *Laboratory Life: The Construction of Scientific Facts* (trans) C.
　　Porter. Princeton University Press.
Leys, R. 2011. The Turn to Affect: A Critique. *Critical Inquiry* 37(3): 434-472.
Leys, R. 2017. *The Ascent of Affect: Genealogy and Critique*. University of Chicago Press.
Levy, R. 1973. *Tahitians: Mind and Experience in the Society Islands*. University of Chicago

Press.

Lutz, C. 1988. *Unnatural Emotions: Everyday Sentiments on a Micronesian Atoll and Their Challenge to Western Theory*. University of Chicago Press.

Martin, E. 2013. The Potentiality of Ethnography and the Limits of Affect Theory. *Current Anthropology* 54(S7): 149-58.

Martin, D., M. Spink, & P. Pereira 2018. Multiple Bodies, Political Ontologies and the Logic of Care: An Interview with Annemarie Mol. (trans) S. Serrano. *Interface- Comunicacao Saude Edicacao* 22(64): 295-305.

Massumi, B. 2002. *Parables for the Virtual: Movements, Affect, Sensation*. Duke University Press.

Mazzarella, W. 2002. Affect: What is it Good for? In S. Duke (ed) *Enchantments of Modernity: Empire, Nation, Globalization*, pp. 291-309. Routledge.

Mol, A. 1999. Ontological Politics. A Word and Some Questions. *The Sociological Review* 74(1): 74-89.

Navaro-YashinY. 2012. *The Make- Believe Space: Affective Geography in a Postwar Polity*. Duke University Press.

Newell, S. 2018. The Affectiveness of Symbols: Materiality, Magicality, and the Limits of the Antisemiotic Turn. *Current Anthropology* 59(1): 1-22. Retrieved from ⟨https://www.academia.edu/44278194/The_Affectiveness_of_Symbols_Materiality_Magicality_and_the_Limits_of_the_Antisemiotic_Turn⟩ on Nov. 13, 2022.

Rosaldo, M. Z. 1980. *Knowledge and Passion: Ilongot Notions of Self and Social Life*. Cambridge University Press.

Smith, L., M. Wetherell & G. Campbell 2018. *Emotion, Affective Practices, and the Past in the Present*. Routledge.

Skoggard I. & A. Waterston 2015. Introduction: Toward an Anthropology of Affect and Evocative Ethnography. *Anthropology of Consciousness* 26(2): 109-120.

Stewart, K. 2007. *Ordinary Affects*. Duke University Press.

Viveiros de Castro, E. 1998. Cosmological Deixis and Amerindian Perspectivism. *Journal of the Royal Anthropological Institute* 4(3): 469-488.

Viveiros de Castro, E. 2015. *The Relative Native: Essays on Indigenous Conceptual Worlds*. HAU Books.

Viveiros de Castro, E. 2017 (2009). *Cannibal Metaphysics: For a Post-structural Anthropology*. (ed and trans) Skafish, P. University of Minnesota Press.

Wagner, R. 2001. *An Anthropology of the Subject*. University of California Press.

Wetherell, M. 2012. *Affect and Emotion; A New Social Science Understanding*. Sage.

「アフェクト」と「集合的沸騰」

レットソン ジェームス D.

　「盛り上がっちゃった」というのを経験したことはないでしょうか。一方、「あんまり盛り上がっていない」というのを感じたこともあるかもしれません。その「盛り上がり」とは一体何なのでしょうか。これを説明できるようにするために、アフェクト論のきっかけとしての社会学の父といわれているエミール・デュルケーム［1995］が論じた「集合的沸騰」（collective effervescence）の視点から考えてみましょう。集合的沸騰というのは、大勢の人の集まりが自然に盛り上がり、やむをえずに集団的な行為（騒乱、万歳など）が発生してくることを指します。意識的に感じる部分についても無意識に感じる部分においても、体の動き、息の速度、声の音量や音質などで周りの人の状態が感覚的にわかってきており、自分の感動へ影響を与えます。それは「アフェクト」ともいえます。そして、人類学者のカスリーン・スチュアート［2007］が示したように、もし自分と周りにいる人々が同様のアフェクトを生成したり感じたりしているならば、そのアフェクトが「増幅」されます（逆に、アフェクトが「減衰」されることもあります）。

　以下に、フィンランドから日本の札幌市へライブに訪れたパンクバンドの事例を取り上げます。示されているのは、聴視した際、観客の人が個人的にそのバンドのサウンドに慣れていき、深く楽しめるようになった瞬間に、アフェクト的に周りの人も同様に感じていると理解でき、その気持ちが増幅され、「盛り上がり」が可能になることです。

　2019年10月4日、札幌市にあるパンク系ライブハウスにて特別なイベントが行われました。フィンランドからパンクバンドが来札し、札幌のパンクシーンで人気のあるバンドも出演しました。観客とミュージシャンを含め、合計42人が参加しました。その人々の年齢層は20代から50代まで、そして男女の割合は6：4くらいです。最初の出演バンドは、ローカルであり、アップビートなスケートパンクを元気に演奏していますが、観客は17人しかおらず、穏やかに聴視しています。それ以外の人は外にある狭い階段で酒を飲み、雑談しています。

　それ以降、すべてのバンドはハードコアという激しいパンク系音楽を演奏しました。2番目と3番目のローカルバンドの出演を通し、観客が段々と階段から会場へ入ってきます。人数が増え、その中で音楽の影響で跳び上がっている人も少し増え、ステージの前の気温も上がってきます。熱くなり、皆が汗をかきます。

　次はフィンランドのバンドです。観客と先に出演したミュージシャンが全員ステージの前に集まります。熱い空気、近くの人の息、飲まれたり溢されたりした酒、自分と他人の汗の臭いがし、この空気がドロドロとしているように感じます。何かが期待されているようです。言葉にするのは非常に難しいのですが、何かの圧力を感覚します。ミュージシャンはステージへ上がり、サウンド・チェック（演奏する前に器材を確認、準備すること）をします。時々非言語的な「オー！」や「イェー！」と観客の中から声がしますが、圧力が落ち着きません。

　演奏が始まります。最初の2曲への対応が何か微妙な感じがします。ステージの前に数人がビートで揺れており、曲が終わったら拍手と叫び声が聞こえますが、何かが足りないようです。そして3番目の曲が始まり、雰囲気が変わってきます。遂にその圧力が解かれ、観客

図　人が少なくても盛り上がっています
2020 年 3 月 6 日に札幌市のライブハウス Revolver 909 にて

のほぼ全員が拳をあげたり、互いに体が激しく跳ね返ったりします。出演しているミュージ
シャンの緊張もなくなり、ステージからはみ出したり、観客へ身振りで示したり呼びかけた
りして楽しんでいるようです。ついに盛り上がっちゃった！

参照文献

Durkheim, E. 1912（1995）. Fields, K. E.（ed and trans）*The Elementary Forms of Religious Life*. The Free Press.
Stewart, K. 2007. *Ordinary Affects*. Duke University Press.

第2部 **動 物**

罠にかかったカンジキウサギをみつめる犬と古老（撮影：山口未花子）

第5章　資源としての動物

第6章　表される動物

第7章　Part of Animals

第8章　動物たちとともに世界を生きる

第5章
資源としての動物

　私たち人間にとって動物が必要な存在であることを理解するうえで、食べ物や衣類など生活を支える資源が動物由来であるから、というのはだれにとっても受け入れやすい理由だと思います。文化を重視した人類学において動物を含めた自然環境との関わりの重要性について指摘したのがジュリアン・スチュアードです。当時の文化人類学においてあくまで研究対象は人間の文化でした。しかし「人は誰でも物を食べるが、これは生物学的事実であって文化的ではない。[…] 人々の異なるグループが何をどのように食べるかは、文化史と環境要因によってのみ説明可能な文化的事実である」と考えたスチュアード［1979: 6］は世界各地の文化が多様で独自性をもつことを文化からだけでは説明できないと考えました。そして「どんな文化 – 環境的情況にも適用できる一般原理を引き出すためではなく、異なる諸地域を特徴づける特殊な文化の特色やパターンの起源を説明するために探求するという点で、人間生態学や社会生態学とは異なる。これは、文化は文化から生まれるという実りのない仮定に、文化以外の要因として地方環境を導入している点で相対主義や新進化主義の文化史の概念と異なる」［スチュアード 1979: 37］として「文化生態学」という分野を拓きました。例えば植物資源の少ないエスキモー（イヌイット）の人々が雪を使ってイグルーと呼ばれる家を建てたり、暑い地域の人々が薄着をしたりすることを思い浮かべてもらえばわかりやすいかもしれません。

　こうした考えは次第に受け入れられ、やがて生態人類学と呼ばれるようになります。さらにスチュアードの弟子だったマーヴィン・ハリスは文化唯物論という彼独自の考え方を発展させ、人間社会にみられる習慣の多くはコスト – ベネフィット論に帰結するという考えを示しました。皆さんはインドの聖なる牛の存在を知っているでしょうか。インドでも昔は牛は食用にされていましたが、現在では牛を殺したり食べたりすることは禁忌です。ではなぜそうなったのか、普通なら宗教的な理由があげられるかもしれません。しかし、ハリスの考えは「農耕生産が強化され資源が枯渇し人口密度が高まると、その結果、再分配の動物供犠は、これまで有益かつ豊富であった動物を消費してはならないという禁忌へと全般的な変貌を遂げ」［ハリス 1997: 228］たからというものでした。こうしたハリスの考え方をレヴィ＝ストロースは動物を〈食べる

に適した存在〉としてとらえているとして批判しました。これについては第7章で取り上げたいと思います。

1. 人すなわち狩猟民

　人を動物の一種と見なして種間関係や資源利用などについてみようとするなら、そもそも人はどのような生物なのかということについて考えておいた方がよいかもしれません。1965年に狩猟民に関する大規模な国際会議が開催されました。しかし当時すでに急速にその数を減らしていた狩猟採集民やその文化について、なぜ調査し、議論することが必要だったのでしょうか。会議の報告書 Man the Hunter（人すなわち狩猟民）［Lee & DeVore 1968: 3］の中でリーとデヴォアは次のように述べています。

　　　人類が地球上に誕生してから20万年たつが、このうち99％以上の期間を狩猟採集民として暮らしてきた。人間が動物を家畜化し、金属を利用し、人体以外のエネルギー源を利用するようになったのは、ここ1万年のことである。ホモ・サピエンスは、少なくとも5万年前に本質的に現代的な姿になり、生産手段を改善することに成功した。これまで地球上で寿命を全うした人間は8,000万人以上と推定されるが、そのうち90％以上が狩猟採集民として暮らし、約6％が農業で暮らし、残りの数％が産業社会で暮らしてきた。現在に至るまで、狩猟採集生活というのは人間がこれまでに達成した中で最も成功し、かつ持続的な適応であるといえる。

　つまり人間は狩猟採集を生業とする種であり、その身体や社会、心は狩猟採集生活に適応する形ではぐくまれてきたのだから、人間とは何かを考えるうえで狩猟採集民について知ることは避けて通れない、そのために失われつつある狩猟採集社会についての調査や議論が緊急に必要である、というのがこの会議の趣旨だったのです。現代の人間を知るのに、過去の人間、さらにいえばホモ・サピエンス以前のホモ属や類人猿といった遠い存在との比較から考えるという手法は、人類学の特徴の一つ「遠近法」と呼ばれるものです。遠近法は決して時間の遠い近いだけではなく、例えば日本とカナダやバリ島、エチオピアといった別の地域との比較などを考えてもよいでしょう。そうした遠近法を使うことで、知りたいと思う対象をより立体的に見ることができるというわけなのです。

　とはいえ、この会議が行われてからさらに時間がたった現代において、狩猟採集民的な性質がどれほど私たちに受け継がれているというのか、そこまで遠い存在と比較する意味があるのだろうかと思われるかもしれません。しかし実は現代の私たちも依然として狩猟採集民であり続けているのです。

　ここからは私たちが狩猟採集民であるとはどのようなことかということをみていき

たいと思います。その前にまず先述した会議のタイトルが「人すなわち狩猟民」であるというところにも少し言及しておきましょう。人の歴史の99％を占める生業は狩猟採集なので、狩猟だけでなく植物などの採集も含まれるのですが、しかしここで狩猟ということが特に強調されたことにはこんな見方もできるかもしれません。実は人間がリーとデヴォアがいうところの「本質的に現代的な姿に」なる前、いわゆるサルからヒトへとなる過程で肉を食べるということが大きな役割を果たしたのではないかといわれているのです［リーバーマン 2017］。

　もともとは森の中で果実などを食べながら暮らしていたと考えられる私たちの遠い祖先は、気候変動で森の面積が減少したことに伴って草原へ進出する過程で移動にかかるコストが少なく、手を使って食料を持ち運ぶことのできる二足歩行へと身体が変化しました。さらに体毛が減少し、手の使用が可能となり、そして脳が相対的に大きくなるという変化が起こります。実はこうした変化というのは強く肉食と結びついたものでした。

　長時間の歩行が構造的に可能になったということは、同時に、体毛が少なくなり汗腺が発達したことで長時間の移動を可能にしました。実は人以外の哺乳動物は、瞬間的には速く走れますが、毛におおわれた体では熱を発散させることができないため、長時間の運動を続けると体温が上がってしまって体への負担が大きくなってしまいます。同じ理由から動物たちは日が照っている間に激しい運動をすることも苦手です。初期の人類が暮らしていたアフリカの熱帯でライオンたちが木陰で昼寝ばかりしているところを思い浮かべればなんとなくわかるのではないでしょうか。しかし人間は直立二足歩行になったことで日が当たる面積が少なくなり、汗をかくことで熱を逃すことが可能になりました。その結果他の動物にはできない長時間歩行が可能になり、獲物を追いかけることや、草原に死んだ動物の死体を探し回ってほかの動物より早く見つけることができたと考えられます。日中にずっと走り続けるマラソンのような行為ができる哺乳動物は、実は人間をおいてほかにいないのです。いうまでもなく肉は他の食べ物に比較しても栄養豊富で吸収効率も高いため、肉を食べるようになったことで栄養状態が良くなり、その余裕が脳の増大と維持に使われるようになったというわけです。

　こうしてうまれたホモ・サピエンスという種として、私たちは祖先とほとんど変わらない身体をもち続けています。そしてその身体は狩猟採集活動に適応してできています。例えば健康のためには3時間くらい歩いたり走ったりすることが良いといわれますが、これは狩猟採集民の平均的な活動量と同じくらいです。生物としてのエネルギー消費を考えれば、ナマケモノのように動かないでいたほうが消費を抑えられるように思えますが、人間の体は狩猟採集生活に適応しているために、動かない生活を続

けていると骨や筋肉に問題が起こったり、病気のリスクが上がったりします。

　ここまで、私たちが狩猟採集民の身体をもち続けているということについて書いてきましたが、社会や、心についても同じことがいえるでしょうか。かつて人は白紙の状態で生まれ、教育によっていかようにも変わるのだという言説がありました。もちろん人間が身につける習慣や技術は、例えば英語を話すのか日本語を話すのか、食事の時手を使うのかそれとも箸を使うのかなど、育つ環境によって大きく違ってきます。

　しかしその一方で、例えば幼児が生まれながらにもつ直感的知識というものがあるということもわかってきました。認知考古学者のスティーヴン・ミズン［1998］は、「心は自然界についての学習のために特化した装置をもって」おり、それは言語、物理、心理そして生物の4つの領域の行動に関わるものだといいます。例えば世の中は音であふれているのに、生まれてすぐの赤ん坊は人の話す言葉、特に親の話声を選択的に聞き取り、それを自然に習得していきます。同様に子供は生物について直感的に理解し（分類し）、博物学的な知識を遊びのなかでやすやすと覚えるのですが、これはなぜかといえば狩猟採集生活は、あらゆる生業のなかでもっとも自然界についての細かな知識を必要とすることと関係しているからなのです。例えば生き物に何らかの「エッセンス」があることを子供は直感的に理解しているので、馬が縞の服を着せられていてもそれがシマウマではないことを理解しているし、足が3本しかない犬も4本足の犬のカテゴリーに入れることができるのだといいます。また、様々な文化において自然の分類について同じ概念のセットを共有していることも指摘しています。これは樹木と草本のような分類の概念や、ミカン、夏ミカン、甘夏ミカン、のように共通した特徴をくくるような系統的な命名のパターンが広くみられるということです。

　もしかするとこれは生物が周りにいない都市生活を送るなかでは少しわかりにくいかもしれません。でも本物の動植物ではなくても、例えばある時期の子供が図鑑の恐竜の名前をあっという間に憶えてしまったり、いろいろな種類のポケモンを集めたりすることも、そうした直感的な学びの一例といえるでしょう。

　それ以外にも、私たちが釣りやいちご狩りをお金を払ってまでやりたいと思うのは、もともと狩猟採集民だったころの人間にとって一番嬉しい瞬間が獲物が獲れたときであるからとも考えられますし、かくれんぼや、だるまさんが転んだという遊びが世界中でみられ、子供が楽しんで遊べるのも、それが狩猟の練習になっているからだという人もいます。

2. 贈与でつながる

　なかでも狩猟採集民が普遍的にもつ規範をみていくと、そこに人間の心の基盤となるようなものが見出せるかもしれません。私が長年フィールドにしているカナダ・

ユーコン準州内陸部に暮らす先住民カスカの人々は第二次世界大戦のころまでは森の中を遊動しながら狩猟採集を主な生業として暮らしてきました。その後定住して賃金労働にも従事するようになり、現在は一見するとヨーロッパ系カナダ人と変わらない生活をしているようにみえます。しかし、定住集落から離れた森の中の拠点と家とを行き来しながら、現在も活発に狩猟採集活動を行っています。なかでも古老世代は伝統的な狩猟採集民として生まれ育ったため、生存に必要なあらゆる技術と知恵を身につけていました。

　私はそうした古老が一人暮らししていた家に泊めてもらっていたのですが、狩猟のシーズンである夏から秋にかけて、誰かしらがやってきて肉を置いていくのが印象的でした。ときにはヘラジカやカリブーをほぼ丸々一頭を運んでくる若者もいました。しかもそれが決して近い親族に限られたことではなく、ほとんど面識のない若者だったりします。また、肉を持ってきた際に交わされる会話としては「肉は必要？」「ほしい」というくらいの最低限の声掛けがある程度で、あげるのももらうのもあたりまえなので特に感謝したり、恩に着せたりすることはありませんでした。この地域でよく獲られるヘラジカは、大きなオスだと700 kgを超えるほどにもなり、内臓を抜いたとしてもその肉は大量です。そんな大量の肉がそれほど親しくない人にも贈与されるということにはじめは私も驚きました。しかし古老に肉を贈与することによって、その肉は切り分けられ、親族や友人たちに贈与され、集落の中にゆきわたります。ある意味では集落に肉をゆきわたらせる合理的な方法として古老への贈与があるのかもしれないと思うようになりました。

　このような大型の動物が獲れた時にコミュニティで分かち合うという態度は狩猟採集社会にもっとも普遍的にみられる規範の一つです。アフリカ、コンゴ北東部で狩猟採集民アカ・ピグミーの研究をした北村［2004］によれば、アフリカ狩猟採集社会にみられる、その場にいる人全員に食物がゆきわたるような分配がなされることで平等社会が保証されているといいます。「アカにおいて、食物分配は、ルールに基づいて食物の所有者を決定するところからはじまる。［…］狩猟では獲物に最初の打撃を与えた道具の所有者、ハチミツの所有者はハチミツを発見した人、植物性食物の所有者はそれを実際に採集した人である。［…］所有者は少なくともある程度の量の食物を持つとき、それを排他的に消費する権利はない」［北村 2004］。ただし誰にどのように分けるのかは所有者の裁量に任されていますが、とはいえよほど量が少なくなければその場にいる人にゆきわたることがほとんどだといいます。むしろ、食料がゆきわたっていて分かち合う必要がないように見える場面でも活発に分配が行われていることに北村は注目します。「特に大きな獲物が捕れた日などで、女性は夕方みんな同じような料理を作っているにもかかわらず、それを分配しあっている。この場合でも分

図5-1　ヘラジカを解体し、干し肉や肉の調理をしているところ

配しようがしまいが結果として女性の食べる料理と内容に大差ない」[北村 2004]。なぜこのような一見無駄に思えることをするのか、北村は「何重にもなった食物の与え手と受け手という関係の網の目を作り出そうとしている」[北村 2004]と考えました。そしてこの関係の網目によってアカの人々は社会関係を形成し確認しているのです。

　肉を分かち合うことがこれほど普遍的にみられるのには理由があります。まず、冷蔵庫などない時代には、肉の保存が難しいので、独り占めしようとしても多くの肉を腐らせて無駄にしてしまうことになります。しかしその肉を分け合って食べればそうしたことは起こりませんし、狩猟はつねに成功するわけではないので自分が獲物を獲れるのは10日に一度くらいかもしれませんが、ほかの人が獲れた時に分け合う仕組みがあればもっと頻繁に肉にありつけることになります。

　私たち人間の一番初めの経済といえるものは、この分かち合いの仕組み、贈与によるもののやり取りであったということがここからわかります。贈与で重要なのはそこに互恵性（互酬性）があるという点です。人類学者の山口昌男は交換の本来の姿は経済の次元を超えたところにあるもので、これを互酬性と称し、「交換とは、本来のコ

ミュニケーションから出発している。[…] 人間と人間のつながり、つまり紐帯というものはすべてこの交換に発している」[山口 1982: 28] と述べています。つまり狩猟採集生活のなかで育まれた贈与交換のシステムが、私たちが他者とつながり社会をつくるときに、その基盤をなしているということなのです。社会心理学の実験からも、人が他者に協力するために自らの利益を犠牲にしたり、お互いがどのように振る舞うかがわかるような状況でより協力率が高まるなど、人間が強い互恵性に動機づけられていることがわかっています [ボウルズ＆ギンタス 2017: 41-42]。

　現代を生きる私たちのなかにも贈与の精神は深く根づいています。この本を読んでいるあなたも、贈り物をしたりもらったりした経験があるのではないでしょうか？誕生日のプレゼント、結婚式の引き出物、旅行のお土産などあげたらきりがないほど、私たちの生活のなかに根づいた習慣です。だから皆さんも感覚的にわかると思うのですが、贈り物をするときに二つの規範が生じます。一つは贈り物をもらったら、お礼をしなくてはならないということです。誰かにお土産をもらったら自分が旅行に行ったときに今度はお土産を渡そうと思うことは自然な感情です。前段でカナダ先住民の古老の家にいるといろいろな人が肉を贈与しに来るというお話をしました。しかし古老は肉をくれた人にそのお礼として何かをあげるということはしていなかったのではないかと思うかもしれません。しかしカスカの規範では、若者はまたいつでも猟に行けるのだから老人が肉に困っていればまず老人に肉を贈与しなくてはなりません。つまり、贈与の循環は数十年の時をかけて、しかも異なる相手に行われることもあるのです。例えば子供に様々な機会を与えることを未来への投資として「良いことだ」と思う感覚をもつことも、そうした贈与が時間をかけて私たちの社会の連続性を維持することに寄与していることを心の奥底で知っているからかもしれません。

　贈り物の規範のもう一つの性質は、何をお返しとして贈るのかということに関わる問題です。同じものを返したり、お金を払ったりというようなことはあまり気の利いた返礼とは見なされません。お誕生日のプレゼントに、以前相手からもらったものと同じものを贈ることもあまりないのではないでしょうか。贈与とはただモノをあげることではなく相手の喜ぶものを考えることでもあります。

　そして不思議なことに、贈与はお金と相性があまりよくありません。カスカの人々の暮らす街でみんなが使っていた掲示板にあるときこんな張り紙が出ました「ヘラジカの頭一つ750ドルで売ります」。これを見たカスカの人々は慌てふためき町中の噂になりました。

　集落にはヨーロッパ系のカナダ人も一緒に暮らしているので、張り紙を出したのは非先住民の住人だったのですが、それでもカスカ社会に広がった動揺は大きなものでした。なぜなら、カスカの人にとって、野生の動植物はその動植物自身が贈与してく

写真1-1　ヘラジカの頭を売りだす張り紙
（「FOR SALE 1 LARGE MOOSE HEAD … $750」（売ります　大き
なヘラジカの頭一つ　750 カナダドル）

れたから人が手にすることができるのであり、またそれを分配することで人々の間に
ゆきわたるものです。すなわち直接間接的な贈与によって手に入れるもので、お金で
買うものではないのです。お金が介在してしまうと、そこで贈与の連鎖によってつな
がっていた関係が途切れてしまうことをカスカの人々はわかっていたのだろうと思い
ます。

3. ヒトと動物の互恵性

　このように互恵性に基づいてコミュニケーションし、共同体をつくり出しているメ
ンバーは何も人間には限りません。北方の狩猟採集社会では人とともに地域共同体の
一員として振る舞う動物たちの存在が人類学者たちによって報告されています。カナ
ダのハドソン湾沿いに暮らすチペワイアンのもとで調査した煎本孝［1996］は、そも
そも狩猟とは人と動物の間の初源的同一性に基づいて動物が人間にその身体を贈与す
ることであるといいます。

　季節的に移動するトナカイの群れに大きく依存するチペワイアンにとって、トナカ
イの群れに出会えるか出会えないかが生存を大きく左右するのですが、だからといっ
てむやみに探し回ることはしません。なぜなら、チペワイアンには人に育てられたト
ナカイ少年ベジアーゼの神話があるからです。トナカイの糞の中から発見されたベジ
アーゼという少年がおばあさんに育てられ、やがてトナカイの群れに帰っていくとい
うこの話の中で、ベジアーゼはトナカイが人として現れたものと見なされ、人とトナ

カイの結びつきを体現しています。この物語を子供のころから聞いて育ったチペワイアンは、トナカイが必ずやってきてくれると信頼することによって、むやみに探し回らずに信じて待ち続けることができるのです。

　それが来なければ多くの人が飢え死にするかもしれないその動物を、信じて待ち続けることができるだろうかと自分に問えば、それはかなり難しいことのように思えます。たぶん、様々な方法でトナカイを探そうとするのではないでしょうか。しかし、動物はそうした人間の気配を敏感に感じ取ります。殺気を出して探し回っている時はまったく動物を見かけないのに、休憩して食事を摂っている時や、用を足している時に、なぜか動物を目にすることは狩猟者なら誰もが経験したことがあるのではないでしょうか。動物とのつながりを示す物語や贈与してくれるという安心感は殺気立つ気持ちを抑え、おだやかな気持ちで猟に向かうことにもつながっているのかもしれません。

　同じ動物でも野生と家畜の違いについて考えたのはインゴルドでした。「From trust to domination（信頼から支配へ）」と題した論文の中で、煎本［1996］が示したような動物への信頼に基づく互恵的な関係をもつ狩猟採集民にとっての動物に対して、西洋における動物（自然）は本質的に異なるものであるということを論じています［Ingold 2000］。

　　　狩猟採集民が自分たちを環境の保護者あるいは管理者と見なす感覚は、西洋科学的な保全の考え方と混同されるべきではないだろう。西洋科学における自然保護とは、自然界の支配者である人間が野生動物の種の存続や絶滅に全責任を負うというものである。狩猟採集民の場合、この責任は逆転している。狩猟採集民の場合、この責任は逆であり、最終的に人間の生存や絶滅に責任を持つのは、環境を動かしている力である。アラスカのコユコン族の見解を要約して、リチャード・ネルソンはこう書いている。
　　　「人類の本来の役割は、支配的な自然に仕えることである。自然界はほぼ全能であり、尊敬と庇護の行為によってのみ、人間の幸福は確保されるのである。［…］コユコンの世界では、人間の存在は、自然を支配する力との道徳的な関係によって成り立っている。人類は環境の要請を受けて行動する。コユコン族は、周囲の力を制御したり、支配したり、根本的に変えようとはせず、周囲の力とともに動かなければならない。彼らは自然と対峙するのではなく、自然に身をゆだねるのである［Nelson 1983: 240］」。

　ここからは、自然をどのようにとらえるのかということが私たち人間にとって180度変わったことが見て取れます。そして私たちの世界観が生業と深く結びついているということに改めて思い至るのです。

参照文献

煎本孝 1996『文化の自然誌』東京大学出版会.

北村功一 2004「狩猟採集社会における食物分配と平等——コンゴ北東部アカ・ピグミーの事例」『平等と不平等をめぐる人類学的研究』寺嶋秀明編 ナカニシヤ出版.

スチュアード, J. H. 1979（1972）『文化変化の理論——多系進化の方法論』米山俊直・石田紙子訳 光文堂（Steward, J. H. *Theory of Culture Change: The Methodology of Multilinear Evolution.* University of Illinois Press.）

ハリス, M. 1997（1996）『ヒトはなぜヒトを食べたか——生態人類学から見た文化の起源』鈴木洋一訳 早川書房（Harris, M. *Cannibals and Kings: The Origins of Cultures.* Vintage.）

ボウルズ, S. & H. ギンタス 2017（2011）『協力する種：制度と心の共進化』竹澤正哲監訳 NTT出版（Bowles, S. & H. Gintis *A Cooperative Species: Human Reciprocity and its Evolution.* Princeton University Press.）

ミズン, S. J. 1998（1996）『心の先史時代』松浦俊輔・牧野美佐緒訳 青土社（Mithen, S. J. *The Prehistory of the Mind: A Search for the Origins of Art, Religion and Science.* Thames and Hudson.）

山口昌男 1982『文化人類学への招待』岩波書店.

リーバーマン, D. 2017（2014）『人体 600 万年史——科学が明かす進化・健康・疾病』塩原通緒訳 早川書房（Lieberman, D. E. *The Story of the Human Body: Evolution, Health, and Disease.* Vintage.）

Ingold, T. 2000. From Trust to Domination: An Alternative History of Human-Animal Relations. In *The Perception of the Environment: Essays on Livelihood, Dwelling and Skill.* Routledge.

Lee, R. B. & I. DeVore. 1968. *Man the Hunter.* Routledge.

Nelson, R. K. 1983. *Make Prayers to the Raven: A Koyukon View of the Northern Forest.* University of Chicago Press.

コラム 3 ●●●

モンゴル遊牧社会における人間と動物の関係

サリントヤ（薩仁図雅）

　モンゴル遊牧民は、五畜といわれるウシ、ウマ、ラクダ、ヒツジ、ヤギを中心に飼育しています。犬やヤクも飼育していますが、これらは五畜のカテゴリーに入りません。これらの五畜は、モンゴル遊牧民の衣食住を支えています。そして五畜はモンゴル牧畜文化の基礎でもあります。五畜はモンゴル牧畜民の日常生活の様々な場面で利用されています。五畜の肉と乳は食糧となります。毛皮は、衣類と住居の原材料となります。衣食住に利用されるだけではなく、乗用、運搬などにも利用されます。また、畜糞も重要な生産物であり、燃料になります。モンゴル遊牧民は家畜を資源として利用するのです。

　幸運にも 2022 年 5 月から 8 月末までモンゴル国でフィールドワークをしました。調査対象地域として主にモンゴル国ドンドゴビ県を中心に調査を行いました。そこで見えたのは、遊牧民の生の暮らし、そして彼らと家畜たちの深い結びつきでした。身体、身振り、音楽、か

け声などを使って家畜との言語的・非言語的なコミュニケーションを頻繁にとっています。現地調査において着目したのは家畜の母子関係を修復する歌と馬競走の時に歌うギンゴーという歌で、独特な言葉やかけ声が特徴的です。以下に例を示します。

　家畜に向かって歌を歌います。そしてモンゴル遊牧民は家畜に歌を聞かせ、独特な言葉（かけ声）や呼びかけなどを使って家畜とコミュニケーションをとります。特に家畜の母子関係認知修復の歌は、母畜が実子を認めない場合に広く歌われています。牧民は家畜の母子関係を修復するために、母畜に対して特定の呼びかけや歌詞を発し、歌を歌うのです。この家畜の母子関係への介入行為はモンゴル語の表現を活かして「子とらせ」作業といいます［小長谷 1996］。モンゴル語で「ドルアブルフ」といいます。この作業は歌を通して母畜と実子関係を修復しようとするもので、モンゴル遊牧民の家畜とのコミュニケーションの一手段です。

　馬競走の折にも歌を歌います。騎手が調教中やレース途中に馬に聞かせる歌のことを「ギンゴー」といいます。Sさんからの聞き取りによれば「競争馬として選別された馬たちを、つないだまま柱の周りをゆっくりと歩かせます。その際、騎手の子供がギンゴーを歌います。「馬はギンゴーを聞くとナーダム祭りが近づいたことがわかります。また、レースの途中でもギンゴーを歌うことによって馬の士気が高まり、馬がさらに速く走るようになる」と言います。それだけではありません。ギンゴーを「競走馬」に歌いかけるということは「競走馬」をヒーモリ（気運）として認識しているということで、「競走馬」を聖的存在として見なしているということです。以上のように、ギンゴーという馬への歌は馬と交流するモンゴル遊牧民のコミュニケーション手段の一つだと考えます。家畜に対するかけ声もコミュニケーションの一手段です。モンゴルでは放牧中に畜群へ介入するときや搾乳をする際にかけ声を使います。これはモンゴル語で「ドヒヤアヤルゴ」と呼びます。つまりかけ声（コーリング）です。かけ声はモンゴル語に基づいていますが、それぞれ介入する動物の種によって異なります。モンゴル遊牧民たちはかけ声を単なる命令とは見なさず、モンゴル遊牧民と家畜関係をつなぐコミュニケーションの一手段なのです。

　以上の調査からモンゴル遊牧民は家畜を資源として利用しているだけではなく、家畜と牧民の間に言語的・非言語的なコミュニケーションを成立させていることが考えられます。牧民は身体、身振り、歌、かけ声などを駆使して家畜と接触し、コミュニケーションをとっています。ところが牧民の家畜との接し方と、ペットや子供に対する接し方が大きく異なっているように思われます。また家畜も受動的に管理されるのではなく、牧民への近接や接触を求め、相互のコミュニケーションを達成し、牧民を「保護者」として認知し受容しており、牧民と家畜群との間に社会性・相互依存・相互関係があるように思われます。

参照文献
小長谷有紀 1996「子とらせの歌」『モンゴル草原の生活世界』朝日新聞社 pp. 26-60.

第6章
表される動物

　私たちの生活は動物に囲まれています。しかし、食べ物や衣類など、生活に必要な資源としてだけでなく、キャラクターや紋章、あるいは歌や踊りといった表象など一見するとそれがなくても暮らしていけるように思えるものもあります。人類学者のレヴィ゠ストロースも、なぜこれほど人間が動物を表したものを必要とするのかという疑問を次のように語っています。

　　　すぐ後にはもう過去のものとなったと悟らされるその一体感へのノスタルジーを、ごく幼い時期から子供に抱かせておかねばならないとでもいうかのように、われわれはゴムやパイル地でできた見せかけの動物でまわりを取り囲んだり、最初に与える絵本を目の前に置いたりして、本物に出会う前からクマ、ゾウ、ウマ、ロバ、イヌ、ネコ、ニワトリ、ハツカネズミ、ウサギなどの動物を見せるのである［レヴィ゠ストロース 2019: 203］。

　確かに私たちの生涯でもっとも動物と出会う機会が多いのは子供の頃かもしれません。ぬいぐるみや絵本、洋服や布団なども動物柄であることが多いのに、大人になるにつれてだんだん身の回りの動物は少なくなっていきます。レヴィ゠ストロースは、このように私たちが無意識に子供に動物をあてがうのは、かつて狩猟採集民だった私たちが人間と動物とが区別なくお互いが意思を通じ合えるような原初の連帯を心の底でもち続けているからではないかと考えました［レヴィ゠ストロース 2019: 202-203］。異なる分野の学者ではありますが、これは第5章で紹介したスティーヴン・ミズンの指摘と通じるものがあります。

　本章では、このレヴィ゠ストロースの言葉を手掛かりにして、人間がなぜ動物を表すのか、表された動物は私たちに何を語りかけるのかということについて考えてみたいと思います。

1. 動物で考える

　この問題を考えるにあたって、まずみておきたいのは、私たちが動物をどのような

存在としてとらえてきたのかということです。哲学者の金森修は、『動物に魂はあるのか』［2012］の中で、西洋哲学における動物論の展開について次のようにまとめています。

　古代ギリシャにおいてアリストテレスは魂をもつものを動物と呼び、なかでも人間は発話や思考能力があるという点で他の動物とは違う特別な存在、政治的存在であると説きました。動物と人間は魂をもつという点では共通している近い存在であるものの、人間は他のすべての動物よりも優れた性質をもっており、区別されるべき存在だということです。ここから、人間中心主義や人と動物の二元論的なとらえ方がすでにこの頃存在していたのだということをみて取ることができます。こうした人と動物を差異化して人間をより上位に置くという動物観はその後も受け継がれ、17世紀になるとデカルトの登場によって決定的なものになります。デカルトは『方法序説』の中で「動物機械論」、すなわち動物に魂はなく、人間のように話すことはできず、思考することもできないと主張しました。こうした考えが広がったことによって、動物への同情論から抵抗があった解剖学などが徐々に受け入れられるようになり、やがてニュートンらによる「自然科学」が台頭する道をつくったと考えられています。

　さらに近現代における代表的な動物論として、ハイデガーを取り上げてみましょう。ハイデガーは、『形而上学の根本的諸概念』の中で石には世界がなく、動物には世界はあるが貧困であり、人間は世界をつくり出すことができる存在であるといいました。ここからはアリストテレス以降の人間中心主義的な見方が西洋哲学に根づいていることがうかがえます。

　しかし西洋における動物論も動物との関係も時代とともに変化します。犬や猫を家で飼う人にとって、一緒に暮らす動物は個別性をもちますし、なんとなく気持ちが通じるように思える存在なのではないでしょうか？　1930年生まれのフランスの哲学者デリダもそうした感覚をもつ一人でした。デリダは、部屋で裸体でいるときにふと飼い猫の視線が気になったという自分の経験を取り上げ、脱構築の立場から人と動物の二元論を問い直そうとしました［Derrida 1987; デリダ 2014］。動物を人間より愚かなものとしてとらえないという心構えがそこにはあります。しかし実際にはその議論の中に動物側の視点が見えてこないという点でやはり人間中心主義にとどまっている部分があるという批判も受けています。実はこの動物側の視点の欠如は、現代の人類学にとっても動物をどのようにとらえていくかを考えるうえで大きな課題の一つになっているのですが、それについては第7章で取り上げたいと思います。

　一方でデリダもそこに与した一人なのですが、動物愛護や動物の権利を主張するような潮流が西洋において起こったということは興味深いといえるのではないでしょうか。その代表的な論者であるピーター・シンガーは例えば食料とするために動物を殺

すことは悪い、なぜなら動物も痛みを感じるからだといいます。人間を虐待するのが悪いように動物を虐待するのも悪いことであるというわけです。しかしシンガーの理論も、ある意味ではデカルトやハイデガーが行ってきたような基準に照らし合わせて生物を二つに分類するという伝統を受け継いでいるのかもしれません。なぜなら彼の理論は裏を返せば痛みを感じない動物は殺してもよいことになり、新たな二元論を再生産しているからです。

　このように、西洋における動物をめぐる議論を概観すると立場の違いなどがあるものの、身近な他者である動物と対比することで人間という存在の独自性、そして多くはその優位性を明らかにしようとしてきたことがわかります。

2. 象徴としての動物

　文化人類学は、哲学などと比べてみれば比較的新しい学問です。大航海時代に西洋諸国が外の世界と出会い、入植していくなかで出会った人々があまりにも自分たちと異なるので、そうした人々の生活や文化を知りたいという気持ちがおおもとにあったと考えられます。1900 年代に入ると、やがて人類学者たちは長期のフィールドワークを行い、当時の西洋から「未開の地」と呼ばれた土地に暮らす人々の生活を記載するようになります。そうした人々のなかでも、動物を狩る狩猟民や家畜とともに暮らす牧畜民の社会では人々と動物や自然の関係が西洋とは異なるものであるということが驚きをもって紹介されることになりました。

　そうした研究の初期のものとして 1940 年代に発表されたエヴァンズ゠プリチャードのヌアーの人々に関する研究があげられるでしょう。南スーダンの牧畜民であるヌアーにとって牛、特に去勢牛は何よりも価値をもつものでした。もちろん民族誌の中心になっているのは生業を支える資源としてヌアーの人々がどのように牛の飼育やモロコシの栽培を行い、漁労などの生業がなりたっているか、また政治制度や社会の仕組みなどについての民族誌の記述です。

　しかしそれは単にどのような資源利用の体系であるかを明らかにする作業にとどまらず、「彼らの日常的生活の中心的存在であり、社会的、儀礼的関係を表す媒体になっている牛に言及せずには、日常生活についても、社会的諸関係についても、儀礼的諸行為について、いや何一つとして話はすすまないだろう」［エヴァンズ゠プリチャード 1978: 72］という記述からもわかるように、牛という動物がいかに社会の中で象徴的な働きをしているのかを示すことでもありました。生業としてはモロコシなどの栽培も重要であるにもかかわらず、去勢牛に注目が集まり価値が置かれるというところからは、人は単に資源としての重要さだけではないものさしで動物をみているということがわかるでしょう。

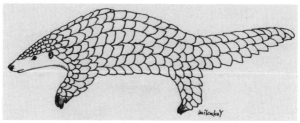

図6-1　センザンコウ（画：山口未花子）

　このように、自然と近い距離で暮らす人々について記された膨大な民族誌を分析するなかで、人類学者たちは動物がどのように利用されるかよりも、どのように表象されるかという点に注目を払うようになりました。この分野の研究としてメアリ・ダグラスによるコンゴのレレ社会の事例を紹介したいと思います［ダグラス 1966］。レレ社会ではセンザンコウに象徴的な意味が与えられています。センザンコウは魚のような鱗に覆われているのに木に登り（陸生である）、爬虫類のような見た目なのに、卵生ではなく哺乳することから普通の分類項にあてはまらない動物であると見なされています。

　このように本来あるはずの境界を超越するような特徴をもつことで、センザンコウは二つの領域を仲介する力をもつとされレレの宗教において重要な豊穣儀礼で供犠されます。こうした二つの区分された世界とその境界の侵犯というテーマは主著『汚穢と禁忌』へと昇華し、人類学における象徴論を牽引しました。

3. トーテミズムをめぐる議論

　様々な自然物のなかでも、特に動物が人の注意を引くことについて考えるうえで押さえておきたいのがトーテミズムをめぐる議論です。トーテミズムは自然崇拝などと呼ばれますが、もともとは北米のアルゴンキン語族系のオジブワの人々が「彼は私の一族のものだ」という意味の otokeman という言葉に由来するといわれています［レヴィ＝ストロース 1978: 33］。具体的には、「彼」の部分に「クマ」や「カラス」などの動物が入ることが多いところから、世界中にみられる動物などをその集団の祖先と見なすような制度や信仰と見なされるようになりました。フレーザーやデュルケーム、ラドクリフ＝ブラウンなど名だたる学者たちが宗教の起源論などともからめてトーテミズムを論じてきましたが、これらの論争を批判的に検討したレヴィ＝ストロースの議論をまずは紹介したいと思います。

　レヴィ＝ストロースは、トーテミズムとは宗教や社会制度ではなく人間の思考のくせのようなものだと考えました。そのなかで特に注目したのが、なぜ動物（時には植

物なども含むが動物が明らかに偏好されている）による象徴なのかという点です。そして動物を祖先にたとえるのは、動物と人間が類似しているからではなく、相違点が類似しているからであると考えました。オオカミとカラスという二つのトーテム動物の間の違いが、オオカミの氏族の人間と、カラスの氏族の人間の間の違いと類似している、ということです。祖先を動物と見なすような社会は押しなべて動物との距離が近い暮らしをしており、実際の動物の生態や分類体系をその社会の成員はよく理解しています。例えば鳥の仲間と獣の仲間、泳ぐものと飛ぶものといったカテゴライズ、集団と集団の近さと遠さといった動物の生態が表すものによって、人間社会の集団間の差異や連続性を表すのです。さらにレヴィ゠ストロースは「彼ら（二氏族の成員たち）が二種の動物種を構成していると宣言するとき、彼らは動物性ではなく二元性を強調しているのだ」というベルクソンの考え［1958］に賛同し、なぜ人々が動物をトーテムの象徴として選ぶのかといえば「自然種は〈食べるに適している〉からではなく〈考えるに適している〉からだ」と結論づけました。

　ただし近年では、トーテミズムは普遍的にみられるものではなく、北米北西海岸やオーストラリアのアボリジナルの人々の間でみられる社会制度を示すものという理解になりつつあります。ここで私のフィールドの一つであるカナダ北西海岸諸民族の一角をなす内陸トリンギットについて紹介したいと思います。トリンギットは海岸沿いの豊かな資源を背景に、狩猟採集民としては例外的にモノの所有や身分制度をもつ社会をつくり上げてきました。トーテムポール（写真6-1）をご存じの方も多いと思いますが、これはトリンギットら北西海岸の人々が、門柱や墓標などとして建てたもので、大きなものは10メートルを超える高さになります。

　私がお世話になっていた内陸トリンギットは交易のために海岸から内陸に入り込んだ集団ですが、トーテムポールや人々が集まる集会所のようなコミュニティ単位の建造物の他に、仮面や装飾品など様々なモノを作り出し所有していました。伝統的な生業は狩猟採集、そして漁労ですが、特にヨーロッパから人々が入植してきた際に大きな富を得たといい、時には白人を奴隷にしていたとさ

写真6-1　ユーコン準州の内陸トリンギットの集落に立つトーテムポール

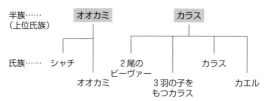

図6-2　ユーコン準州カークロス・ターギッシュ
自治政府のクラン

れます。その社会をみても、いくつかの動物を祖先とする氏族に分かれており、さらにそれらの氏族はオオカミとカラスの二つの半族に属していました（図6-2）。

　昔ながらの規範では、同じ半族のメンバーは結婚できないので、夫と妻は必ず反対の半族、つまりオオカミとカラスのカップルであることになります。子供は母系社会なので母親の氏族に迎えられます。そして、それぞれの氏族によって、例えばカエルの氏族は超自然的な力が強いのでシャマンや治療者が多いといった祖先の動物の特徴を受け継ぐような性質をもつとされていました。これらのルールは現在ではかなり緩やかなものとなっていますが、それでも同じ氏族の者同士であれば、結婚することはあまりよくないので事実婚を選ぶという話は今もあります。

　氏族の人々は生まれながらにその氏族の動物とのつながりをもつとされますが、そのために内陸トリンギットの儀礼や集会で身にまとう装飾品には必ず自分の氏族の動物の紋章が描かれている必要があります。面白いことにこうした装飾品は、自分で自分のものを製作することは禁忌とされていて、必ず誰かに贈与されたモノしか身に着けることはできませんし、金銭でのやり取りもよくないことと見なされます。集会で披露される踊りや歌は、それぞれの氏族のものが決まっていて、動物の動きを模倣したような踊りが踊られます。

　こうした内陸トリンギットの人々の動物のトーテミズム的な表象をみていると、少なくとも動物を表す理由が、人間社会の維持や関係をつくることに向けられていることに気づきます。実はトーテミズムがみられる地域、例えば北米北西海岸先住民は狩猟採集でありながら定住的な生活や豊かな交易による富の蓄積があったことが知られていますし［エイムス＆マシュナー　2016］、オーストラリアのアボリジナルの人々には農耕や定住のみならず水産養殖なども行っていたことがわかっているなど［パスコウ　2022］、多くの狩猟採集社会の常識からは外れた社会だといえます。もしかすると半狩猟採集、半○○（○○には農耕や養殖貿易などが入る）社会においてトーテミズムが採用されていたのかもしれません。そうした生活のなかで自然と人だけでなく、人と人との関係が重視されるようになったのか、あるいは定住的な生活のなかで複雑性が増したことで制度が必要になったのかわかりませんが、そうした背景がトーテミ

ズムという制度をもつことに影響しているように思えます。

4. 動物描写にみるトーテミズムとアニミズム

　一方で内陸トリンギット社会では狩猟採集が今も行われていて、そのなかではアニミズム的な動物とのつながりもみられます。狩猟採集民の信仰としてより普遍的にみられるのはこのアニミズムのほうだといえるでしょう。アニミズムとトーテミズムについてレヴィ゠ストロースとはまた別の角度から論じたのがインゴルドです。インゴルドは狩猟採集民が動物を描写すること、あるいは描写された動物がもつ意味について、西洋における芸術とは異なり、生存のための技術であるというところから論を始めます [Ingold 2000]。そもそも動物はもっとも初期の芸術においても重要なモチーフであったことは洞窟壁画を思い浮かべてもらえばわかるでしょうか。実は人類初期の芸術には、絵画だけでなく小さな動物の彫像が多かったこともわかっています。

　インゴルドはこうした手で持ち運べるくらいの写実的な小さな動物の彫刻は、アニミズム的な宗教観をもつ狩猟民の典型的な芸術だったといいます。アニミストたちの動物との関係は対話的で個人的なものです。どの動物と仲良くするのかは、その人が人生のなかでどの動物に出会うかによります。前にも述べたように動物との互恵的な関係を維持するために狩猟民はつねに動物のことを考え、動物に対して働きかけている必要があります。動物を描写することは動物を観察し、よく知ることでもあり、例えば木の中に隠れているビーヴァーを掘り出すことでもあります。また、つねに小さな動物を持ち運んでいれば、その像がふと手に触ったり目に触れたときに、動物のことを思い出すきっかけにもなります。

　一方でトーテミストたちと動物との関係は、本質的なものです。生まれた際に、自分の動物が所与のものとして決められているからです。だから人々はその動物、例えばオオカミの氏族ならオオカミとの関係を後天的につくる必要はありません。ただし、立派なオオカミとなるように、祖先の足取りをたどり、オオカミであるとはどのようなことかを学ばなくてはなりません。それを助けてくれるのが動物を描いた絵です。絵は抽象的で知識や経験が増すにつれ、異なる見方ができるようになる情報の宝庫でもあります。例えばトーテミストであるアボリジニの人々はレントゲン技法と呼ばれる絵を描きますが、これは体の内側の骨や内臓が透けて見えているような描き方です。この絵を見ることでどのような位置に動物の内臓があるかを理解することができ、獲物を解体することが可能になります。

　ここで先ほどの内陸トリンギットの例に引き付けて考えれば、抽象的な絵画は描くために学ぶ必要がありコミュニティで伝承していくものでありますし、本質的な動物と人間の関係も社会制度との結びつきが強いものでした。したがって、アニミズムの

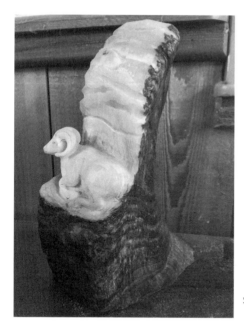

写真6-2　ドールシープの角の中から現れた
ドールシープ

社会が動物との絆をつくり維持するために動物に向けられた表現であるのに対して、
トーテミズムの社会では動物でもある人間が、描写の技法を人から学び人に見せるも
のであるといえるでしょう。

　ところで皆さんは、トーテミズムとアニミズムと考えたときにどちらに共感できる
と感じるでしょう?　私は日本人ならどちらかといえばアニミズムのほうがしっくり
くるという人が多いのではないかと推測します。ただしそれは、日本の宗教観のベー
スにアニミズムがあるからということではありません(アニミズムはすべての宗教の
基盤をなすものであると思いますので、日本だけが特別ではないでしょう)。トーテ
ミズムの社会での振る舞いや動物との関係の仕方は所与のもの、本質的なものなので、
例えば歌舞伎の世界のように生まれつき自分の生き方が決まっているというようなこ
とに近いかもしれません。しかし歌舞伎役者の家に生まれたからといって初めから演
目を演じられるわけではありません。毎日修行したり、日常的な立ち居振る舞いなど
とともに生活することでより良い役者になるわけです。また、技術を習得する際に伝
統的な型があることで効率的に基本を身につけられるという点も、トーテミズムの社
会の絵画が抽象化された形式をもつことと重なります。トーテミズム的な芸術に見ら
れるアボリジニの点描やレントゲン技法、北西海岸先住民の決まった図形の組み合わ
せで形作られる動物の描写は、家系の中で受け継がれることも多く習得に時間を要し

ますが、その形に複数の意味を込めたりその意味が多くの人に瞬時に伝わるという利点があります。

　そのように考えてみれば、私たち日本人の多くは自分の生き方は生まれつき決まっていない点で、成長するなかでそれぞれ周りの環境や出会った物事と対話しながら決まっていくわけなのでアニミストに近いのではないかと思うのです。

　ここで重要なのは、社会を構成するメンバーが決して人間だけではないということ、動物や植物なども含めた諸存在も含めたものであるということです。アニミズムでは魂は個々の身体に宿るもので、個と個のつながりは対話や婚姻関係などを通じて生まれるため、つねにそうした働きかけ、お互いを違うものと理解したうえで関係をつくっていくことが期待されます。一方でトーテミズムでは、同じ集団に属するものは人も動物も土地も、すべて一つの魂をもつものであり、もともとあったつながりがどのようにしてつくり出されたのかを思い出したり、たどり直すことはされますが、つながりをつくることはわざわざする必要はないわけです。だからアニミズムもトーテミズムも、魂の連続性はあるけれど、その在り方が少し違っているのです。でも動物と人が連続していること、対等であることなどの点では共通する部分もあり、それはやはり自然科学の視点とは違う考え方になるのだということだと思います。

　ただ先述した内陸トリンギットの事例紹介でも述べましたが、生活のすべてがトーテミズムの理論に貫かれているかというとそうではありません。今も活発に行われている狩猟の実践のなかでは、近隣のアニミストたちと同じような動物との対話的な関係や、個別の動物との関係を維持するための狩猟儀礼がみられたりします。内陸トリンギットの猟師は動物と向き合う森の中の狩猟の時間、アニミズムを発動させて動物と対話する一方で、集落に戻って家族や友人たちと過ごすときはトーテムの動物として振る舞い、調査にやってきた科学者の質問には自然科学の文脈で答えるのです。また、内陸トリンギットの人々がすべて同じ考えをもっているわけではなく個人や年齢、あるいは誰と（動物などもふくめて）話しているのかによって異なる思考のモードになったり、考え方が変わっていったりすることもあると思います。

5. 生態と宗教

　第5章でもふれたように、やはり生業の在り方が動物との付き合い方を決める以上、その違いがその社会の象徴、例えば動物をどう描くのか、あるいは宗教がどのように実践されるのかという点にも大きな影響を与えていることが示唆されました。ここまでは狩猟採集社会の事例をみてきましたが、それではそれ以外の生業ではどうなるのでしょうか？　この問いに取り組んだのはチペワイアンの事例のところで紹介した煎本孝です。煎本はどちらもトナカイへの依存度が高い北米の狩猟民チペワイアンと、

北方ユーラシアの遊牧民のもとでフィールド調査を行い、それぞれの超自然的互酬性における人間と動物の関係を比較しました［煎本200，2019］。

　チペワイアンにとって、霊的存在であるトナカイは自らの意思で人々に肉を贈与しに来てくれる存在です。人間はそうして来てくれたトナカイに敬意を払わなければなりません。ここでは、人間とトナカイとの関係は二者間における肉と敬意の直接交換が行われています。

　一方で、北方ユーラシアのトナカイ遊牧民コリヤークの人々は自分が飼育するトナカイの繁殖や健康のためにギチギと呼ばれる火の神とトナカイの主霊に対してトナカイを供犠します。つまり宗教的実践はトナカイに対して直接行われるのでなく「神」という高次の存在に対して行われ、神はトナカイの群れに繁殖と健康を与え、それによってトナカイは人間に肉を与えるという三者間の間接交換がそこには見られるのです。これを狩猟民チペワイアンと比べてみると、神という高次の存在の出現と、トナカイの霊性の喪失、そして人とトナカイとの関係の変化がみられるということになります。コリヤークの人々は狩猟もしますし、祈りをささげる対象にはトナカイの主霊もいるので、トナカイとのつながりがないというわけではありません。しかしここで起こった変化のなかで特に重要な意味をもつのは神という存在がここではじめて現われるということです。

　チペワイアンの世界には人や動物など霊性をもつ様々な存在がありますが、そこに階層性はありません。また、所有の概念もないので持てる者と持たざる者という差異もありません。そしてこうした水平な関係は人と動物にも適応されます。一方コリヤークは狩猟民的な要素を残しながらもトナカイを飼育し、所有することによって、トナカイをモノ（財産）としてみるような感覚が生じていると考えられます。社会をみても、トナカイを多く持つ人と持たない人が生じます。そうした垂直方向の関係というのが人と動物さらにより高位の存在としての神を生みだしたのだと考えられます。

　これらの事例からは、人がどのような形で動物の肉を手に入れるのかとその動物の霊性をどうとらえるのかが影響し合っていることがわかります。水平な関係にある存在から贈与としてもらうのか、垂直な関係のなかで高次の存在への捧げものが低位の存在からの肉の間接的な交換を促すのかが、アニミズムと神への信仰という異なる宗教観とそれぞれ対応しているということです。つまり、動物がどのように〈食べるに適している〉のかと〈考えるに適している〉は、どちらかの視点に立たなければならないようなものではなく、むしろその結びつきこそ人類学が明らかにしてきたものだといえるのではないでしょうか。

参照文献
煎本孝 2007「北方研究の展開」『現代文化人類学の課題——北方研究からみる』煎本孝・山岸俊
　　男編 世界思想社 pp. 4-42.
煎本孝 2019『こころの人類学——人間性の起源を探る』ちくま新書.
エイムス，K. M. & H. D. G. マシュナー 2016 (1999)『複雑採集狩猟民とはなにか——アメリカ
　　北西海岸の先史考古学』佐々木憲一監訳 設楽博己訳 雄山閣 (Ames, K. M. & H. D. G.
　　Maschner. *Peoples of the Northwest Coast: Their Archaeology and Prehistory*. Thames &
　　Hudson.)
エヴァンズ＝プリチャード，E. E. 1978 (1968)『ヌアー族』向井元子訳 岩波書店 (Evans-
　　Pritchard, E. E. *The Nuer: A Description of the Modes of Livelihood and Political
　　Institutions of a Nilotic People*. Oxford University Press.)
金森修 2012『動物に魂はあるのか——生命を見つめる哲学』中央公論新社.
ダグラス，M. T. 2009 (1966)『汚穢と禁忌』塚本利明訳 筑摩書房 (Douglas, M. T. *Purity and
　　Danger: An Analysis of Concepts of Pollution and Taboo*. Routledge and Kegan Paul.)
デカルト，R. 1967 (1637)『方法序説』落合太郎訳 岩波書店 (Descartes, R. *Discours de la
　　méthode*.)
デリダ，J. 2014 (2006)『動物を追う、ゆえに私は〈動物で〉ある』鵜飼哲訳 筑摩書房 (Derrida,
　　J. *L'animal que, donc, je suis*. Marie-Louise, M. ed. Galilée.)
パスコウ，B. 2022 (2018)『ダーク・エミュー——アボリジナルオーストラリアの真実：先住民
　　の土地管理と農耕の誕生』友永雄吾訳 明石書店 (Pascoe, B. *Dark Emu: Aboriginal
　　Australia and the Birth of Agriculture*. Scribe.)
ハイデッガー，M. 1998 (1992)『形而上学の根本諸概念：世界——有限性——孤独』川原栄峰ほ
　　か訳　創文社 (Heidegger, M., H. F-W. von. *Die Grundbegriffe der Metaphysik: Welt-
　　Endlichkeit — Einsamkeit* (2.Auflage). Vittorio Klostermann.
ハリス，M. 1997 (1996)『ヒトはなぜヒトを食べたか——生態人類学から見た文化の起源』鈴木
　　洋一訳　早川書房 (Harris, M. *Cannibals and Kings: The Origins of Cultures*. Vintage.)
レヴィ＝ストロース，C. 1978 (2017)『今日のトーテミズム』仲沢紀雄訳 みすず書房 (Lévi-
　　Strauss, C. *Le totémisme aujourd'hui*. Presses universitaires de France.)
レヴィ＝ストロース，C. 2019 (2013)『われらみな食人種 (カニバル) ——レヴィストロース随
　　想集』渡辺公三監訳 泉克典訳 創元社 (Lévi-Strauss, C. *Nous sommes tous des cannibales:
　　Précédé de Le père Noël supplicié*. Seuil.)
Bergson, H. 1932 *Les deux sources de la morale et de la religion*. Presses universitaires de
　　France.
Ingold, T. 2000 Totemism, Animism and the Depiction of Animals. In T. Ingold, *The Perception
　　of the Environment: Essays on Livelihood, Dwelling and Skill*. Routledge.
Derrida, J. 1987 *De l'esprit: Heidegger et la question*. Galilée.

漫画が描く他者の視点

山口未花子

　子供の頃、親が押し入れに隠していた白土三平の『カムイ伝』をこっそり読むのが好きでした。特に白いオオカミが森の中で生き延びる様子が描かれている場面は、森の中で飢えや犬との争いに巻き込まれたり、オオサンショウウオを食べておなか一杯になったり、オオカミの目線で森の中を自分も走り回っているような感覚があり、楽しくて夢中になりました。

　別の形で動物や植物の視点を描いた作家として大島弓子がいます。代表作『綿の国星』の冒頭シーンはいろいろなことがかみ合わないような不思議な描写から始まります。雨の日、道端に人間の女の子が倒れているところへ女子学生たちがやってきて「わー子猫」「かわいそう！　捨てられたんじゃない！？」「ないてるわよ、おなかすいてんじゃない？」と話しかけます。女の子は「なんかくれ」と言いますが、その言葉は女子学生たちにはなぜか通じません。やがて別の人に拾われた女の子は、猫がある時点で人間になることがあり、自分もいつか人間になると信じている子猫であることがわかります。つまり人間の女の子の姿は、子猫にとってのあるべき姿であり、人間や他の猫からは多分猫に見えているのですが、マンガの中では一貫して少女の姿で描かれています。

　もう一つの作品、『バナナブレッドのプディング』で描かれるのはバラの木の視点です。主人公の衣良は、外見は高校生ですが子供の頃と変わらない言動で周囲を心配させています。しかし衣良なりの理由がそこにはあり、例えば寒い冬の日、庭のバラの木のそばにずっと座っていたのは「そこを通ると　カリリ　カリリと音を立てていたの　それは見ると風で枝が板べいをたたく音だったのだけど　夜寝ようとすると　静けさの中で　妙にその音は　訴えかけるようで私は気になった」からです。やがて夕方になり夜になって肺炎になる寸前になるまでバラのそばに座り続けた衣良に「わたしにやっと彼らの言葉が通じたのよ『ありがとうさみしかったんだ』『ありがとううれしかったよ』しげみがはっきりそう言ったのをわたしは聞いた」、という瞬間が訪れます。特に周りの友人たちが野山での遊びから卒業していった小学校から中学にかけての時期、誰にも理解されなくても、子供の頃に感じた動植物との一体感を手放さないままでいる衣良の姿が自分に重なるような気持ちで読んだことを思い出します。

　五十嵐大介は、都市生活をおくる閉じた身体の人間には見えない世界を描き出す漫画家です。様々な地域で暮らす魔女の物語を集めた『魔女』の中には、複眼的な視点から普通の人には見えない世界を見ることのできる様々な魔女が描かれています。例えばアマゾンと思われる密林の開発をめぐって対立する政府軍と先住民との戦いを描いた「KUARUPU」の中で象徴的なのが図1のシーンです。軍人と先住民の魔女にとって、同じ森が異なる見え方をしていることが一目見て理解できます。

　以前ある研究会で五十嵐さんとご一緒したとき、印象的だったのが、自分は特に動物を描いているつもりはない、ただその場にあるはずのものを描いているだけ、という言葉でした。確かに漫画の絵は意味のある記号であり、描かれるものには何らかの意味をもたせるのが普通なのかもしれませんが、五十嵐さんの漫画はその場にいるものをそのままに描きます。も

図1　〈ようこそ精霊の森へ〉〈視る準備はできている？〉（『魔女』第 1 集 第 II 抄「KUARUPU」
五十嵐，2004）

う一つ五十嵐さんの言葉で面白かったのは、マンガの言葉には二つあって、一つは普通の、
説明するような言葉、もう一つは詩の言葉である、ということです。五十嵐さんの作品の中
には『海獣の子供』の 5 巻のようにほとんど言葉が出てこないなかで印象的な言葉がちりば
められたような表現があり、そこに読者が壮大な物語を描く余地を残しています。
　不可視なものを描く絵と、説明しないで想像を掻き立てる言葉、二つの表現によって漫画
家の視点、動物の視点、植物の視点、宇宙の視点を体験できるというところに漫画の面白さ
や表現の可能性があるように思います。

参照文献
五十嵐大介　2004『魔女第 1 集』小学館　pp. 68-69.
五十嵐大介　2012『海獣の子供 5』小学館.
大島弓子　1986『大島弓子選集第 7 巻　バナナブレッドのプディング』朝日ソノラマ.
大島弓子　1985『大島弓子選集第 9 巻　綿の国星』朝日ソノラマ.
白土三平　1967『カムイ伝 1 巻』小学館.

第7章
Part of Animals

　第5章では資源として動物を利用すること、すなわち〈食べるに適した〉動物として、第6章では思考を助ける道具としての動物、すなわち〈考えるに適した〉動物として論じてきました。動物と人の関係の、物質的側面と思考的側面をそれぞれみてきたと言い換えてもよいでしょう。そのなかで人類学では生物学とも哲学とも異なり、物質と思考が結びついたものであるということを示したと思います。一方でどちらの視点も、ある意味では動物を人間の役に立つ道具、あるいは資源としてみているということはできるかもしれません。

　しかし1990年代の後半から2000年代に入る頃、人類学では新たな世界の見方を促すような潮流が生まれました。西洋社会に根強くあった人間中心主義に基づく二元論的な世界の見方を批判し、これまで無意識に前提としていた存在論を見直すとともに、人間以外の存在もともに世界をつくり続けているという視点をもつことが目指されるようになったのです。こうした変動は実は人類学だけではなく哲学など隣接する分野における展開とも連動して起こり、学問の領域を超えた議論へと発展していきました。

1. 自然と文化の対立を超えて

　2000年前後に人類学で起こった転回の発端とされるのが、ブリュノ・ラトゥールらによるアクターネットワーク理論の提唱です。ラトゥールは例えば科学の実験室を構成するアクターを人間以外の存在にも広げ、多様なアクターが互いに影響を与えながらネットワークがつくられていることを明らかにしました。このことによって自然・文化の二元論の見直しと、人間だけではない様々な存在がつくる社会が想定可能になったといえるでしょう。ストラザーンやワグナーといった人類学者らも巻き込むようにして、人類学の静かな革命ともいわれた転回は大きな潮流となっていったのです。

　こうした議論のなかで動物は大きな存在感をもつことになります。特にこれまでの自然／文化という二項対立を見直そうという動きのなかで、動物は人ではないが人のように人間に働きかける主体性をもつ存在として、また人格を備えた存在として言及されるようになりました。

2. 存在論的転回

　こうした潮流においてまず注目されたのが存在論の問題でした。なかでも動物論という側面からも重要な2人の人類学者フィリップ・デスコラとヴィヴェイロス・デ・カストロ（以後 VDC とする）を紹介したいと思います。デスコラはレヴィ＝ストロースの後継者であり、エクアドルのアシュアールの人々について調査を行ってきた人類学者です。もっともよく参照されている彼の業績は、人と動物の内面性と物態性の類似に基づくアニミズム、トーテミズム、ナチュラリズム、アナロジズムという四つの存在論（図7-1）を提示した［デスコラ 2020］ことでしょう。

　例えばアニミズムでは人間と動物は異なる身体をもつが内面は同じであるため、人と動物は話をしたりすることができるとの考え方で、一方で、ナチュラリズムとは自然科学的な態度で、人と動物は生物として同じく身体をもつが、認知システムなど内面は異なるので話したりすることができないとの立場です。世界のあらゆる動物（自然）と人との関係は四つのカテゴリーのどこかに入るのですが、一人の同じ人間が一つの存在論しかもたないわけではなく、例えば家にいるときと会社で働いているときは異なる存在論を取るということはままあるといいます。ただし北米先住民社会のようにそもそも動物とともにコミュニティが形成されているというような事例を包摂できないなど、批判も多くよせられています。しかし批判も含めた活発な議論のたたき台をつくり、複数の存在論が同時に想定可能であることを示した功績は大きいといえるでしょう。

　もう一人の重要人物である VDC は南米アマゾニアの先住民のもつ世界観を「多自然主義」と名づけました。彼によれば、アマゾニアの世界観において、人間はペッカリーやマニオク酒をご馳走と見るが、ジャガーは人間の肉をペッカリー[1]に、人間の

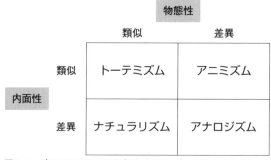

図7-1　デスコラの四つの存在論（デスコラ 2020 より作成）

1　鯨偶蹄目ペッカリー科に属する哺乳類の総称。

血をマニオク酒と見るし、ハゲワシは腐肉に湧いた蛆虫を魚であると思うといいます。このように動物種や精霊にはそれぞれ異なる身体はあるのですが、世界の見方：パースペクティヴは一つしかないのだというのです。これは西欧社会における世界観としての単一の身体と複数のパースペクティヴをもつという多文化主義、例えばユクスキュル［1995］の提唱した「環世界（Umwelt）」のような、人間なら視覚によって、モグラは触覚、犬は嗅覚によってまったく異なる経験として世界を認識しているという見方とはまったく異なる存在論です。VDC は多文化主義に対して複数の身体と単一のパースペクティヴという多自然主義を提唱し、存在論的転回の議論に大きな影響を与えました。

3. 模倣と誘惑としての狩猟

　この VDC の影響を受け、シベリアのユカギールの世界にも多自然主義を認めたのがレネ・ウィラースレフです。彼はその著書『ソウル・ハンターズ』［ウィラースレフ 2018］の中でユカギールの狩猟について、猟師が獲物であるエルクを狩猟する際、エルクの毛皮をまとってエルクのような足取りで歩くなどエルクを模倣し、性的に誘惑することでエルクを引きつけ狩猟を成功に導こうとすると述べます。「彼はエルクではなかったが、エルクでないというわけでもなかった」［ウィラースレフ 2018: 11］というような宙吊りの状態でエルクと対峙する猟師の目に、エルクは魅力的な若い女に見えているのだというのです。しかしその女の誘いに乗ってしまえば逆にこちらがエルクの側に取り込まれ、もはや以前の自分ではいられなくなり死に至ることもあるといいます。ここでエルクと猟師の間で起こっているのはミメーシス（模倣）による部分的な同一化であり、それはアニミズムの実践的側面なのです。そして、そこではユカギールとエルクはそれぞれの視点でお互いをまなざしています。

　このように、どのように世界をみるかという世界観や、存在論にも多様性があることを示し、自明のものとして自分たちの世界観を基準にしないという態度が広がりをみせるようになりました。

4. 動物と人の絡まり合い

　人類学において動物と人間という二元論を再考する議論に大きな影響をもたらした思想家としてダナ・ハラウェイと、ドゥルーズ（とガタリ）を押さえておく必要があるでしょう。ハラウェイはアクターネットワーク理論から刺激を受けつつ人間例外主義への反発から、人は単独で人たりうる存在ではなく犬など人以外の種などと一体となった存在であるとする伴侶種宣言で知られています。例えばハラウェイもその一人であるアジリティの競技を行う人と犬、調査される霊長類と霊長類学者は、その相手

との間にコミュニケーション、すなわち関係性が生まれると指摘します［ハラウェイ 2013］。ハラウェイのこうした議論はマルチスピーシーズ人類学誕生の母胎となりました。

　ハラウェイの議論のなかでマルチスピーシーズ人類学に大きな影響を与えたと考えられるのは三つの点ではないかと思います。一つは関係によって種が一緒になるという考え方です。ハラウェイはマルチスピーシーズ人類学の中心的存在であるアナ・ツィンの「人間の本性は、種間の関係にある」［Tsing 2012: 144］という言葉を引きながら、以下のように述べています。

　　　こうして振り返ってみると、どうしても見ること―respecere、つまり敬意を払う（respect）という行為―に立ち戻らざるを得なくなる。尊重する、応答する、何度も振り返る、厚遇する、注意する、丁重にふるまう、尊ぶといったことは、すべて、礼儀正しい挨拶、ポリスの構成、種と種が出会うときと場所に結びついている。出会いに際して、つまり尊敬や敬意を払うにあたって、伴侶（companion）と種（species）を結びつけることは、一緒になる（becoming with）という世界―「誰と」や「何と」がまさに問題となっている世界―に足を踏み入れることである［ハラウェイ 2013: 33］。

　二つ目はコンタクト・ゾーンでの絡まり合いに注目しているという点です。ハラウェイは生物学においてエコトーン（移行帯）と呼ばれるコンタクト・ゾーンに着目します。「植物にとっては快適なゾーンの外側に、辺縁（エッジ）効果によって生物学的な種のアッサンブラージュが形成され、様々な種が絡み合う辺縁は、生態学的、進化的、歴史的多様性を探すのにうってつけの豊かな場所になって」［ハラウェイ 2013: 329］います。日本でも滋賀と岐阜にまたがる伊吹山周辺地域はもっとも多くの植物種がみられる場所の一つで古くから薬草の産地として知られていますが、それは日本における植物の南限と北限がせめぎ合うエッジだからです。エッジに生成する様々な種の絡まり合いへの着目はマルチスピーシーズ人類学の中心的な概念として受け継がれました。

　そして最後が不可視な存在への視座です。ハラウェイは自らの身体に目を向けて次のように書いています。

　　　自分がわが身と称する世俗的な空間を構成する全細胞の約 10 パーセントのみに人のゲノムが見いだされ、細胞の残りの 90 パーセントが細菌、菌類、原生生物などのゲノムで満たされているという事実が嬉しい。［…］こうした小さな伴侶たちの方が自分よりはるかに数が多いわけで、私たちは、こうした小さな仲間たちと食事を

もにしながら人間の大人になる。一人の人間に成長するというのは、つねに、多く
の者たちと一緒になる過程なのである［ハラウェイ 2013: 11］。

　例えば犬に口元をなめられたときに唾液が交換されて、それぞれの身体の中の小さ
な伴侶たちが交換されるようなこと、シンビオジェネシス的なことがコンタクト・
ゾーンで生成している様子をハラウェイは描き出します。こうした小さな自分の一部
も含めた様々な存在が関係をもち、絡まり合っているという考えは、マルチスピー
シーズ人類学が、例えばチーズのカビやウィルスなどとの関係を取り上げることと重
なるものといえるでしょう。
　マルチスピーシーズ人類学の生成の経緯や他の人類学的立場との相違についてまと
めた近藤と吉田によれば「マルチスピーシーズ民族誌は、人間と他種（さらには生物
種にとどまらず、ウィルス、機械、モノ、精霊、地形も含む）の絡まり合いから人間
とは何かを再考する分析枠組み」であり、人以外の種を考えるに適しているとか食べ
るに適しているととらえるものでなく、「ともに生きる」存在としてとらえる立場で
あるといいます［近藤＆吉田 2021: 13］。さらに、人間以外の存在にも行為主体性を
みとめることや、人新世の議論に関心があるかという点が、例えば生態人類学におけ
る人・自然関係とのとらえ方の差異としてマルチスピーシーズ人類学（民族誌）を特
徴づけていることも指摘しています。

5. 動物になること
　人間が動物に極限（エッジ）まで近づくこと、その間（あいだ）に生成変化するものの重要性
を説いたのはハラウェイに先立ってドゥルーズとガタリであり、特にその著書『千の
プラトー』第 10 章「強度になること、動物になること、知覚しえぬものになること」
［2010］においてでした。
　ドゥルーズとガタリは二つの存在の間で生じる生成変化によってこれまで自分が無
意識にその部品の一つとして取り込まれていたような大きなものから抜け出し、今ま
で知覚できなかったものが見えるようになるといいます。生成変化とは、下から積み
上げてつくり上げられる国家のような樹木状組織（囲われた領土）から離脱してメ
ジャーからマイナーへ逃走線を描くものとして、例えば人間から動物になる時に起こ
るものです。
　ただし動物になることは、動物との間の生成変化のことですが、これは単なる模倣
とは異なるものです。ドゥルーズとガタリによれば「例えば、雀蜂とランをとらえる
生成変化のブロックがある。しかし両者の結合から混血の〈雀蜂 - ラン〉[2] が生まれる
ことはありえない」［ドゥルーズ＆ガタリ 2010: 159］のです。ここから動物になるこ

ととは、動物に変化してそれによって子供が生まれるようなことではなく、別の存在でありながらお互いがお互いに限りなく近づくことであり、行動や、時には身体も変容させるようなものと想定されていることがおわかりいただけるのではないでしょうか。さらに生成変化は必ず中間で、例えば雀蛾とランの間で起こるものでもあります。

　ドゥルーズとガタリのいう「動物になること」はハラウェイの次のような言葉「もし人間例外主義の愚かしさを正しく評価するのなら、我々はコンタクト・ゾーンのような結果（つまり世界にだれがいるのか）が危機に瀕している場では、『何かになること』とは、つねに何かと一緒に『何かになること』なのがわかるはずだ」［ハラウェイ 2013: 371］と響き合うように思えます。ところがハラウェイや、マルチスピーシーズ人類学者カークセイとヘルムライヒらは、「複数の民族誌家はドゥルーズとガタリと袂を分か」ったと明言します［カークセイ＆ヘルムライヒ 2017: 97］。

　一方でドゥルーズの仕事に大きな影響を受けたインゴルドはマルチスピーシーズ人類学の系譜に入れられることもありますが、彼自身はマルチスピーシーズ以前からすでに、北方狩猟民研究などにおいては非人間の主体性は論じられてきたとしてマルチスピーシーズをめぐる動きには否定的です［インゴルド 2013］。私自身もハラウェイの議論とドゥルーズとガタリの議論には、共通して目指そうとしている部分がありながら、やはり本質的に異なるところがあるのではないかと思っています。そこでここからは、ドゥルーズとガタリの動物になるとはどのようなことか、ハラウェイらにどのように批判され、どの部分がインゴルドらに受け継がれたのかという観点からみていきたいと思います。

6. 動物の三つのカテゴリー

　ハラウェイ自身、『千のプラトー』第 10 章は「人間と人間以外の生き物との間の《大いなる分岐》を越えて、異質で非目的論的な形でつながれた世界の豊かな複数性やトポロジーを見出すべく奮闘している章」［ハラウェイ 2013: 46］であり、目指すところはきわめて似ていることを認めています。しかしいくつかの点でハラウェイはこの章の内容に怒りを禁じえないといいます。彼女がもっとも強く批判するのは次の点です「ありとあらゆる世俗的で普通の存在に対するあざけりと、実在の動物たちに対する好奇心や敬意の徹底した欠如しか見いだせない。デリダの実在の子猫は、こうした出会いには、決定的に招かれざる存在である」［ハラウェイ 2013: 47］。これは 10 章の中の次の部分に対する批判だと考えられます。

前ページ　2　雀蜂は実は雀蛾が正しいところだろう。ダーウィンはラン（アングレクム・セスキペダレ：*Angraecum sesquipedale*）の形態からそれに適応した蛾（キサントパンスズメガ：*Xanthopan morganii*）が存在するはずだと予言した話が知られています。共進化の概念の登場です。

　　三種類の動物を区別することも必要になるだろう。まず最初に個体化され、飼い
　ならされた、家族的、感傷的な動物。[…] 二番目の種類として、性格ないしは属性
　をもつ動物を考えてみることができる。これは属に分かれ、分類され、国家に属す
　る動物だ。[…] そして最後に悪魔的な面が強く、群れと情動をその特質とするのみ
　ならず、多様体や生成変化や個体群やコント〔奇譚〕を作り出す動物がいる［ドゥ
　ルーズ＆ガタリ　2010: 164-165］。

　勘の良い読者の皆さんならピンときたかもしれませんが、ハラウェイは自分が伴侶
種の代表としてあげた犬や猫など人の領土の中で飼われる動物になることに意味がな
いというドゥルーズの言葉には我慢できませんでした。犬を愛してやまないハラウェ
イですから、ドゥルーズとガタリがペットに価値はないだけでなく、猫好きや犬好き
はみんな馬鹿者だというとき、まるで自分が批判されているように感じたのかもしれ
ません。ただ、「動物になること」をよく読めばドゥルーズとガタリは、犬や猫を批判
しているのではなく、すべての動物のなかには多かれ少なかれこの三つの要素がある
と述べていることに気づくはずです。ドゥルーズは講演録『アベセデール』[2015] の
中で、あるきっかけで猫を飼うようになってからずっと猫を飼っていることを明かし
ています（好きでなければ途切れなく猫を飼うことはないでしょう）。そして彼特有
のシニカルな表現で「猫はすり寄ってくるから嫌いだ」、と語る一方で、猫のなかの
野生性が垣間見える瞬間、例えば死に場所を求めて姿をくらませることなどについて、
非常に感銘を受けるとも語っています。
　ただ、生成変化をより生じさせる力能という点ではやはり野生動物に分があると考
えていることは次の言葉からもわかります。

　　動物への生成変化を性格づけるのは何よりもまず異種の力能だ。なぜなら、動物
　への生成変化は、模倣や照応の対象となる動物にその現実性を見出すのではなく、
　みずからの内部に、つまり突如われわれをとらえ、われわれに〈なること〉を促すも
　のに現実性を見出していくからである。動物への生成変化の現実性は近傍の状態や
　識別不可能性に求められる。それが動物から引き出すものは、馴化や利用や模倣を
　はるかに超えた、曰く言い難い共通性だ。つまり「野獣」である［ドゥルーズ＆ガタ
　リ　2010: 248］。

　ここで明らかになったことは、ハラウェイが人間社会の内側に包摂され、尊敬に基
づいた社会をつくる伴侶として動物を評価するのに対し、ドゥルーズとガタリは、人
間を領土から連れ出してくれる存在として、たとえ安定というよりは不安定な状況を
生じさせるものだとしても、新しい知覚に至らしめてくれるものとして必要としてい

るということです。つまり人を超えるものであるという共通性はありながら、その方向が内と外という真逆のベクトルがそこにはあるのです。

　こうした背景からドゥルーズとガタリの三種の動物のとらえ方をハラウェイは批判しましたが、一方でインゴルドはこのとらえ方に同意し、特に「三番目の方法は、動物を進行中のものとみなすことである。ある種の生き物としてではなく、形成プロセスや、継続している生成、あるいは単に『生きていること』の現れとしてみなすことである」［インゴルド 2021: 409-410］として、北米先住民が動物をつねに動物化するものとしてとらえることと重ねて論じています。

　このインゴルドの語りは第5章で紹介した「信頼から支配へ」の議論とつながるものです。野生動物との信頼関係を維持するために生成変化を起こし続ける狩猟民の在り方と、安定した社会を維持するために人に支配される家畜化された動物により価値を見出す西洋の人々という構図を示したうえで、インゴルドは信頼に基づく動物との関係のほうに共感を覚えていることがわかります。

7. あいだにいる動物

　ハラウェイのもう一つの指摘は、ドゥルーズとガタリがマイナー性を持つとするものへの差別的な視点があるのではないかという点です。例えばドゥルーズとガタリはあらゆる生成変化がマイナー性への変化であると述べたうえで「動物への生成変化とは、むしろ中間地帯を占拠する切片だと思われるからだ。その手前には女性への生成変化や子供への生成変化が見られる。［…］中間地点を越えた向こう側には、元素への、細胞への、また分子状態への生成変化があり、さらには知覚しえぬものへの生成変化がひかえている」［ドゥルーズ＆ガタリ 2010: 181］と述べます。

　このことを考えるのに哲学者の千葉雅也の解説［2013］が参考になります。千葉は女性への生成変化の解釈がフェミニストの怒りをかったことに触れ、しかし、ドゥルーズとガタリの主張というのは女性への生成変化とは何らかの同一性、女性とはこうあるべきであると歴史的に構築されていたものから逃走することであり、マイナーな存在のアイデンティティを確定させるのではなく、多様な欲望の交差を分析しようとする後のフェミニズムやクィア論を先取りしてきたともいえるのではないかと指摘します［千葉 2013: 65］。

　つまり、ドゥルーズとガタリにとってマイナー性というのは、マジョリティが中心になって形作られた領土の辺縁にあって、生成変化を促すものであって、それがイコールマイノリティを示しているとも限らないようなものなのです。むしろそうした存在が「一つの個体を構成し、またその解体や変容をうながす様々な関係には個体を触発する（情動をおよぼす）強度が対応するわけだが、そうした強度は、個体の外部

からも個体自身の部分からも到来し、個体が行動を起こす能力を増大させたり減少させたりするのだ。情動とは生成変化のことである」［ドゥルーズ＆ガタリ：198-199］というように、情動を生じさせること、それによって脱構築が起こることが重要なのです。

　ドゥルーズとガタリはさらにスピノザに依拠しながら、一つの身体に何ができるのか、身体が受け止めうる情動によって動物を規定するべきだといいます。例えば種という観点からは農耕馬と競走馬は同じ馬で牛とは違う種になるが、情動群を数えれば農耕馬は競走馬とよりも牛と共通するところが多いということです。そして情動を数え上げることは当然人間と動物の間にも可能なのです。動物は人間以外の存在のなかではもっとも人間に近い情動の束を持つ「中間の存在」であり、人が人を超えた様々な存在へ至る橋渡しをしてくれる存在といえるのではないでしょうか。

　インゴルドはドゥルーズとガタリの中間地点に生じる生成変化のラインというアイデアに大きな影響を受けました。「ラインが示されるのは能動態でも受動態でもなく、中動態においてである」と、ドゥルーズとガタリがその要点をまとめています。生成のラインとは彼らが描くところでは「常に中間にあるものである。それは中間によってのみ得ることのできるものなのだ。生成とは、1でも2でもなく、また2という関係でもない。それはあいだのものなのだ」［インゴルド 2018: 299］というのです。そして地理学者トルステン・ヘーゲルストランドの提唱した共生性の原理を引用しながら、生のプロセスとは人や木、動物など様々なものが絶え間なくとどまり、動き遭遇するものであり、それは描画の線のようにつねに進行中の世界の中で生成する複数の歴史を顕在化させるのだといいます。そしてこれらの線を集め束ねることを通してヒトとモノごとについて理解し、人類学を描き直すことすなわち「ともにあること」を提案します［インゴルド 2021: 509-510］。

　ここまで、動物との間の生成変化という切り口からハラウェイに影響を受けたマルチスピーシーズ人類学と、ドゥルーズとガタリに影響を受けたインゴルドの人類学についてみてきました。異なる二つの立場ではありますが、そのどちらにおいても人間だけが世界をつくり出していると考えるのでは見えてこない世界をとらえようとする試みであることは確かでしょう。

　ここで思い浮かべたのは『powers of ten』という映像の小作品です［Eames & Eames 1977］。建築家・家具デザイナーとして有名なイームズ夫妻が制作したもので、10の power、すなわち10の冪乗の複数形がタイトルの意味です。映像では10の25乗メートル（10億光年）から10分の1ずつスケールを変えて世界を見せていきます。はじめは芝生でピクニックをしている人々を写していたカメラのフレームがどんどん上空の方向へ遠ざかり、人の姿、国、地球、太陽系宇宙の中に消えていくという画が

写しだされたあと、今度は映像が巻き戻るようにしてピクニックをしている人のところへ戻り、そこからミクロの方向、細胞や細菌のような小さな物質、そして分子の世界へと至ります。不思議なのは、マクロとミクロの極限が驚くほど似ているということです。まさに人体の中には小宇宙があり、宇宙は全体として何か一つの生命体をなしているように見えてきます。

　こうした視座をもつことは、人類学が遠近法を大切な視点としてもつことを思い出させます。その点でいえば、自らの内側の細部に宿る他者に気づくことも、人間の外側に他者と主に織り成す世界があると知ることもどちらも人類学らしいものの見方といえるのではないでしょうか。

8. 動物の視点に立つ

　本章でみてきたような新しい潮流が、人類学のなかで広がったことにはいくつかの背景があると考えられます。例えば人新世と呼ばれるような状況、人間活動がほかの生命や環境に大きな影響を与えることを自覚して、ともにある世界を再認識し直さなくてはいけないという問題意識が一つにはあるでしょう。こうした考え方はマルチスピーシーズ人類学や、インゴルドの、諸存在がともあることがこの世界なのだという指摘につながっています。また、この本の第1部や第3部で描かれるような、身体観や生命観の変化も影響しているでしょう。

　そしてもう一つ大きいと思うのは、再帰人類学を経て人類学者自身とフィールドやそこで出会う様々な存在との関係について模索するフェーズにあったということです。このなかで出てきたのが、本書の「はじめに」、で言及した人類学者自身とフィールドで起こる生成変化として人類学をとらえること、そしてそこで出会った他者を「真剣に受け取る」［インゴルド 2020: 20］ことでした。しかし人間だけでなく動物や植物など様々な存在との関係性や、生成変化を含めて世界を描こうとしたときに、例えば南米アマゾニアの人々が、「ジャガーも人も世界の見方は同じだ」といったり、北方のアニミストたちが「動物と話ができる」ということを、真剣に受け取るということはどのように可能なのでしょうか？　そこでは少なくとも人間だけでなく、動物の視点にも立つ必要があるはずです。

　この、人間は動物の視点で語ることが可能かという問題点が、近年特に霊長類学の分野から多く出ていることは注目に値するでしょう。チンパンジー研究者で人類学者の中村［2019］は、VDC の「ジャガーは血をマニオク酒として見る」を取り上げ、「言説は、実はジャガー自身の視点ではない。やはり、アマゾニアの人々がそう語っている、アマゾニアの人々の視点である」と批判します。同様にヒヒの研究を経て人類学者になった菅原和孝も「ジャガーと命がけで格闘する極限的なまでに情動的な経

験に身をそわせるべく苦闘する長いフィールドワークの過程をすっとばしてジャガーのパースペクティブを語ることに、私は根本的な虚しさを感じる」（菅原 2015: 455-456）と落胆を示しています。

　なぜ霊長類学者たちはこのように人類学における動物語りを批判的に論じるのでしょうか？　そもそも日本における霊長類学は、西洋のように人間と動物とを連続したものとしてみることに拒絶反応を示すことがなかったこともあり、霊長類の研究が今西錦司によって始められると、餌づけや個体識別や観察者が群の一員のようにして付き従うという、ある種サルに人格のようなものを認めるような手法で発展しました。また霊長類、特に類人猿の研究は、今西の後継者でもある伊谷純一郎らによって人の進化を明らかにするための手掛かりとして自然人類学や生態人類学との関係を深めていったという経緯があります。ある意味では、霊長類学者はフィールドで動物を追いながら人間とは何かについて考えてきたのであり、人と動物どちらの視点にも立つ必要があったといえるでしょう。こうした系譜に連なるチンパンジー研究者である西江仁徳は、特に存在論的転回以降の人類学者は「他者を理解したい」という共通の動機を動物研究者と共有しているのだから「他者の視点」を語ることについて議論できるのではないかと思うと言い、「しかし、自然主義やマルチスピーシーズを標榜する人類学者が動物の視点を語る際の楽観主義にはやはり違和感を覚えざるを得ない。［…］ジャガーの視点として語られる記述内容がわからないのではなく、むしろか・ん・た・ん・に・わかりすぎ・る・ことが問題なのである。動物の視点を語ることは大変難しいことだ、というのが、動物を長年にわたって観察し続けてきた動物研究者としての偽らざる実感である」［西江 2021: 276］と言います。

　そのうえで西江は、動物の視点を人間が語りえないというわけではない、それは動物の主観的世界に想像によって接近することによってではなく、動物とのコミュニケーションの拡張に伴う自分の経験世界の拡張によって可能だと言うのです。ゴリラの研究者として知られる山極寿一の次の言葉はある意味ではその具体例になるのではないでしょうか。

　　メスのゴリラに前後を挟まれて、一頭のメスは私の頭を齧り、もう一頭のメスは私の足を齧って、大怪我をしたことがあります。そのとき、もう抵抗しようという感じはなくなっていました。しゃあないな、やつらがなすままに任せておこう、と思うと、恐怖が消えるのです。そうすると、お互いを隔てていた壁がどこかで一か所抜けるのです。向こう側の態度が変わるし、こちらも精神的にスッと幕が上る感じがある。そういう感覚を覚えると、すんなり向こうの側から世界が眺められるようになります。［…］我々は今言葉で話をしているけれど、色々な動植物と会話ができる感性を持っているはずです。［…］ただし、人間は身体でもっていろいろな生物

と感応しあって生きています。［…］言葉が通じない動物とどこかで了解しあえる経験をすると、それに気がつかされるのです。面白いことに動物園の飼育係はみんなそれに気がついています。ただ、人間は生まれつき言葉を使ってコミュニケーションをするようにできているから、彼らはあえて言葉で語りかけるわけです。［…］我々が言葉でしゃべっている時、一番嘘偽りのない人間の身体の動きができていて、その体中から発散される色々なタイプのコミュニケーションを、動物たちはそれぞれが持っているコミュニケーション能力で感じ取っているわけです［山極 in 山極＆中沢　2020: 150-152］。

　動物とのあいだに了解するものが増えていくという動物の観察者の実践は、動物とのあいだに生成する情動の束を数えていることと言い換えてもよいかもしれません。そしてここで明らかにされたのは、動物も含めた共同体に生きる人々の動物の話をただ聞くという間接的な情報からはやはり動物の視点を語りえないということです。他者を「真剣に受け取る」ということは、いうまでもなく現地で聞いた話を本当のことだと素直に信じることではありません。しかし動物の視点を知りたいのであれば現地の人と肩を並べて森へ出かけ自身の身体と動物とのあいだの生成変化を経験することは大きな手掛かりになるでしょう。もちろん、現地に人肉食の風習があったからといって人類学者が人肉を食べなくてはいけないわけではないように、狩猟をしなければ現地のことを語りえないわけではありません。しかし、人間の、ではなく動物の視点を知りたいと思うなら、人間の領土を抜け出し、動物たちと同じ空間に身を置くことでしか見えてこないものはやはりあるのではないでしょうか。

ミニ・レクチャー2　異種間のコミュニケーション、異種混合の群れ

山口未花子

　ドゥルーズとガタリは、動物の生成変化には、いつも群れ、多数多様体が関係しているといいます。ハラウェイの伴侶種やインゴルドのともにすまうというアイディアもそうですが、生物学においても、異種の動物たちがその間でコミュニケーションをとり、共同体をつくり出していることが明らかになってきました。
　霊長類学者の足立薫は熱帯地域の霊長類では異種個体が同種群のように一つの群れを形成する混群が見られるといいます［足立 2016］。例えばコートジヴォワールでは7種のオナガザルが頻繁に混群を形成しており、アカコロブスのA群とB群の縄張りは、ダイアナモンキー A'群とB'群とそれぞれ重なっているといいます。ただし異種間でグルーミングなどの社会行動は見られないものの、採食や遊動をともにするなど混群を形成する個体間での相互作用は蓄積されているといいます。
　異種間での緩やかな共同体の形成が可能なのは、山極［山極＆中沢 2020］が述べたようにそもそも動物は異種間のコミュニケーションをする能力をもっているということと深く関わっています。シジュウカラのコミュニケーションを研究をする鳥類学者の鈴木俊貴［2021］

は、シジュウカラはカラスに対して「ピーツピ」と鳴くのにヘビには「ジャージャー」と鳴くというように、鳴き声は種を示す単語としての役割をもっていることを明らかにしました。そしてその単語の意味を、別の種の小鳥たちも理解し、その単語の示す種にあった反応、カラスなら周囲を見回し、ヘビなら地面を確認するといった行動を示します。鈴木によればシジュウカラは十羽前後の群れをつくり、時には他種の鳥とも群れをつくるといい、そうした群れでは様々な分業や協力行動がみられ、こうした社会性の発達が鳥の鳴き声が複雑に進化した原因ではないかと推測しています。

　実は私たちホモ・サピエンスも、犬との同盟によってほかのホモ属のライバルたちとの競争を制することができたのではないかという説もあるように、そもそも犬をはじめとする様々な動物との混群を生きているといえるかもしれません。特にもっとも古くからともにいる犬は、3万年前には家畜化されていたともいわれています。そして面白いことに、身体的には人間に近いチンパンジーよりも犬のほうが、人の目配せの意図をうまく汲むことができるという実験結果も出ています。こうした犬の能力は、オオカミにはないものであることから、進化の過程でそうした能力の高い個体が淘汰圧に耐えて繁殖してきたことは、生まれながらに人と暮らす生活のなかで獲得されたのではないかと考えられています［菊水 2012］。

参照文献
足立薫 2016「環境の他者へ　平衡と共存の行動学試論」『他者　人類社会の進化』河合香吏編 京都大学学術出版会 pp. 357-377.
インゴルド, T. 2018 (2015)『ライフ・オブ・ラインズ——線の生態人類学』筧菜奈子・島村幸忠・宇佐美達朗訳 フィルムアート社 (Ingold, T. *The Life of Lines.* Routledge.)
インゴルド, T. 2021 (2021)『生きていること——動く，知る，記述する』柴田崇ほか訳 左右社 (*Being Alive: Essays on Movement, Knowledge and Description.* Routledge.)
ヴィヴェイロス・デ・カストロ, E. B. 2015 (2011)『インディオの気まぐれな魂』近藤宏・里見龍樹訳 水声社 (Viveiros de Castro, E. B. *The Inconstancy of the Indian Soul: The Encounter of Catholics and Cannibals in Sixteenth-century Brazil.* Prickly Paradigm Press.)
ウィラースレフ, R. 2018 (2007)『ソウル・ハンターズ——シベリア・ユカギールのアニミズムの人類学』奥野克巳ほか訳 亜紀書房 (Willerslev, R. *Soul Hunters: Hunting, Animism, and Personhood among the Siberian Yukaghirs.* University of California Press.)
カークセイ, S. E. & S. ヘルムライヒ 2017 (2010)「複数種の民族誌の創発」近藤祉秋訳『現代思想』: 45-4, 96-127. 青土社 (Kirksey, E. & S. Helmreich The emergence of multispecies ethnography. *Cultural Anthropology* 25: 545-576.)
菊水健史 2012「人と犬を絆ぐ——行動から見た2者の関係」*The Japanese Journal of Animal Psychology* 62(1): 101-110.
近藤祉秋・吉田真理子 2021「序　人間以上の世界から『食』を考える」近藤祉秋・吉田真理子編『食う、食われる、食いあう　マルチスピーシーズ民族誌の思考』青土社 pp. 10-65.
菅原和孝 2015『狩り狩られる経験の現象学——ブッシュマンの感応と変身』京都大学学術出版会.
鈴木俊貴 2021「ここまでわかった！シジュウカラの言葉」日本野鳥の会編『日本野鳥の会のとっておきの野鳥の授業』山と渓谷社.

千葉雅也 2013『動きすぎてはいけない』河出書房新社.

デスコーラ, P. 2020（2005）『自然と文化を越えて』（叢書 人類学の転回）小林徹訳 水声社
（Descola, P. *Par-delà nature et culture.* Gallimard.）

ドゥルーズ, G. 2015（1988-1989）『アベセデール』國分功一郎監修 角川学芸出版（Deleuze, G.
L'Abécédaire de Gilles Deleuze. Pierre-André Boutang.）

ドゥルーズ, G. & F. ガタリ 2010（1980）『千のプラトー――資本主義と分裂病』宇野邦一ほか
訳 河出書房新社（Deleuze, G. & F. Guattari. *Mille plateaux: Capitalisme et schizophrénie,
2.* Éditions de Minuit.）

中村美知夫 2019「「人間」と「もの」のはざまで：「動物」から人類学への視点」『ものの人類学
2』床呂郁哉・河合香吏編 京都大学学術出版会 pp. 259-278.

西江仁徳 2021「チンパンジーの生の技法としての「文化」」床呂郁哉編『技の人類学』京都大学
学術出版会 pp. 257-286.

ハラウェイ, D. J. 2013（2007）『犬と人が出会うとき』高橋さきの訳 青土社（Haraway, D. J.
When Species Meet. University of Minnesota Press.）

ユクスキュル, J. J. B. フォン 1995（1950）『生命の劇場』入江重吉・寺井俊正訳 博品社（von
Uexküll, J. J. B. *Das Allmächtige Leben.* Christian Wegner Verlag.）

ラトゥール, B. 2019（2005）『社会的なものを組み直す――アクターネットワーク理論入門』伊
藤嘉高訳 法政大学出版局（Latour, B. *Reassembling the Social: An Introduction to Actor-
Network-Theory.* Oxford University Press.）

山極寿一・中沢新一 2020『未来のルーシー』青土社.

Eames, C. & Eames, R. 1977. *Powers of Ten.* Eames Office.

Hägerstrand, T. 1953. *Innovationsförloppet ur Korologisk Synpunkt.* Gleerup.（ヘーゲルストラ
ンド, T.『空間的観点からみた変革過程』）Cited in Ingold, T. *The Life of Lines.* Routledge.

Tsing, A. 2012. Unruly Edges: Mushroom as Companion. *Environmental Humanities* 1: 141-
154.

第8章
動物たちとともに世界を生きる

　第2部のここまでの章では人類学の考え方についてみてきました。本章では、少し趣旨を変えて私自身のフィールドワークについて書きたいと思います［山口 2014, 2021］。

　遠く離れた国にまで行って長い時間がかかる大変な作業なのに、そのコストをとってもフィールドワークによって得られるものの価値を認めない人類学者はほとんどいないのはなぜでしょう。私はおなじ場所で人々と様々な物事をともに経験するなかで互いと互いの感覚が少しずつチューニングされていくようなことが起こるところに価値があるのではないかと思います。それは例えば音楽のセッションが、プレイヤーによってまったく違った曲になったり、同じプレイヤーでも時と場合によって異なる展開の曲になるようなものではないでしょうか。だからフィールドワークについて語る前に、まずはそのプレイヤーがどのような人物なのかということを紹介しておきたいと思います。

1. フィールド前夜

　そもそも私は子供のころからずっと動物が好きでした。というより、これまでの章で紹介したように、子供の頃はだれもがもっていた「動物との一体感」や興味・関心をそのままもち続けたといったほうがよいかもしれません。幸い田舎に暮らしていたこともあり、虫や鳥などの動物たちとはつねに生活の中で触れ合うことができました。小学校に上がる頃になるともらったお年玉やお小遣いをつぎ込んでウズラ、ウサギ、ニワトリ、犬、文鳥、山羊を飼うようになり、動物に囲まれた幸せな子供時代を過ごしました。しかし思えばすでにこのころから周りの友人たちの動物離れは始まっていたように思います。

　ただ、中学高校に進学しても私の身に動物離れは起こりませんでした。一つには通っていた学校、自由の森学園が自由を尊重して生徒の自主性を重んじる校風だったことがあると思います。もう一つは実際に動物と触れ合う機会が多かったことです。私は6年間寮生として過ごしましたが、山奥で自然がとても近かったこと、そして生物の先生や生物好きの友人らと一緒に、森を歩いてキノコを探したり、神社に住むム

ササビの観察をしに行ったり、海へ行って面白い漂着物を見つけたりするのが一番楽しい時間でした。

　そうしたなかで、動物と自分の向き合い方について一つのターニングポイントがありました。寮生活をするようになって、実家で飼っていた動物の世話は親に任せっぱなしだったのですが、親が目を離したすきに飼っていた山羊が足を滑らせて井戸に落ち、死んでしまうという痛ましい事件が起こったのです。飼いたいという自分の欲求を満たすために、動物や親にも大きな迷惑をかけてしまったのではないか、悲しみとともにそんな自責の念が湧き起こりました。

　一方でその頃、先生や友人たちと森や海で自然をみることが多くなっていたのですが、そこでみかける野生の動物の姿が生き生きとしているのを改めて実感しました。そして動物は飼うのではなく、野生の動物に会いに行く方がいいことだと思うようになったのです。私がハラウェイのラインで展開したマルチスピーシーズより、ドゥルーズとガタリを受け継いだインゴルドの視点に共感を覚えるのは、それが正しいからというよりも私自身の至った答えに近いからかもしれません。

　そうした経緯もあり、大学では動物生態学を専攻しました。実は私にとってフィールドワークは、人類学以前にまず生物学の方法論として知った言葉でした。大学では西表島で蝙蝠を捕ったり、奈良公園の鹿を数えたり、卒論研究では京都の里山でノウサギの痕跡を数えて土地利用を明らかにしようとフィールドワークに励みました［山口 2008］。

　夢だった動物の研究ができて、初めはとても楽しかったのですが、進学を考える頃になるとこのまま動物生態学を続けることに疑問が出てきました。一つには、動物生態学では1種類の動物を選ばなければならないのですが、1種に絞れないということがありました。そしてもう一つより大きな問題として、動物を研究する方法として、自然科学ではどうしてもデータを数量化し、動物の生態を普遍的なものとしてとらえる必要があるというところに違和感をもつようになっていたということがありました。

　フィールドワークをしていると、データには含められない様々な一回性の出会いがあり、また動物の痕跡という論文で使えるデータ以外にもノウサギの被害を受ける農家の人の話などノウサギとは何かを理解するうえでとても重要なことのように思えることがあるのに、それを削ぎ落さなければなりません。さらに私はウサギを捕獲してテレメトリー調査をしたいと目論んでいたのですが、文献を読み込んで捕獲できそうな方法を試みてことごとく失敗していました。すると当時の先生が「猟師さんならすぐつかまえるけどな」とつぶやいたのです。もしかすると動物を本当に知っているのは生物学者ではないのかもしれない、そんな疑問が生じていた時に読んだのが、アラスカ先住民の研究で知られるリチャード・ネルソンの本でした［ネルソン 1999］。

　ネルソンももともとアラスカ大学で動物生態学を学ぶ学生だったのですが、夏休み
のアルバイトでアラスカ先住民の調査の助手をしたことで、動物を知るための別の方
法があることに気づき、そちらの方が自分には向いていると考えて人類学に転専攻し
たのだと書いていたのです。当時の私はまるで自分のことをいわれているように感じ、
そこから人類学で動物と深くかかわってきた人々の研究をすれば、いろいろな種類の
動物の生態だけでなく他の様々な側面や、そもそも私自身がなぜこれほど動物に魅か
れるのかということもわかるのではないかと思うようになりました。

2. 猟師に弟子入りする

　こうした経緯で人類学の道に足を踏み入れたために、私は他の人類学者たちと大き
く違った目的をもっていました。人類学者は普通、人間とは何かを明らかにしたいと
考えると思いますが、私は動物のことを知りたかったのです。大学院に入ってすぐに、
当時の指導教員だった煎本孝先生に研究計画について相談していた時に、調査対象を
どうするかと問われ、とっさに私が言ったのが「動物を対象にすることはできません
か？」という言葉でした。煎本先生は戸惑いながらもその可能性についていろいろと
考えてはくれましたが、やはり「人と」動物でなくては人類学の研究とはいえないだ
ろうという結論に至りました。

　2000年代初頭当時は、まだ人類学の新しい潮流は日本ではほとんど紹介されてい
なかった時期でしたから、私自身もその時はなるほど、と思い、修士課程では日本の
小型沿岸捕鯨の研究、そして博士課程になってから念願のカナダ先住民の下での
フィールドワークを開始する運びとなりました。しかしそうなると人間を対象にした
研究になってしまうので、第7章で霊長類学から出ていたような懸念、間接的にしか
動物をみることができなくなるという可能性があるのではないかと思われる方もいる
かもしれません。

　私自身、カナダ先住民のことが知りたいということはもちろんありましたが、それ
はそのことによって動物に関する知識や、動物に近づく方法がわかるのではないかと
いうところが大きかったので、フィールドワークが始まったとき、とっさに「私は動
物のことを知りたいと思っているし、自分が猟師として動物を獲れるようになりたい
と思っているので、弟子として猟に連れて行ってほしい」と願い出ました。

　ここで私がとった方法は、インゴルド流にいえば、先住民の世界に入っていき、経
験しながら学ぶことへの積極的な関与を通して人々とともに学ぶこと、と言い換えて
もいいでしょう［インゴルド 2020: 9-20］。そして実は煎本先生もフールドワークは
単にその場で質的なデータを集めることではなく、狩猟や薪割りといった生活の体験
を通して調査対象者とされる人々の考え方と同一化することを可能にするような「経

験的観察法」であるべきだと指摘しています［煎本 1996: 20］。そして調査地から自分の元の生活に戻ることでまた元の自分にもどるものの、それは以前と同じ地点にもどることではなく、経験を通して変化している自分であり、調査対象とされる人々も同様に変化しており、両者は互いに学び合い、そして変化するのだといいます［煎本: 20-21］。指導教員のこうした指針に支えられて、当時まだ研究者自身がフィールドに与える影響を最小限に抑えるのがよしとされるような風潮があったのに対して、私は自分自身の経験を自分の研究の真ん中に据えることができたのだと思います。

　そして、もう一つ私にとって幸運だったのは、調査地であったカナダ・ユーコン準州の先住民カスカの人たちにとって、動物がとても重要な存在であると同時に、狩猟は生活の基本としてあり、その方法を知らない人に教えることは当然であるという規範があったということです。フィールドで「ミカコは生まれるところを間違えた」と言われることがありました。日本人なのに動物のことばかり考えて、狩猟もするし、どんな肉でも喜んで食べる様子がまるでカスカの人のようだというのです。その意味では私は、自分と視点を一にする人々に出会えたということかもしれません。

3. 経験をとおして学ぶ

　そうはいっても 2005 年に初めて調査地に降り立った時、自分がとても浮いている感じがして、なかなかすぐにはなじむことができませんでした。調査地はカナダの中でもつい最近まで伝統的な狩猟採集生活が残っていた地域であり、日本人などほとんど見たことのない人ばかりです。フィールドワークが始まった 2005 年にはまだほとんどインターネットもなく、もちろん携帯も通じないような状況でした。

　ただ、カスカの人たちのなかには日本人によく似た外見をもつ人もいましたので、若くて小柄な私は先住民の子供のように見えたのではないかと思います。そしてユーコンでは、親が子供を育て切らなければ祖父母や叔父叔母、遠い親戚などが預かることは普通で、子供はずっと同じ家で暮らすのではなく、数ヶ月から数年ごとに別の家、別の家族と暮らすことがあたりまえでした。そうした社会的な背景もあり、気づけば私もよその家の子供だけど、狩猟とか動物のことを学びたいから、古老の生活を助けながら一緒に暮らす子供、というある意味では現地のパターンにうまくあてはまる形で溶け込むことができたのだと思います。

　しかしはじめのうちは失敗もありました。例えば、初めて古老Ｆ氏と狩猟に出掛けたときに、GPS で行動の軌跡を記録してもいいかと聞いたところ、ダメだと一言ぴしゃりと言われてしまいました。また、別の時には言語を学ぶワークショップでメモを取ってもいいか聞くとこちらもダメだといわれました。信頼関係がまだできてないうちに、何か自分たちのことを記録されることが（一応調査の許可はとっていたとは

いえ）あまりいい気分でなかったということはもちろんあるでしょう。しかしそれだけではなく、やはり学ぶということの在り方がまったく違うということが背景にあったのではないかと今なら理解することができます。

　カスカの特に古老たちは、まだ定住化していない頃、狩猟採集生活のなかで生まれ育っています。もちろん当時文字などはなく、学ぶことはだれかから教わったり自分が失敗しながら試行錯誤して身につけるようなものでした。例えば私が初めて長期間の罠猟に出掛けたときのことです。一番近い集落から 100 キロメートルほど離れたところの拠点に車を置き、そこからさらに 30 キロ以上の距離をスノーモービルで移動して周囲にだれも住んでいない真冬のユーコンの森の中に行くときの話です。ちなみに調査地は真冬になるとマイナス 50 度になることもある極寒の土地で、積雪量も非常に多く、さらに冬になると極端に日照時間が短いので、11 時から 15 時くらいの間に移動する必要がありました。

　しかし私はそれまで一度もスノーモービルの運転をしたことがなかったのです。ですから数日前から繰り返し F 氏にそのことを話し、ちゃんと教える時間をとってくれと願い出ていました。そしていよいよスノーモービルで出発、という段になったとき、エンジンをかけて動かし方を教えてくれると思った矢先に F 氏はそのまま自分のスノーモービルに乗って先へ行ってしまったではありませんか。私はもしかすると少し様子を見に行ったのかもしれないと思ってしばらく待ちましたが、戻ってくる気配はまったくなく、心細くなった私は見様見真似でボタンを押すとスノーモービルが動き出したので、何とか後を追いかけました。すると少し行った先に F 氏が待っていました。心配してくれたのかと思って近づいていくと、F 氏は「遅い！そんなんじゃ日が暮れてしまうぞ」と怒ってすぐにまた走り出しました。その後を必死に追いかけ、日が暮れる瞬間に森の中の狩猟小屋にたどり着いたとき、F 氏は「よくやった」と一言声をかけてくれました。疲労困憊していましたが不思議な充実感が湧き上がってきたことを今も昨日のことのように思い出すことができます。

　そしてその後も狩猟や罠猟を森の中で古老から教わるときは、F 氏に限らず、まずまねしてやってみる、という形で様々な物事を学ぶことになりました。つまりユーコンの先住民にとって、言葉や文字で伝達される知識にはあまり意味はなく、経験をとおして自分の体にしみこませるような知恵、どのような状況でそのようなことをするのが良いかを判断しながら使う知恵こそが大事なのだということがここからわかるのではないかと思います。ですから、文字や GPS のデータを私が記録しようとしたときに、それはカスカのやり方を学ぶ方法として不適切なんだということが言いたかったのではないでしょうか。

4. 人々の暮らしを支える資源としての動物

　現在カナダ先住民のほとんどが狩猟採集のみで生計を立てているわけではありません。ユーコンでも第二次世界大戦開戦に伴って道路や空港が建設され、それまで遊動しながら狩猟採集生活を送っていた人々のあいだで定住化がすすみ、キリスト教や英語を寄宿舎学校で強制されるということが起こりました。私が狩猟採集を学んだのは主に定住化以前に一通りの知恵を身につけていた古老たちでしたが、そうした古老たちでさえ賃金労働を経験しています。先住民集落に暮らすほとんどの人が現金収入を得ていますが、先住民の世帯当たりの収入はカナダ平均の半額ほどにとどまっていました。現金の不足を補うためにも狩猟採集、漁労をする必要があったといえると思います。

　しかしそれだけが多くの人が猟に出掛ける理由ではありません。私がフィールドワーク中に出会ったカスカのほとんどの人は、一番好きな肉としてヘラジカをあげました。どれほどカスカの人たちがヘラジカ肉を愛しているのかがわかるエピソードを紹介しましょう。ヘラジカ肉の調理の仕方は大きく分けてロースト、ステーキ、茹でる、塩味のシチューの四つです。シチュー以外は基本的には味付けはなく、食べるときに少し塩や胡椒をふる程度です。ヘラジカが獲れた後、あまりにも毎日ヘラジカの肉ばかり食べていたので、たまには変わった味を楽しみたいだろうと日本から持ってきた、とっておきのカレールーを使ってヘラジカカレーを作ったことがありました。ところがみんな一応は「…美味しいよ」とは言ってくれたものの、あまり芳しくない反応です。するとF氏が「美味しいけど、ヘラジカの味がきえちゃっている。せっかくのヘラジカの味が」とつぶやき、「ストアミートで作ったらいいんじゃないか」と続けました。ストアミートとはお店で購入するブタやウシの肉のことです。一方ヘラジカなど野生の肉はブッシュミートと呼ばれ、より価値の高いものと見なされていました。

　ではなぜブッシュミートの方が価値があると見なされているのでしょう。一つには日本人にとっての納豆や梅干のように、幼いころから食べてきたものを人間は美味しいと感じるということがあります。そうした食べ物はそれを美味しいと思う人同士の絆を強める働きもします。フィールドに滞在中、知人が初対面の人に私を紹介する際「この子はインディアン・デリカシー（インディアンの珍味：ビーヴァーの尾やヘラジカの大腸など）が好きなのよ」というのを聞くたびに、仲間と認めてもらえたような嬉しい気持ちになったものでした。

　また、カスカの人々、特に狩猟によく行く人々はそうした動物たちが、どこで暮らし何を食べているのかをよく知っていたことも大きいと思います。猟師は動物を獲ると解体して最後に胃の中を見ます。同じヘラジカでも夏は栄養豊富な水草を食べてい

るので胃の中は真っ黒ですが、冬になると葉の落ちた枝先しか食べるものがないので、白っぽいばさばさした内容物がつまっています。狩猟している時に食んでいた草や暮らしていた土地についても実際自分の目で見ている漁師たちは汚染されていないきれいな川の水を飲み、薬草として使うような植物を食べて育った動物の肉は、清浄で薬のような肉なのだと語ります。

　動物の肉が食べたものでできていることを一番実感したのは、ビーヴァーの肉を食べたときのことでした。カスカの猟師は春先にたくさんのビーヴァーを獲って毛皮を売ったりなめして使うのですが、ほかの動物を食べない動物（草食動物）であるビーヴァーはその肉もよく利用されます。ただ非常に癖が強く、私もはじめは芳香剤のような強い匂いに慣れずあまり食が進みませんでした。その後、森の中でビーヴァーの肉と同じ匂いがするのに気づき近寄ってみると、そこはポプラの森で、芽吹く前のつほみからその匂いが立ちのぼっていることがわかりました。ポプラはビーヴァーの大好物で、特に春先のこの時期、やっと氷が融け、すみかから出ることができたビーヴァーたちはポプラの芽をむさぼるように食べ、そのために肉がポプラの匂いになっていたのです。そして、その肉を食べた私たちの体も、その動物、その動物が食べた植物、その植物を育んだ大地と水からできているのだということ、すなわち Part of the land, Part of the water, Part of the plants and Part of the animal としての私たちということが実感として浮かびあがってくるのです。

　一方でストアミートはどこで何を食べて育ったか自分たちで確認できるわけではありません。しかも TV では劣悪な環境で飼育されていた動物やホルモン剤を打たれて異常に早く成長した不自然なニワトリの話がこれみよがしに流されており、人々の疑いを掻き立てます。もちろん、野菜や穀物より肉がとにかく好きなのでヘラジカがなければストアミートを食べるのですが。

5. ヘラジカを獲る

　ユーコンで経験したことのなかでもっとも印象に残っていることは何かと問われれば、迷わず「初めてヘラジカを獲った時のこと」と答えると思います（図8-1）

　それはフィールドに初めて入った翌年、9月のことでした。それまでにも、狩猟自体には同行したことがあったのですがなかなかヘラジカが獲れずにいました。例えば2008 年の 8 月に猟に出た際は 1 週間ブッシュに滞在したのですが、途中からどんどんF氏の表情が曇りがちになり、無口になっていきました。結局ヘラジカは獲れないまま予定より早く滞在を切り上げて町へ戻りました。そして 9 月に改めて猟に出掛けたのです。

　カスカの人々は現在基本的に集落に定住しています。しかし、集落の外側に広がる

図8-1　フィールドワーク中にF氏がはじめてヘラジカを獲った

　広大なブッシュの中に親族ごとでよく使う場所があり、その中に小屋を建てたり森に
道を作ったりして、狩猟採集する場所を維持していました。そして春先の薬草採集や
ビーヴァー狩り、夏から秋にかけての狩猟やベリー摘み、漁労など、そして冬の罠猟
や氷下漁、そして薪の採集のために数日から時には数ヶ月の時間をとってブッシュに
滞在していました。

　ブッシュの中の拠点までは車で行ける場合もありますが、多くは先述したようなス
ノーモービルや小型の船外機付きボート、そして時には小型の飛行機が使われました。
特に川を船で行くという人が多く、F氏もその一人でした。

　狩猟中に滞在する拠点にはもちろん電気もガスも水道も通っていないので、滞在期
間に合わせて食料や燃料などを持っていかなくてはなりません。また、銃やナイフな
どの手入れをしたり弾を補塡したりといった狩猟の準備も必要になります。さらに、
川の上流にまで十分な水量がなければ上流の猟場へ行けないので、その時の川の水量
や天候で上流地域の降雨量などを確認したりもします。しかしそうした準備がすべて
済んでいるように見えても、なかなか猟に出ないこともありました。2006年の8月に
手ぶらで集落に戻った際も、すぐにまた出かけると思ったのですが結局出かけたのは
1ヶ月ほどたってからのことでした。

　猟に出るか出ないかは大体その前日くらいに急に決まります。そして船で8時間ほ
ど川をさかのぼったところにある小屋（図8-3）にたどり着くと、荷物を運びこんで
掃除をし、簡単な夕食をとると次の日に備えて眠りにつきます。

　実際にヘラジカを探すのは大体早朝と夕方の「ハンティング・タイム」と呼ばれる

図8-2　船を操縦するF氏

時間です。この時間帯にヘラジカは移動することが多いので、見かける確率が高いからです。その日も朝6時頃船に乗り込み川をさかのぼりました。そうして10分ほど船を走らせていたでしょうか、川岸で草を食むヘラジカがいました。慌てて銃を手に取って舳先へ移動するF氏に突然操縦かんを渡されましたが船の操縦はこの時がはじめてだったので（よくあることですが……）船は大きく揺れてしまい、銃口がなかなか定まりません。F氏は悪態をつきながらもなんとか銃を構えて撃ちました。ヘラジカの巨体がドシンと倒れます。

　船を岸につけF氏はとどめの一発を頭に打ち込むと、ヘラジカは動かなくなりました。F氏はてきぱきと枝を地面に敷いてその上で解体を始めます。私も少し手伝いますが、ほとんど一人であっという間に大きなヘラジカの肉を持ち運べる大きさに切り分けていきます。

　ここで一休み。取れたての肉の中でもとりわけおいしい横隔膜や大腸などを持参したフライパンで焼いて食べます。一仕事終えた充実感と空腹だったこともあいまって、人生で一番といってもよいくらいのおいしさでした。

　そして肉を船に積み込み、小屋に戻ると少し休憩して肉を森の中に吊るして、火を焚き煙をあてながら肉を熟成させます。

6. 身体を贈与してくれるヘラジカ

　一通りの作業が終わり、お茶を飲みながらくつろいでいたときF氏が「ヘラジカがこっちを向いて撃つのを待っていてくれたのがわかったか？　私たちがどうしてもヘ

図 8-3　川沿いに立つ狩猟小屋

ラジカの肉が必要だと強く思っていたから、ヘラジカが来てくれたんだ」と話しだしました。そしてヘラジカが夢にでてきて、どこに行けば出会えるか教えてくれたり、狩猟中に不思議な鳴き声で鳴くことで、親族の不幸などを教えてくれたりするのだということなどにも話は及びました。

　また、この時には気づかなかったのですが、あとから解体した肉の部位を確認したところ、気管が見当たらなかったので尋ねると、木の枝に吊るしてきた、と言うのです。そこで別の機会に注意して見ていると、解体がすべて終わった後に気管を近くの木の自分の頭くらいの高さの枝にぶらさげていました。なぜそんなことをするのか聞くと「こうすれば風が通った時にまたヘラジカの魂が息をすることができて、そうすれば血や肉や骨が再生して元のヘラジカの姿に戻る」からだと言います。つまりヘラジカは撃たれて死んだのではなく、肉や皮は人間に与えても、魂は気管に残っていて、人間が正しく儀礼をしてくれれば、再生し、生き続けることができるのです。

　この日を境に見えない次元でのカスカの人々と動物との関係というものが少しずつ見えるようになってきたように思います。例えば、前回ヘラジカが獲れないのに町に戻ったのは、ヘラジカが出してくれていたサインを見過ごしてしまい、良いサインがなくなってしまったので今回は獲れないと判断したためだったのだそうです。また、猟に行くタイミングを決めるときにも、夢でヘラジカが語り掛けてくれるのを待っていたのでした。

　さらに面白いのはヘラジカの頭部を解体するとき、必ず目玉をくりぬかなくてはいけないということでした。ヘラジカの肉体は動きを止めても、目を通してすべてのヘ

ラジカ（ヘラジカの集合意識のようなもの）はあらゆるヘラジカの目を通して世界を見ているので、ヘラジカの頭部が焼かれたりするところを見せるのはよくないからです。これはヘラジカに限らず肉を食べる動物すべてに対して行う儀礼でもあり、肉を贈ってくれた動物への礼儀なのです。

　またここからは、動物は人間をよく見ていて、贈り物を丁寧に礼儀正しく扱っているかをしっかりチェックしているということもわかります。そして、例えば贈り物をあげたのに受け取らなかったり、肉だけ食べて毛皮を捨ててしまったりするような礼儀知らずのところには、しばらくやってきてくれなくなります。例えば魚のキャッチアンドリリースは、資源の保全という観点から推奨されていますが、ユ、コン先住民にとっては贈り物を突き返す礼儀知らずな行為として厳しく非難されます。このようにＦ氏をはじめカスカの猟師、特に古老たちは、日常的に動物の目を意識しながら生きているのです。

7. 人と動物の同一性

　ヒトよりの動物のほうが圧倒的に多いユーコンの森の中で暮らすカスカの人々と動物との関係には様々なものがあります。例えばヘラジカの解体をしているとウイスキージャックという小鳥が肉の匂いにつられてやってきます。そこで、小さな脂身をとって「ウイスキージャック、ウイスキージャック、今度はヘラジカの場所を教えてくれる？」と問いかけてウイスキージャックが返事をしたら脂を投げてやるといい、とＡ氏は言います。

　Ａ氏は日常に起こる様々な物事を動物との関係によって理解できると考えている節がありました。例えばある冬、例年にない積雪で、人々はおかしいね、異常気象かしらなどと話をしていた時に、Ａ氏はもしかするとリスが冬の食糧として蓄えた松ぼっくりを人々が盗んだからかもしれないと思い至りました。リスには真っ白なチーフがいて、とても強い力をもち天気を変えることができるのだそうです。昔Ａ氏の母親がリスに罠を仕掛けて白いリスがかかったことがあり、その年天候は大荒れだったといいます。そして、Ａ氏は、松ぼっくりをとったら、代わりにピーナッツバターを置いておいてあげればいいのに、今どきの若い者は知らないからリスのチーフが怒ったんだ……と考えたのです。

　また、動物の霊的な強さは、リスのチーフのような特別な個体から及ぼされることもありますが、それは種によっても違います。例えばユーコンで非常に恐れられているのはヒグマです。クマは捕獲して食べることは本来あまりないのですが、飢えたときにはどうしても食べてもいいということで、Ａ氏も生涯に一度だけ母が獲るところを見たといいます。その時は他の動物のときとは違って、まず頭部から目をくりぬき、

木の枝の高いところにおいて、そこにいるクマの霊に「とてもおなかがすいていて困っていたんです」などと話しかけながら細心の注意を払って解体をしたといいます。さらにクマを獲った翌日、キャンプ地にヘラジカが現れたのだそうです。「クマが私たちをかわいそうに思ってヘラジカをよこしてくれた」とA氏は教えてくれました。

　しかしその動物の大きさや強さに比例して霊的な力が強いのかというと必ずしもそうではありません。この地域でもっとも霊的な力が強いとされているのはカエルです。カエルを見かけたら、丁寧に手のひらにおいて踏まれないような安全な場所に移して、「私たちのところにこないでください」と願います。また小さなシマリスやモモンガなども霊的な力が強いので非常に恐れられています。

　一方で、A氏は例えば空気が乾燥して山火事が増えたときなどは、怒らせると雨をふらせるというクモを見つけ出して殺していました。つまり動物との関係を戦略的に結んだり切ったりすることで、世界の均衡を維持しようとしているのです。またこうした実践からは動物にも人格のようなものがあり、人間と交渉可能な存在であるということも理解できると思います。

　さらに人と動物は結婚し子供をなすこともできます。A氏は甥の家に毎朝決まった時間にヘラジカがくることが気になっていました。「あのヘラジカは甥を結婚相手として狙っている。心配だわ、甥は森の中の家に一人で暮らしていて人間より動物に会うほうが多いから……」というのがその理由でした。別の時には私が犬と遊んで家に帰ると、突然「犬が人間の娘をだまして結婚した昔話」を話し始め、「だからあんまり犬と仲良くすると危険だよ」と教えてくれたこともあります。

　こうしたカスカの動物観は、言葉にもよく表れています。カスカ語でデネというのが「人」を意味する言葉で、カスカならカスカ・デネ、トリンギットならトリンギット・デネとなります。動物たちもふだんはただのヘラジカ（ケダ）やオオカミ（ツヨネ）ですが、ケダ・デネやツヨネ・デネになるときもあります。ところが白人はツクコン、でありデネはつかないのです。つまりカスカの共同体の中にはカスカやトリンギットなどの先住民の他にヘラジカやオオカミは入っているのですが、白人はその外側、別のカテゴリーに属する存在なのです。そう考えるとユーコンの動物たちは、カスカの人々にとって隣村の住人、というくらいの近さであると考えることができるのかもしれません。

8. メディシン

　人間同士の関係にも濃淡があるように、動物との関係にも種によって、あるいは個体によってまた違った付き合い方があるということもわかってきました。例えばカスカ個人と動物のもっとも親しい関係はメディシン・アニマルと呼ばれる動物の守護霊

のような存在との関係です。人間を助けてくれる動物は、例えば空の上から周囲を見渡して獲物の場所や危険を教えてくれるワシや、森の中のことをよく知っていて迷ったときに帰り路を教えてくれるキツネなど、それぞれの能力によって人を助けてくれますが、その動物霊を食べるか食べないかも含めた関係の在り方は、同じ動物種のメディシンでも人によって違うことから、個人的な関係であることがわかります。また、基本的には他の人には明かさないのでそれぞれの人がどんなメディシンをもつのかということは、同じコミュニティのメンバーでも知らないことが多いようでした。

　私よりも前に同じ地域でフィールドワークを行ったホニッグマンは動物霊とどのようにして関係を結ぶのかについて、民族誌の中で「シャマンの能力は、ヴィジョン・クエスト[1]などの際に、孤独な場所で動物の夢を見ることによってもたらされる。14、5歳になった男子は父親に一人で森に行くように告げられる。力を望む若者は寝る前に強く願ったり、事前に食事の量を減らしたりする。シャマンの能力を手に入れることは、ヴィジョン・クエストに成功したことを示し、動物との会話や何らかのシンボルを与えられることで動物霊との契約が結ばれたことを意味する。したがって、すべての男は潜在的にシャマンであると見なされた。稀に女性でも、特別な夢を見るなどしてこうした力を得ることがあった」[Honigmann 1954]と書いています。

　確かに私が話を聞いたなかでも森の中で困っていた時に助けてくれたり、夢の中で助言を与えてくれたり、動物のほうからやってきてくれることが多いようです。しかしそれだけではなく、親や祖父母から受け継いだという話も聞きました。例えばA氏は「母のメディシンはライチョウだった。母がブッシュに行くといつもライチョウが5、6羽出てきて、母の傍をずっとついて行った。母は、ライチョウに手を出さないようにと私に言った。母はライチョウを食べなかったと思う。ライチョウはいつもヘラジカの場所を教えてくれた」と話してくれました。

　A氏自身、自分のメディシンについて明言は避けながらも、小さな箱のような「巣」の中にいて困ったときに助言を与えてくれるのだといいました。また、別の時に、私が森へ行くといつもライチョウが出てきてヘラジカの場所を教えてくれる、と話してくれたことがあります。ですからA氏は母からライチョウのメディシンを受けついだのではないかと考えられます。

　ところで、ホニッグマンは男性の成人儀礼としてのヴィジョン・クエスト、というある種当時の人類学の枠組みを援用してメディシン・アニマルと人の関係を理解しようとしているように見えます。しかし私のフィールドワークのなかでは、女性がメ

1　思春期のアメリカンインディアンの少年の通過儀礼。通常は擬人化された動物など霊性を備えた守護霊から精神的な力、アドヴァイスや保護を得るためにそれらとの夜更かしの交渉経験から学ぶ超自然的な体験。

ディシンをもつことや狩猟の実践は広く見られました。そこには時代の変化もあると思いますが、調査する側、アメリカ人の男性だったホニッグマンと、日本人の女性である私が、異なる属性や異なる問いをもつ存在であったということも影響しているのではないでしょうか。調査者自身の視点はもとより、カスカの人々が人類学者に抱く印象も大きく違うのではないかと思うからです。

9. 動物のリズムと出会う

　ここまで読み進めてみて、読者のなかには、メディシンや動物との同一性といった話をどのように「真剣に受け取る」ことができるのだろうかと疑問に思う人がいるかもしれません。もちろん森の中で狩猟をともにしたり、日々の暮らしのなかで動物たちと出会う場面を重ねていくと、動物を見る視点が変化したり、人々の話が突然理解できたように思えることがあります。私にとってもいくつかのこと、例えばメディシンとはいったいどのように理解可能なものなのかということは長い間答えのでない問いでした。

　しかし理解は突然生まれます。50年以上、一人山の中で伝統的な暮らしを続けている古老G氏に会いに行った時のことです。G氏はメディシン・アニマルについて「自分はクマのメディシンをもっている。クマが自分の近くに来ると、クマの見ているものが見えるようになる。まるでラジオをチューニングして、チャンネルが合うと音がクリアに聞こえるみたいに」と教えてくれました。横にいたG氏の友人が付け加えるようにしてこう言いました「ある時彼と一緒に猟に行った時のこと、Gが自分の後頭部が見えると言いだしたんだ。何のことか初めはわからなかった。そしたら、後ろにある山の中腹くらいから自分たちをクマが見ている、と言うじゃないか。半信半疑で後ろの山を見ていたら、ちょうどGが示したあたりの藪が動いて本当にクマが出てきたんだ」。

　G氏はまた、「森の中でずっとドラムをたたきながらクマに呼び掛けていたら、メディシンになってくれた。そうやって6種類のメディシンを自分はもっている」とも話してくれました。

　森の中で音というのは大きな存在感をもっています。体の大きいクマでもほとんど音をたてずに森の中を歩けるのに、都市で生活していた人が森の中に行くと、ただ歩くだけでとても大きな音をたててしまいます。そしてそうした人間のたてる音は森のリズムを乱すものです。動物はその音を聞いて身をひそめたり逃げたりしてしまいます。ですから森のリズムをつかみ、そこに身体を同調させることは森を歩くときの基本です。F氏と初めて森へ行ったとき着ていたゴアテックスのレインギアを「なんだその服は、音が出るじゃないか、ウールが一番いいんだ」と怒られたことがあります

が、確かに森の中でゴアテックスのこすれる音は異質な存在を顕在化させるものでした。

　そして生き物というのは、心臓の鼓動のリズムを日々感じながら生きているのであり、ドラムという楽器は「心臓の動きを止めることもできるし動かすこともできる」といわれるように、生きもののリズムをコントロールし、同調させることを可能にするような楽器です。「歌ったり、作曲したりすること、描くこと、そして書くことには、おそらく生成変化を解き放つ以外に目的はないのだ。[…]音楽固有の内容とは音の分子であり、微粒子間における速さと遅さの関係である。こうして動物への生成変化は分子状の生成変化に合流する」[ドゥルーズ＆ガタリ 2010: 233-234]というドゥルーズとガタリの言葉にもあるように、音楽を使って動物との間に響き合うものを生成させることができれば、人と動物はそれぞれの領土を離れて群れをつくることができるのかもしれません。

　こうした事例からは、そもそも音楽というものは人間の間だけで奏でられるものなのかということも考えさせられます。第7章で紹介した、動物とのコミュニケーションということが、歌、あるいは歌も含めた身体表現の根源にあったのかもしれない[山口 2021: 140]ということもふくめて、リアリティをもってメディシンの実践をとらえることができるようになりました。

　そして動物の声に耳を澄ますことは、人間の身体を開放していくことでもあることに気づきました。1年のほとんどをユーコンの森で過ごし、久し振りに日本に戻ってすぐに渋谷のスクランブル交差点を渡ろうとしたときのことです。雑踏の中で私は全方向から押し寄せてくる群衆を前に立ちすくんでしまいました。開かれた身体では都市は生きられないと感じた瞬間でした。逆にいえばふだん私たちは身体を閉じた状態、本来もっている知覚を使わないで日々暮らしているということでしょう。

10. 学んだことをなぞる

　このように、少しずつカスカの人々の話を私なりに了解できるようになってきた一方で、例えば「動物と話をする」ことが自分にはできないことなど、どうしても乗り越えられないように思える壁にも突き当たりました。そんな話をするとF氏はいつも「大丈夫、カスカじゃなくても、先住民じゃなくても、日本人でも動物と話すことができるようになる。なるべく森の中にいて、動物のことを考えていることだ」と励ましてくれました。

　しかしフィールドに通うようになって10年がたったころ、よき師であったF氏が病に倒れます。当時すでに日本で大学の教員になっていた私はちょうど日本での狩猟を始めたところでしたが、それはF氏が「次は動物から教わらなくてはいけない」と

進言してくれたからでした。あるところまでは人間が教えられるが、本当に大切なことは森の中で狩猟をしている時に動物から学ぶものだからというのです。

　初めて自分で小さなイノシシを獲ったのは、Ｆ氏を見舞うためにカナダへ旅立つ前日でした。病床ですっかり痩せ細ったＦ氏にそのことを報告すると、ことのほか喜んでくれました。私が猟師として独り立ちできそうなこと、自分の教えが受け継がれていくこと、それは教員になった私が知恵を伝える役割を古老から受け継いだことを自覚した瞬間でもありました。

11. 北海道の森でシカを追う

　日本で猟を始めたころは、森の中をどう歩いていいかわからず途方に暮れることもありました。それでも今まで教わったことを思い出しながら、シカの気持ちを想像して森を歩いているうちに、気がつけばいつも自分の足跡の下にシカの足跡が重なっていることが増えてきました。シカの体は、北海道の森で一番人間の大きさに近く、森の中にシカがつけくれた道は人にとっても通りやすい道です。逆に、新雪の上をスノーシューでつけた私の足跡の上にシカやキツネの足跡が重なっていることもあります。

　足跡を見ていると、シカやクマの気持ちはわかるような気がします。ここで私に気づいて引き返したんだな、とか、藪の中はすたすたと歩くのに餌がある場所に来たからゆっくりと歩いているなということも足跡から想像することができます。しかし小さな動物たちの足跡を読み解くのは難解です。小さなイタチの仲間が縦横無尽に雪の上を駆け回ったあとは、楽しくて仕方なかったとしか思えませんが、何かほかの理由があったのでしょうか？

　森で見かけるシマリスも驚くほど人間の近くまで来たりして、あまり人間を意識していないような感じがします。カスカの人たちが小さな動物に強い力があると考えたのも、人を怖がる様子もなく自由に森の中を駆け回る姿を不思議に思ったからかもしれません。シカと私の間で共有できる情動は多いのに、小さな動物たちとの間に情動を数えるのは難しいのです。

　人間は視覚優位の動物なので、ついつい目で獲物を探そうとしますが、森に通っていると、もっと他の感覚も使うようになります。例えば秋口はオスが近くにいるとツンとする匂いがします。以前西表でイノシシ猟を見せてもらったとき、罠から逃れたイノシシを匂いを頼りに見つけだした猟師さんがいました。私には嗅ぎ取れない匂いをその猟師さんがたどることができたのは本当に不思議でしたが、経験を積めば匂いが輪郭をもって動物の姿を浮かび上がらせてくれるようになるのでしょう。

　動物を探して見つけることと同じくらい大切なのが動物から姿を隠すことです。不

思議なことに足跡がたくさんついている森を歩いても小鳥以外の動物に出会わない時間が長いのですが、そんなときも動物の視線は痛いほど感じています。自分の出す様々なシグナルが森の中では大きく、目立っていることがわかるからです。しかし動物の鋭い感覚から逃れることは難しいので、むしろそこにいることがあたりまえであるかのようによそおうことを心がけます。

　森を歩いている時、自分の身体の存在を特に意識させられるのはやはり音です。枯葉を踏みしめる音、枝が服とこすれる音。雪の上を歩くときでもきっと動物の耳には届いているだろうと想像しながら歩きます。だから好んで歩くのは川沿いの道です。川のせせらぎが足音を隠してくれるからです。そしてゆっくり穏やかなリズムで歩き、周囲の音と調和させることによって自分の姿を風景に溶け込ませていきます。

　本書の「はじめに」で紹介したハナレグミの歌のように、私が歩く音のリズムが描き出すラインが歌になっていくような感覚。足音がうまくまわりの音と調和し一つのフレーズがうまれ、その響きが森を歩いていた別の動物の音と重なって一つの歌になるような瞬間が訪れることがあります。そんな時、動物と私の間にはお互いがお互いの動きと呼応するような、視線が糸のように2人をつなぐような瞬間がおとずれて、まるでそのことが決まっていたかのように、自然に銃の引き金を引くことができるのです。不思議なことに動物との呼吸が合わないときは、歌は途中で途切れてしまい、弾を落としてそれが地面にあたる音や、逃げ出すシカが笹の茂みをかき分ける音だけが響き渡り、捕獲に至らないことが多いのです。

　ここまでの私の足どりをみると、まずはカスカの人たちの背中を追って肩越しに動物を見ていたのが、やがて肩を並べて動物と対峙するようになり、そして今さらに一歩踏み出して動物のなかに入って行こうとしているところといえるでしょうか。そして私がフィールドワークのなかで、カスカの古老たちや狩猟のなかで動物たちから知恵を学ぶ過程で起こった生成変化、別の言い方をすれば経験を通して真理とつながることが起こったのだということをおわかりいただけたのではないかと思います。

12. 動物の言葉に耳を澄ませてみよう
　こうした知恵が今必要な時代が来ていると感じています。このことはすでに人類学者の岩田慶治が次のように述べています。

　　森も草木も、言葉をしゃべるはずがない。自分から、自分の思想を語るわけがない。それにもかかわらず、われわれは山や川や、森や木の言葉を聞きたいと思っている。そういう時代になったのだ。
　　人間の言葉がなんとなくいかがわしくて、信じられなくなったからである。

　人間中心主義が問題だったのだ。人間が地球の主人公になって生き物たちを支配
する。自然を征服し、制御し、改造して、人間中心のシステムをつくりあげた上で、
それを利用しつくす。そういう考え方、行動の仕方に賛成できなくなったのだ。
　そこで自然の声を聞き、森の思想をさぐりたい。誰もがそう思うようになった。
　もっとも、そうはいっても、鳥の声のように草木の声が聞こえ、そこから森の思
想を読みとることができるかというと、そうじゃない。将来はできるかもしれない
が今はできない。そこで森の中で、森とともに暮らしつづけてきた民族の文化の中
から、森の声、森の思想を読みとりたいのだ［岩田 2005: 45］。

　人間だけを他の存在と切り分けて特別視することは人間だけが他の生き物がともに
すまう空間から疎外されることです。そうした人間と動物との間に引かれた境界を越
えて同じ世界を生きる仲間として言葉を交わしながらこの世界を生きること、それが
人新世とも呼ばれる現在必要とされていることなのではないでしょうか。そのための
知恵を森の民や動物自身から学び、伝えることができる学問は人類学を置いてほかに
ないだろうと考えています。

参照文献
煎本孝 1996『文化の自然誌』東京大学出版会.
岩田慶治 2005『木が人になり、人が木になる』人文書館.
インゴルド，T. 2020（2018）『人類学とは何か』奥野克巳・宮崎幸子訳 亜紀書房（Ingold, T.
　　Anthropology: Why it Matters. Wiley.）
ドゥルーズ，G. & ガタリ，F. 2010（1980）『千のプラトー——資本主義と分裂病』宇野邦一ほか
　　訳 河出書房新社（Deleuze, G. & F. Guattari. *Mille plateaux: capitalisme et schizophrénie,*
　　2. Édition de Minuit.）
ネルソン，R. K. 1999（1989）『内なる島』星川淳訳 めるくまーる（Nelson, R. K. *The Island*
　　Within. Vintage.）
山口未花子 2008「京都府南部里山地帯におけるニホンノウサギ（*Lepus brachyurus*）の冬季土地
　　利用」『森林野生動物研究会誌』33(0): 12-19.
山口未花子 2014『ヘラジカの贈り物』春風社.
山口未花子 2021「語り合うカスカと動物霊」奥野克巳・シンジルト編『マンガ版マルチスピー
　　シーズ人類学』以文社 pp. 125-143.
Honigmann, J. 1954. *Culture and Personality*. Harper & Brothers.

動き続ける音の世界

加賀田直子

　私は 2020 年から 2021 年にかけて北海道知床半島で狩猟を行う人々のもとでフィールドワークを行いました。狩猟に同行し山林を歩く際、自身の身体から発される音は、やけに大きく感じます。足音、衣ずれ、動物に気づかれないようできるだけ音をたてずにいたいのですが、自分の意思に反して音は出てしまいます。動きを止めると、あたりは静かでなにも聞こえません。しばらくして耳が慣れてくると、風が木々を揺らす音、鳥の鳴き声、虫の羽音、音源がよくわからない音まで、自分が動いていた時には埋もれていた音がかすかに聞こえ始めました。降雪の季節はなおさら雪に音が吸われ、寒さも相まってか張り詰めた緊張感のある静けさが広がります。そしてその静けさのなかで、獲物となる動物が発する音を待ちます。音は振動であり、聞こえてくる音は動きそのものである、ということを狩猟はまざまざと突きつけてきました。
　現代音楽家ジョン・ケージの沈黙に関するある有名なエピソードがあります。完璧な無音を期待して無響室に入ったケージは、そこで二つの音を聞きました。エンジニア曰く、それらは高い方が彼の神経系統が働いている音であり、低い方は血液が循環する音だといいます［ケージ 1996: 49］。この体験からケージは、そこに身体があり健全な耳がある限り完璧な沈黙はありえないという確信に至ります。音のない素材として作曲家の操作の対象となる沈黙が、実は作曲家の操作が及ばない、意図しない音に満ちた状態であるという気づきは、『4分33秒』をはじめとするその後の彼の創作活動において重要な基盤となりました。自分の生命・身体があるかぎりそれが発振器となりそこに音が生まれ、聞くべき耳があれば音は聞こえ続けるというのです。
　人類学者エドモンド・カーペンターはマーシャル・マクルーハンとともに聴覚によってとらえられる空間について聴覚的空間という概念を提唱しました［マクルーハン＆カーペンター 2003: 63］。彼らによると聴覚的空間は「固定した境界のない球形であり、もの自体によってつくられた空間」で、「仕切りのある絵画的空間ではなく、絶えず流動し、刻々それ自身の次元をつくるダイナミックな空間」であるといいます。視覚的に明確な境界線をひくことのできない音、ひいては振動、動きは、身体が知覚するかぎり生成され続けています。私たちが静けさを感じる時、それは必ずしも無音であるということを意味していません。そこには小さくとも動き続ける世界があります。

参照文献
ケージ，J. 1996（1961）『サイレンス』柿沼敏江訳 水声社（Cage, J. *Silence: Lectures and Writings.* Wesleyan University Press）.
マクルーハン，M. & E. S. カーペンター 2003（1960）『マクルーハン理論――電子メディアの可能性』大前正臣・後藤和彦訳 平凡社（Carpenter, E. S. & M. McLuhan (eds) *Explorations in Communication.* Beacon Press）.

第3部 生命：自然と文化の基層としての

波と大海、柄と地、生物と生命（撮影：小田博志）

第9章　生　命

第10章　言　葉

第11章　平　和

第12章　エスノグラフィー

第9章
生　命

　この章の要点をまずお伝えします。それは、生命とは自発の動きである、ゆえに人間は生命をコントロールできない、ということです。このような生命が人類学でなぜ問題になるのか、そしてこの生命論的な存在論を前提としたとき、人類学はどのような姿になるのかを明らかにします。

1. 自然と文化をつなぎ直す

　私たちにあたりまえのことから出発しましょう。大学において、理系と文系との区別はごくあたりまえに思えます。いわゆる理系で学ぶのは「自然科学（natural science）」で、理学部、工学部、医学部、農学部、水産学部などが含まれます。これに対して文系は「人文社会科学（human and social science）」に相当し、文学部、法学部、経済学部、教育学部などに分かれます。理系では「人間」抜きの「自然」現象が、数量化する方法によって「客観的」に研究されます。他方の文系においては「自然」から切り離された「人間」だけの思想、心理、社会、法律、経済などを探求します。今ではあたりまえになっているこの区別も、歴史をさかのぼってみると決してあたりまえのものではありませんでした［隠岐 2018］。17 世紀ごろヨーロッパに起こった「科学革命」によって、人間が自然を「客体」として数学的に測定する「自然科学」が成立してゆき、その反面で自然から切り離された「主体」としての人間に関する「人文社会科学」が分化したのです。人類が自らを自然から切り離し、自らにのみ行為主体性を帰属させて、自然をモノ（客体）として測定、所有、支配（コントロール）するというパターンが、まず科学という分野、そして 18 世紀半ばからの産業革命を経て社会のすみずみに浸透していきました。これがいわゆる「近代社会」の成立です。近代社会の内部では、経済発展が至上の目的となり、それを担う企業・会社が社会の基本的な単位となって、そこで従事する「人材」を生産するために学校という機関が設立されました。近代においては学校に通うという価値は疑われることがありません。子どもたちは生まれ育った地域から切り離されて、学校に包摂され、規格化された頭と体の使い方を身につけさせられます。学校を卒業すると「就職活動」を経て、会社や役所に就職して、賃金労働者となり数量化を前提とする貨幣経済に組み込まれます。

　このようにして人類は現代において物質的な繁栄と経済成長を享受しているかに見えます。しかしその裏で、公害、環境破壊、気候危機などの問題が深刻になり、それは私たちの子孫の生存を危うくするほどのものです。自分たちが生き残れないような方向に向かう成長を「成長」といえるのでしょうか。

　また近代という時代は、世界各地の先住民族にとっては大いなる災厄でした。列強と呼ばれた欧米諸国、そしてそこに明治になって参入した日本は、海外に植民地を求めて覇権を争いました。土地と資源を収奪し、また生産した商品の市場とするためです。そこに暮らす人々は「自然」に近い「野蛮・未開」の民として一方的に蔑視・差別され、その文化は否定され、「文明」に引き上げると称して強制同化政策の対象とされました。植民地主義という暴力の背後にも自然と人間との分離があったのです。この分離は、「自然」と「文化」の分離としてもとらえられます。後述のように近代において「文化」は人間に固有の領域として定義されてきたからです。自然／文化のつなぎ直しの問いは、脱植民地化という課題にも深く関わりがあります。

　さて、私たちはいま「文化人類学」という分野を学ぼうとしています。これは「人類学（anthropology）」という総合的な分野の下位分野です［川田 1988］。「人類学」とは読んで字のごとく人類（anthropos）に関する学（logos）です。ここで「人類」とは他の動物種から区別され、「直立二足歩行」をする動物として生物学的に定義される「ヒト」のことです。この「ヒト」は約700万年前にアフリカで類人猿から進化したと考えられ、その「ヒト」科の新しい種である現生人類（ホモ・サピエンス）がやはりアフリカに登場したのが約20万年前とされています。その人類がアフリカから地球各地に拡散し始めたのが約5万年位前とされ、現在地球上に生きている人類はすべて一つの生物種に属します［海部 2005］。ここで「人種」という概念には注意が必要です。それは人類がさらに違う複数の「種」に分けられるかのような印象を与えるからです。「人種」の違いによく結びつけられる肌の色の違いは、環境要因、特に日光の紫外線量と生体側の要因、特に皮膚のメラニン色素との相関関係から生じる表面的な違いに過ぎず、決して優劣の差につながるものではありません。むしろ肌の色の違いは、人類の生物としての智慧の現れだといえるでしょう。

　人類を他の動物種から弁別する（直立二足歩行という行動形態以外の）特徴が「文化（culture）」だとされてきました。人類に特有の文化的能力によって地球上の様々な環境に適応できたというわけです［海部 2005］。それぞれの環境に合わせて形成された生活様式（ways of life）も人類学においては「文化」と呼ばれます。こちらは複数形の文化（cultures）です。「文化人類学（cultural anthropology）」のオーソドックスな定義は、人類の文化の多様性と共通性を、個別の文化におけるフィールドワークとそこから得られた知見の比較を通して明らかにすることだといえるでしょう。これ

に対して人類の生物学的な側面を主として「自然科学」的なアプローチによって研究する分野は「自然人類学（physical anthropology）」と呼ばれます。この名称区分から明らかなように、人類学も「自然／文化」の分割をあたりまえの前提としてきました。人類を他の動物から明確に区別するために措定された「文化」およびそれに立脚する「文化人類学」という分野は、人類の中の共通性を明らかにする役割を果たしてきましたが、それは反面で生物から人類だけを切り離してみる「人類中心主義（anthropocentrism）」の問題を抱えることにもなりました。

　現代において私たちが「文化人類学」を学ぶということは、「文化人類学」を超えるということをも意味します。文化人類学には歴史的な意義と同時に限界もあります。それは同じ前提、つまり「自然／文化」の分離から来ています。その分離が現代の問題を生み出しているとすれば、従来あたりまえとされてきた「文化人類学」の前提を問い直し、それとは違う枠組みを構想することが求められます。端的にいうと、「自然」と「文化」とをどうつなぎ直すのか、が問題となっています。文化と自然を分けない前提に立つならば、それはもはや「文化人類学」と素朴に呼ぶことはできません。そのために、「はじめに」でも述べたように本書では「文化」を付けずに、「人類学」と称しています。この章では、これから自然と文化を「つなぐ言葉」を探求する旅をしましょう。

2. 生きていることへと立ち還る

　自然／文化のつなぎ直しのような問題を考えるときにも、文化人類学者はその習い性として、どこかよその離れた土地に行ってフィールドワークをし、その「異文化」での知見から自分たちにあたりまえの枠組み（この場合「自然／文化」の分離）を問い直そうとしてきました（例えばパプアニューギニアのハーゲンにおけるフィールドワークに基づいたストラザーン［1987］）。これは複数の「文化」の相対性を前提とする文化相対主義の姿勢の延長上にあります。文化相対主義は何か特定の文化的価値を絶対化しないという点で重要です。しかしそこでも観察主体である人類学者と観察される客体であるフィールド・異文化とは相変わらず切り離されたままです。また、水平の軸上に多様な文化を並べる姿勢では、それらの多様なものはバラバラのままで、それらがつながる基層は見えてはきません。この点を自覚していた文化人類学者が岩田慶治でした。岩田は「柄を見る立場から、地に参加する立場が要請されるのでは」と問いかけています［岩田 1982: 33］。「柄」とは大地に咲く花々や、そびえる木々のように目立つもののことです。しかし花々や木々は大地があるからこそ生長できています。またこの人間の「私」も大地の恵みを得てはじめて生きています。しかし人類学者は、観察する多様な「文化」と自分自身の生がともにそこから出てきている、存

在の「地」を忘れてきたのではないか、と岩田は指摘しているのです。これは存在論的な問いです。

　ここでどこか遠くに答えを求める視点から、自分も含めたごくあたりまえのことに立ち還ってみましょう。それは生きているということではないでしょうか。人類学を学ぶ私は生きていますし、フィールドの人々も生きています。また木々やシカやカラスも生きています。この生きているということに立ち還ってみましょう。生きているということは、息をしているということと密接なつながりがあります。あなたはいまどんな息をしていますか？　それに注意を向けて、感じ取ってみてください。速い息でしょうか、ゆっくりとした息をしているでしょうか。また胸までの浅い息か、お腹にまで深く吸い込んでいますか。私たちはふだん意識しなくても、睡眠中でも息をしています。つまり、息とはおのずからの働きであるということです。おのずからそうであることを、古い日本語では「自然」と言い表してきました［木村 2008; 柳父 1982］。この「自然」は形容詞や副詞として使われたもので、nature の訳語として明治時代に作られた名詞の「自然」とは意味が違っています。「nature ＝自然」が人間から区別された環境世界を意味するなら、「自然」とは人間をも含めたおのずからなる動きを表しています。息はその「自然」の働きの一つです。息をしているのは人間だけではありません。私の横にある鉢植えの植物も、空を飛ぶ鳥も、この大地も、そこを流れる川も、寄せては返す海の波も、風が吹き抜ける大気も息をしています。おのずから動いています。日本語の「息をする」と「生きる」とが似た響きの言葉であることは偶然ではありません。生命を表す「いのち」は「イ（息）のチ（勢い）」から来ています［大野ほか 1990: 125］。また生命力をも意味するスピリット（spirit）の語源は、ラテン語の *spiritus*（息）です。動物（animal）はラテン語で「息をしている、生きている」を意味する *animalis* に由来します。南米アマゾンの先住民族コミュニティに出自をもつアユトン・クレナックはこのように語っています：「我々の言葉で、『生きる』ことは『呼吸』と同じです。宇宙の全ては呼吸しています。ですから、命を授かった時点から地球のサイクルに入り、宇宙の全てと呼吸を共有しているのです」［長倉 2009: 198］。これはことさら遠く離れたエキゾチックな異文化の話などではなく、こちらでも「あたりまえ」のことを言っているのではないでしょうか。このように人間にも「自然」界にも共通する基層として、息をすること、そしてそれを含めて「おのずから動くこと」（自然）があることがわかります。

　さらに、私が生きているということについて振り返ってみましょう。私は両親から生まれ、両親もまたそれぞれの両親から生まれと際限なくさかのぼることができます。生まれてからは、家族や地域の人々や友人などとの相互の関わりのなかで私は形づくられてきました。息をする空気、食べもの、飲みもの、住居、衣服、話す言葉、住む

環境などあらゆるものが私を成り立たせています。数え切れず、認識することのできない人々や物事とのつながりのなかで私の生は成り立っているのです。ということは、他から切り離された私という実体はなくて、私が生きているということは、実際には、私には認識不可能な大きいつながりが生きている、その一部として私も生きている、といった方が正確なのではないでしょうか。

　どうやら「生きている」という、ごくごくあたりまえのことに自然と文化をつなぎ直す鍵があるようです。自然も人間も生きている。両者は生きているということにおいてつながっている。この生きている働きの所産として、客体として認識される自然および人間の文化がある。あまりにあたりまえのことなので拍子抜けするかもしれませんが、往々にしてもっとも身近に答えが隠れているものです。ただそれがあまりに近すぎて見えなくされてきただけなのです。生きていることを名詞で「生命」というと、固定された物のような印象を与えます。しかし生命の実相は「おのずから動く」という動詞としての在り方です。これからこの点について掘り下げて考えていきますが、その前に人類学のこれまでの研究の流れを振り返っておきましょう。

3. 人類学の存在論的転回

　従来の自然と人間の分離を前提にした人類学に対して、その分離を問い直そうとする新しい潮流を人類学の「存在論的転回（ontological turn）」と呼びます［Holbraad & Pedersen 2017］。なぜ存在論的と呼ばれるのかというと、古典的な文化人類学の前提が、人間から切り離された単一の自然があり、それを人間が多様な仕方でどう認識（解釈とか意味付与といっても同様です）するかという「認識論（epistemology）」の図式であったのに対して、人間や自然がそもそも存在するとはどういうことかを問うからです。古典的な文化人類学の基本姿勢は「文化相対主義（cultural relativism）」でした。これは、それ以前の進化主義的な人類学が近代西洋的な価値基準を絶対視し、それ以外の文化形態を「劣った」「遅れた」ものとする「自文化中心主義（ethnocentrism）」もしくは「普遍主義（universalism）」に陥ったことへの反省から出てきたものでした。存在論的な人類学においても、存在論の複数性を前提として「彼らの存在論」と「我らの存在論」とを相対主義的に並べる立場があるようですが、しかしそれでは本来の存在論に至っていないように思われます。存在論とは自分の向こうに何か自立した認識の対象を置かないはずなのに、「彼らの存在論」という時点で認識論の図式に逆戻りしているからです。ここで水平軸と垂直軸という概念を導入することによってこの問題は解決できると思われます。多様な「文化」とは水平軸上に並べて相対的に眺められるものでした。その際に、そのなかのある特殊な「文化」を他より上回るものとして絶対化すれば、偏狭な「普遍主義」に陥ります。そうならないよ

う慎むことに相対主義の倫理的な意義があります。しかし相対主義にも限界があります。多様な「文化」をつなぐ根源を問うことができないという限界です。現象面で観察できる多様な「文化」が生成してくる（上述の岩田慶治の言葉を使えば）「地」とは何か？　これを問うのが存在論です。すると存在論とは、表層的な現象のレベルから、垂直軸で深い基層の次元を問うことになるわけですから、それは複数形で数え上げたり、相対的に比較したりできるものではなく、多様なものが生成する根源としての「一」を探求することなのです。垂直軸上で基層の「一」が、いかに表層の「多」を現象せしめているのかを問う立場において、普遍性と相対性は両立することができます。

　さて、人類学の存在論的転回の中から、「自然／文化」の分割を問い直した先行研究を検討してみましょう。この問題に関してもっとも包括的な文献といえるのがフィリップ・デスコラの『自然と文化を超えて』[Descola 2013] です。デスコラは「内面性（interiority）」と「物態性（physicality）」という区別を立てて、地球上の多様な「存在論」を4象限に分類します（図7-1参照）。それぞれアニミズム、トーテミズム、ナチュラリズム、アナロジズムです。このデスコラの解法はしかしながら私見では問題の根本的な解決に至っていません。なぜなら、まず自然／文化の二元論を「内面性／物態性」という別の二元論に置き換えてしまっており、さらに存在論と称していますが、4象限はどれも認識可能なカテゴリーのため、認識論的なレベルにとどまっていると言わざるをえないからです。デスコラは「内面性（interiority）」のカテゴリーに、主／客二元論の片割れの要素（精神、魂、意識、意志、主観性、内省性、感情など）と、主／客および内／外分離以前の根源的な働き（呼吸や生命力のように物に生気を与える非物質的な原理）とを混合してしまっています。ところがこの後者が存在論的な基層にあたるはずものです。この点を自覚して両者をきちんと腑分けしながら、議論を存在論的に立て直すことが求められます。

　ブリュノ・ラトゥールは『虚構の「近代」』（原題『我々は近代的であったことはなかった』）で別の角度からこの問題に取り組んでいます [ラトゥール 2008]。ラトゥールは「自然‐文化」が「縫い目のない布地」[ラトゥール 2008: 20] であることを前提に、「近代」においては「自然」の項に分類されてきた客体（モノ）にも行為主体性（エージェンシー）を認めて、人間と同列に置き、人間とモノとによって切れ目なく織りなされる「アクターネットワーク」をとらえる理論的視座を提唱します。近代とは、ラトゥールによると「水面上」で自然と人間の領域を分離・純化する時代です。しかし「水面下」では両者が結合したハイブリッドが増殖して手に負えなくなっています [ラトゥール 2008: 32]。グローバル気候変動や新型コロナウイルスのパンデミックはその例です。このように水面下を見れば自然と人間をつなぐアクターネットワークが働き続けていることには変わりがないので、近代人は「近代的であっ

たことはない」というわけです。ラトゥールのいうこの「水面下」が、近代において抑圧され、隠蔽されてきた存在論的な基層だと考えられます。この水面下とはどのような場所かを明らかにする課題が残されています。

　特に生命の観点から存在論的な考察を進めているのがティム・インゴルドです。「いのちあるものを再考する、思考にいのちを吹き込む」[Ingold 2011: 67-75] では、「いのちの存在論（the animic ontology）」（インゴルドはあえて「アニミズム的存在論（the animistic ontology）」とは言いません）の特徴として、「動きの原初性（the primacy of movement）」をあげます [Ingold 2011: 71]。タイラーをはじめとする「アニミズム」の古典的な定義（モノに霊魂が宿っているとする信仰）にインゴルドは批判を加え、アニミズムとはそのような物心二元論の構図ではなく、モノと心や霊魂（spirit）が区別される以前の「動き」に関わるのだと述べています [Ingold 2007]。まず動きがある。その動きが物事としてあらわれる。動きが生きているということである。このインゴルドの議論をさらに生命論的な存在論として精緻化し、それによって人類学を基礎づける作業を以下では行っていきます。

4. 生命的自発性の存在論

　これまで、自然／文化のつなぎ直しという問題から出発して、「生きている」ということに立ち還り、客体化された自然と多様な文化の双方を現象面で生成している、より深い基層の次元へと焦点を移して、存在論的な考察に取りかかりました。この気づきを人類学の存在論的転回に接合すると、やはり自然／文化の分離よりも深い「水面下」（ラトゥール）の次元が問題になっており、「動き（movement）」としての生命（インゴルド）が提起されていることが明らかになりました。次に問われるのは「動き」としての生命とはどういうことかを理論的により精緻にし、先住民族の「アニミズム」に限定することなく、それを存在論的な「基層」として拡張することです。

　ここで少し「自然科学」的な生命論についてみておきましょう。近代の生物学においては機械論的な生命観が主流でした。それは生命体を機械のように部品の集合体として表象し、外部から操作・コントロールしようとする実践と表裏一体でした。DNA の二重らせん構造の発見に端を発する分子生物学は、生命を「自己複製を行うシステム」と定義し、一時代を画しました [福岡 2007: 73]。しかしここでも生命体を「ミクロなパーツから成る精巧なプラモデル、すなわち分子機械に過ぎない」[福岡 2007: 5] ものとして表象することに変わりはなく、生命体を遺伝子操作によって専門家が改変する方向に研究が進んでいます。遺伝子組み換え作物（GMO: Genetically Modified Organism）の開発はその一例です。これに対して福岡は生命を「動的平衡（dynamic equilibrium）にある流れ」として再定義しています [福岡 2007: 167]。こ

れは機械論的な生命観から脱する定義だといえるでしょう。福岡が「動き」と「流れ」を生命に見ていることは、インゴルドと共通しています。福岡の場合、個体としての生物に視野を限定しており、インゴルドの宇宙全体にまで動きを拡張する存在論とは違いがあります。

　非機械論的な生命論の流れのなかで、重要な足跡を残した人にドイツの神経学者・心身医学者であるヴィクトーア・フォン・ヴァイツゼカーがいます。ヴァイツゼカーは『ゲシュタルトクライス』において、「あるものが生きているかどうかを決定する場合、［…］われわれはまずその運動を見る。『自分で動いているから生きているのだ』という表現によって確認されるのは、自発性ないし自己運動ということである。自己運動の確認には、外的原因の欠如がある」［ヴァイツゼカー　1975: 31］と述べています。生命の本質規定として「自発性（spontaneity）」をあげているのです。これを踏まえて、生命の動きとは「自発的な動き（spontaneous movement）」であるという定義が導けます。この定義は生命が本質的に外部からコントロールされないという、きわめて重要なことを含意します。

　またヴァイツゼカーは「生きものがその中に身を置いている規定の根拠それ自体は対象となりえない」と述べて、そのような「客観化不可能な根拠への関わり合い」を「根拠関係（Grundverhältnis）」と呼び、これを認識可能な事物の間の因果関係と区別しています［ヴァイツゼカー　1975: 298］。「根拠」に当たるドイツ語のGrundは英語のgroundに当たり、「地」や「基礎」の意味もあります。つまり生きものが生きているということの根拠（地）は客観的に認識できないということです。このことは振り返って考えてみるとわかります。「振り返って考える」という行為をさらに「振り返って考える」ことが無限に続いて、決して客観的な認識には行き着きません。考えるという行為も、生きている動きの一部です。この客観化不可能な生きているという動きから、私が考えているということ、その「私」を自覚すること、およびそれとセットで「私」が認識するモノ（客体）が生じてきています。客体化不可能なものを人間は所有することも、コントロール（支配）することもできません。生命を操作し、コントロールするという近代生物学の目論見は、実は原理的に不可能なことなのです。逆にいうと、生命は自発的な動きであるという根源的な事実を忘却し、隠蔽することによって近代の主客二元論や自然／文化の分離は成立しているように見えるに過ぎません。（「自然」人類学と自らを区別する）「文化」人類学もまたこの忘却を前提としてきたことになります。

　ヴァイツゼカーの生命論において3番目に重要なのは、個体に限定されない次元で生命をとらえている点です。客観化不可能ということは、個体のように限定できないということですし、数え上げることもできないということです。「生命それ自身は決

して死なない。死ぬのはただ、個々の生きものだけである」［ヴァイツゼカー 1975: 3］という言葉には、無限定の生命（自発的な動き）と限定された生命体との次元の違いが表されています。

　ヴァイツゼカーの生命論を受け継いで発展させたのが精神医学者の木村敏です。その生命論的な存在論は次の比喩に結晶化しています。

　　生命的自発性の水圧が一杯にかかった水源から、個別的に分離した（「身」と呼ばれる）身体的存在の出口を通って迸り出る噴水のようなものを思い浮かべてみよう。一つひとつの噴出口の特徴にしたがってそれぞれに異なった弧を描く水の曲線が、個々の自己だということになるだろう。［…］水源で水が噴出口から出るまでの動きを見れば「おのずから」ということになり、噴出口を通ってからの水の動きは「みずから」ということになるだろう。［…］自己成立以前のメタノエシス的な水源には自己もなければ他者もない。なにもかもが混然一体となった「おのずから」の動きが見られるだけである［木村 2005: 194-5］。

　木村は精神科の臨床における具体的な患者との出会いの現場に密着しながら、その経験をヴァイツゼカーやハイデガー、西田幾多郎などの思想と対話させ、木村生命論というべきオリジナルな思想を体系化しました。その特徴は、個体を超えた、無限定で根源的な「生命的自発性」を前提にしていることです。木村はある生きものが生きているということを、根源的な自発性が個別の身体的存在へと自己差異化する「あいだ」（これを「生命論的差異」ともいう）の事態としてとらえます。それ以上さかのぼりようのない根源がおのずから動いて、個々の自己へと差異化している。その絶えることのない生命的な働きを仮に静止してみれば、表象する主観と表象される客観とが分かれるように見えますが、その区別は絶対的なものではなく、自他未分の「メタノエシス的」な動きがあるのみということです。この理論的枠組みにおいては、自然／文化の二元論も成立しません。両者は、垂直軸の深い次元で働く自発性の別様の現れということになるからです。

　動き、働き、あるいは行為の根源性を前提とする木村生命論は、人類学をはじめとする人文社会科学で使われるエージェンシー（行為主体性）の概念と接合できます。ミシェル・フーコーの批判的分析により、自律した個人を含意する主体（subject）が、実際には微細な権力によって構造化された主体／臣民であることが明らかにされました［フーコー 1977］。これに対して構造の制約の中でそれを揺さぶり、書き換えることのできる「行為能力」としてエージェンシーの概念が提起されました［例えばバトラー 2004］。またこの概念はラトゥールらのアクターネットワーク論において、モノ（客体）を含むアクター（アクタント）が働く能力を指す際にも使用されています。こ

の概念を生命論の文脈に翻訳的に接合するうえで、語源にさかのぼった考察をしておくことが有益です。「エージェンシー（agency）」はラテン語で「行う」という意味の*agere* に由来します。この語は *āctiō*（行為）という名詞を派生し、これが現代英語の「アクチュアリティ（actuality）」につながりました。アクチュアリティは木村生命論におけるキーワードの一つで、客体化された現実（リアリティ）に対する、行為的（に経験される）現実を指します［木村 1994: 28-31］。木村は個々の生きものの行為性を「ノエシス性」と概念化していますが、以上の語源的な考察に基づいて、それを「エージェンシー」と言い換えても整合性があります。すると木村が「メタノエシス性」とも呼ぶ無限定の根源的自発性を「メタエージェンシー」と名づけることができるでしょう。ここで木村生命論の骨子をエージェンシー概念を用いて表せば、個々の生命体のエージェンシーは個体が差異化される以前のメタエージェンシーに由来する、と言い換えられることになります。

　個体を超えた大いなる自発の働き（メタエージェンシー）を前提とする生命論は、近代においてはまれです。ヴァイツゼカーや木村は例外といえるでしょう。西洋地域ではほかに 17 世紀のスピノザをあげることができます。スピノザは『エチカ』で、無限でありかつ非人格的な「神」を出発点に置きます。この神は、世界の外側に立って、それをコントロール（支配）する一神教の神ではなくて、「能産的自然（*natura naturans*）」としての「神即自然」のことです。「個別の事物は、神の属性が限定されたある一定の仕方で表現される、神の属性の変状（*affectio*）ないし様態にほかならない」［スピノザ 2022: 36］。つまり神の働きの表現としてあらゆる事物はあり、あらゆる事物の内に神の働きがあるということです。このスピノザの思想は、ゲーテ、ベルクソン、ドゥルーズに影響を与え、現代の人類学の重要な源泉ともなっています。

　ここで今から約 1200 年前の日本の仏教僧・空海の思想を検討したいと思います（空海の思想の概説書として［松長 2022］）。空海は真言密教を確立し、高野山を開いたことで著名です。しかし「仏教」や「宗教」といった特殊な括りに位置づけて研究の対象とするのではなく、その思想によって人類学をはじめとする「経験の学（empirical research）」を基礎づける、平たくいうと空海の視点から現実をとらえるためです。空海も木村と同じく「自発の動き（spontaneous movement）」から出発します。木村が「根源的自発性」というところを、空海は「阿字本不 生」といい、「阿字従本不生生一切法」（阿字は本不生より一切の法を生ず）［『吽字義釈』，松長 2021: 46］といいます。阿字とはサンスクリットの最初の音であり字である「ア（a）」のことです。口を開き何か言葉を発しようとするときまず「ア」から始まります。その「ア」からあらゆる言葉が生じる。「ア」は根源なので、それ自体は他の音から生じず、しかし他のあらゆる音を生じせしめる。これと同様に、根源的な働き（密教では「法

身・大日如来」という）が自己展開してあらゆる存在者（「一切法」）となっている。このような生成の動態を「阿字本不生」と表現するのです。

　木村生命論と空海の真言密教とは本質的なところで共通していますが、違いもいくつか見られます。その一つは木村が生命というときそれは動植物のようないわゆる「生物」の生命に限定されますが、空海においてはそのような区別は一切なく、文字どおり森羅万象、動植物以外の石や塵や山や川や火や星などなどありとあらゆる物事を根源の動きのあらわれととらえます。それは宇宙が生きているということを示唆します。この生きている宇宙が例えば「私」であるとか、雨水であるとか、野菜であるとかの個別の事象として自らをあらわしているのです。一なる根源が多様な現象として自己表現している、その一即多、多即一の関係性を図として描いたものが曼荼羅[1]です。

　根源と現象とが一体であるという関係性は、海と波の比喩を使えばわかりやすくなるでしょう。大海の表面には千々の波が起こっては消えています。水面だけを見るならば波のいのちはなんとはかないことでしょうか。けれども波の本体は大海の水です。個々の波がどれほど消滅を繰り返そうと、海自体は生じることも滅することもありません。波を海とを一体の相のもとに観るならば、海と同様に、波もまた生じることも滅することもない永遠の存在ということになります。

　あらゆるものが隔てなく互いにつながり合いながら動いている様を、空海は「網」の比喩でもとらえています。空海を代表するキーワードに「即身成仏」があります（これはいわゆるミイラとなる「即身仏」とはまったく違うことに注意してください）。「成仏」とはサンスクリット語では「目覚める」ということです。それはどういうことでしょうか。『即身成仏義』で空海は「重重帝網　名即身」（重々帝網なるを即身と名づく）と述べています［松長 2019: 45］。「帝網」とは帝釈天（インドラ神）の宮殿にかけられている網で、そのそれぞれの結び目には光り輝く宝珠が付けられています。それぞれの宝珠の表面は他のあらゆる宝珠を映し出しています。私のこの「身」もそれだけを切り離してみるならば限定された個体でしかありませんが、実際には大いなるつながりの中にあります。この「身」は、帝網の宝珠のように全宇宙を照らし出しています。わが身に即して大いなるつながりに「目覚める」ことを空海は即身成仏と言ったのです。真理や悟りということも空海においては、私がこの身をもって生きている具体的な現実から離れたことではありません。ですから空海は「仏法（目覚めの真実）とは遥か遠くではなく、心の中という近くにある。真如（ありのままの真理）

1　曼荼羅とは、動く関係性を図示したものだといえます。この曼荼羅を生きている世界（法界）を把握するためのモデルとしたのが南方熊楠です［南方 1991］。熊楠は生命論的な経験の学の先駆者です。

は外には無いのだから、この身を棄ててどこに求めるというのか」と言ったのです（『般若心経秘鍵』［松長 2018: 88］）。

　これまで自己と物の実体視（これを仏教では「我見」といいます）によって覆い隠されている、ものごとの実際の姿（実相）を見えるようにする言葉、切り離された客体と主体、自然と文化とをつなぐ言葉を求めて考察を重ねてきました。その結果至り着いたのが、生命的自発性の存在論です。ここで生命とは「自発の動き（spontaneous movement）」のことです。自他も、主客も、物心も未分の根源的な自発性が、みずからを森羅万象としてあらわしている。主客や自然／文化はその根源的な働きの所産に過ぎません。根源から現実を見たとき、あらゆるものごとが重なり合った網の目のようなつながりの中でおのずから動いている様が見えてきます。この現実のことを空海は「法界」と呼びました。それは他によって所有されることも支配（コントロール）されることもない、ただ自発的に動いている世界です。日常の意識では自発性はとらえがたく、例えば病気の「自発的寛解」のような例外的現象としてときおり知覚されるのみです［Oda 2001; 小田 2006］。しかし生命と自然をコントロールするという図式を取り去ったとき、自発性があらゆる事象の基層で働いていることがあらわになります。では、この生命的自発性の存在論によって基礎づけられた視座からどのような「経験の学」が可能でしょうか。

5. 生きている世界の人類学へ

　生命とは自発の動きであり、その根源的な動きが森羅万象としてあらわれている。その動きの一部に過ぎない人間は、生命の外に立ってそれを認識することもコントロールすることもできない。

　ここからいえるのは、世界は生きている、人間はその一部として生きているということです。この存在論に基づけば、「人類」だけの人類学は成り立たないどころか、理系／文系の区別、自然／文化／宗教の区別もなくなるのですから、「人類学」と称するといかにも狭いことになりますが、それを自覚したうえで「生きている世界」の人類学を構想したいと思います。

　人類学者 D. B. ローズは、オーストラリアの先住民族から学んだことを、「この世のあらゆるものは生きています。動物、樹木、雨、太陽、月、特別な岩や丘、そして人間、これらすべては意識をもっています」［ローズ 2003: 59］と述べています。このローズから影響を受けながら、オーストラリア先住民族のグリンジカントリーで調査をした歴史学者の保苅実は、長老のジミーじいさんから「もっとも重要なのは、この大地もまた生きているという点である。これはジミー・マンガヤリが私にくり返し強調した点だった。ジミーじいさんは、手で土をすくうとそれを私に見せ、『君はこれ

を土だと思うだろうが、これは人なんだ』と念を押すように語った」［保苅 2004: 61］、そして「世界は生命で満ち溢れているだけではない。すべての生命ある存在は、生きた大地からやってくる。この意味で、『世界それ自体が生きている』と言うこともできるだろう」［保苅 2004: 62］と述べます。これは「アボリジニ文化」に特殊な話ではなく、この私たちの生の基層のことでもあります。

　以上述べてきた生命論的な存在論の各論として「言葉」と「平和」の章で立ち入って論じ、基層としての「生きている世界」のなかで調査研究をし、それを明らかにしていく研究の方法論についてはエスノグラフィーの章で詳述します。

参照文献
岩田慶治 1982『創造人類学入門』小学館.
ヴァイツゼッカー，V. フォン 1975（1940）『ゲシュタルトクライス：知覚と運動の人間学』木村敏・浜中淑彦訳 みすず書房（Weizsäcker, V. von. *Der Gestaltkreis: Theorie der Einheit von Wahrnehmen und Bewegen.* Georg Thieme.）
大野晋・佐竹昭広・前田金五郎 1990『岩波 古語辞典 補訂版』岩波書店.
隠岐さや香 2018『文系と理系はなぜ分かれたのか』星海社.
小田博志 2006「ナラティヴの断層について」江口重幸・斎藤清二・野村直樹編『ナラティヴと医療』金剛出版 pp. 49-69.
海部陽介 2005『人類がたどってきた道：“文化の多様化”の起源を探る』NHK 出版.
川田順造 1998「メタサイエンス，そしてマイナーサイエンス」船曳建夫（編）『文化人類学のすすめ』筑摩書房 pp. 39-63.
木村敏 2005『あいだ』筑摩書房（原著 1988 弘文堂.）
木村敏 2008「「自然」について」『自分ということ』筑摩書房 pp. 16-42.
ストラザーン，M. 1987「自然でも文化でもなく：ハーゲンの場合」エドウィン・アードナーほか『男が文化で、女は自然か？：性差の文化人類学』山崎カヲル監訳 晶文社 pp. 209-281.（Strathern, M. 1980. No Nature, No Culture: the Hagen Case. In MacCormack, C. & M. Strathern（eds）*Nature, Culture and Gender*, pp. 174-222. Cambridge University Press.）
スピノザ，B. 2022『スピノザ全集Ⅲ エチカ』上野修訳 岩波書店（Spinoza, B. de. *Ethica ordine geometrico demonstrata.*）
長倉洋海 2009『鳥のように、川のように：森の哲人アユトンとの旅』徳間書店.
バトラー，J. 2004（1997）『触発する言葉：言語・権力・行為体』竹村和子訳 岩波書店（Butler, J.P. *Excitable Speech: A Politics of the Ferformative.* Routledge.）
フーコー，M. 1977（1975）『監獄の誕生：監視と処罰』田村俶訳 新潮社（Foucault, M. *Surveiller et punir: Naissance de la prison.* Éditions Gallimard.）
福岡伸一 2007『生物と無生物とのあいだ』講談社.
保苅実 2018『ラディカル・オーラル・ヒストリー：オーストラリア先住民アボリジニの歴史実践』岩波書店.
松長有慶（訳注）2018『般若心経秘鍵』春秋社.
松長有慶（訳注）2019『即身成仏義』春秋社.
松長有慶（訳注）2021『吽字義釈』春秋社.

松長有慶 2022『空海』岩波書店.

南方熊楠 1991『南方マンダラ』中沢新一編　河出書房新社.

柳父章 1982「自然」『翻訳語成立事情』岩波書店 pp. 125-148.

ラトゥール, B. 2008（1993）.『虚構の「近代」：科学人類学は警告する』川村久美子訳 新評論 (Latour, B. *Nous n'avons jamais été modernes: Essai d'anthropologie symétrique*. La Découverte, 1991); *We have never been modern*. Harvard University Press, 1993 からの重訳)

ローズ, D. B. 2003（1996）『生命の大地：アボリジニ文化とエコロジー』保苅実訳 平凡社 (Rose, D. B. *Nourishing Terrains: Australian Aboriginal Views of Landscape and Wilderness*. Commonwealth of Australia.)

Descola, P. 2013（2020）. *Beyond Nature and Culture*. The University of Chicago Press（デスコラ, P.『自然と文化を超えて』小林徹訳 水声社.）

Holbraad, M. & M. A. Pedersen 2017. *The Ontological Turn: An Anthropological Exposition*. Cambridge University Press.

Ingold, T. 2007（2017）. Earth, Sky, Wind, and Weather. *Journal of the Royal Anthropological Institute* 13: 19-38.（インゴルド, T.「大地、空、風、そして天候」古川不可知訳『現代思想 人類学の時代』45(4): 170-191.）

Ingold, T. 2011（2021）. Rethinking the Animate, Reanimating Thought. *Being Alive: Essays on Movement, Knowledge and Description*, pp. 67-45. Routledge.（インゴルド, T.「動くものを再考すること, 思考を動かすこと」『生きていること——動く, 知る, 記述する』柴田崇ほか訳 左右社 pp. 165-186.）

Oda, H. 2001. *Spontanremissionen bei Krebserkrankungen aus der Sicht des Erlebenden*. Beltz.

コラム6 ●●

生をともにする

田中佑実

　北欧フィンランド。森と湖に覆われたこの国で、人々は自然の恵みと厳しさとともに生きてきました。夏にはベリーやきのこで埋め尽くされる森も、冬には凍てつく沈黙の世界に様変わりします。人々の生活は自然環境に大きく左右され、歴史上では幾度もの飢饉と貧しさが人々を襲いました。時に命を奪う自然に畏敬の念が芽吹くのは不思議なことではありません。人々は自然からの恵みに感謝すると同時に畏敬の念も忘れませんでした。なかでも樹木は人々のもっとも身近な存在として、崇拝と恐怖の対象として、この世のものではないものたちとの交流のために用いられたり、または個人の生を支えるものとして認められてきました。

　ここで紹介するのは、死者のカルシッコと呼ばれるフィンランドの樹木と、その樹木と生きる家族についてです。死者のカルシッコは、死者の生没年やイニシャルなどが刻まれた特徴的な樹木で、特に17世紀から19世紀にかけてサヴォ地方を中心とするフィンランドの東部と中部で作成されました。もとは死者が教会の墓所から生者の領域に戻ってくることを防ぐための、生と死の境界であり、同じような機能をもつ樹木はバルト三国でも知られていま

す。ですが時代が下るごとに人々の死者に対する恐怖は薄れ、死者のカルシッコも作られなくなっていきました。現代でこの風習を続けている家族は、せいぜいフィンランド内でもわずかに数えられるほどです。私はそのうちのある家族のもとで、樹木と人々のつながりについて考えてきました。

　現代の死者のカルシッコは死者を追い返すものから、生者が死者を思い出すものへ、大きくその機能を変化させています。私のフィールドでは、死者のカルシッコの前では騒ぎ立ててはいけません。その樹木がある場所は、聖なる場所でありながら親しみを込めて死者を想う、墓所とはまた違った役割をもつ場所となっています。森の香り、雑木林、なんでもないような石、その樹木を囲むすべてのものが、そこで生きてきた家族にとっては、今の生活と彼らの生に結びつく死者との思い出や死者の生に溢れています。死者のカルシッコを中心に、家族の生活の中で死者はとても身近に感じられているのです。

　そして何よりも、死者のカルシッコは死者の生の証が刻まれることで、家族と特別な関係を結んでいます。樹木の生と家族の生は重なり合っています。家族は自分たちの生と死について述べるとき、必ず死者のカルシッコの生と死について語ります。それは死者のカルシッコの樹木が彼らの祖先である死者をその印とともに受入れながら、生者とともに生きてきた、かけがえのない存在だからです。そんな存在があることを、私はうらやましいと思います。

　死者のカルシッコとその家族に注目しながら、私は自分にとっての祖先や彼らと私をつなぐ何かを考えることが増えました。けれども仏壇もなく、写真も立てかけていない部屋で彼らのことを考えるのはなかなか難しく、思い出だけが断片的に浮かび上がるだけです。死者のカルシッコのようなケースは移動を繰り返す核家族型の現代社会においては、かなり特殊なものとなっています。死者のカルシッコを通して見えてくるものは、死者と死とともにある樹木と人の生についてです。フィンランドにおいて樹木と人が生をともにしてきたように、私たちは何と生をともにしているでしょうか。自分の生に目を向けて、考えてみたいと思います。

第10章

言　　葉

　生命の章で述べたことを前提に、ここでは「言葉」について考えていきます。ふつう言葉とか言語は人間に限定したものとしてとらえられがちですが、それを外してみるとどうでしょうか。前半では人間と言葉との関係、特に言葉の創造的な力を、後半では言葉を人間の限定から離れてより広く考察します。

1. 言葉は事の端

　「言葉」という言葉は不思議です。なぜそこに葉っぱの「葉」が付くのでしょう。

　森に生える一本の木をイメージしてみましょう。どんぐりから育つミズナラやブナの木あたりがいいかもしれません。どんぐりが土に落ちます。そこからまず根が出て、土の中へと伸び、水や養分を吸収します。根には微生物が共生して菌糸を形成します。次いで地上に芽が現れ、葉が開き、日光を浴びて光合成をし、呼吸もします。やがて幹が生長し、枝を張り、花を咲かせ、秋にはまたたわわにどんぐりを実らせ、それが動物や昆虫の食料となります。ときには強風や渇水にも耐えながら、数十年、数百年の年輪を刻んだ見上げるばかりの大木。その枝には無数の葉っぱが生い茂っています。

　木の端っこにあるから「葉っぱ」と呼ばれます。端（はし）は「は」とも読み、「葉（は）」と同源です。また「言」の語源をさかのぼると、口頭で発する「言（こと）」と、実際に起こる「事（こと）」とは重なっていました。時代が下ると、口先だけの言という意味で「言葉」となったと古語辞典にはあります［大野ほか 1990: 517］。けれどもそれだけではなく、「こと・は」という音の向こうに、「事の端」の意味が響いていたはずです（コトノハとしての言葉について津曲［2014］を参照）。端っこは中心よりも価値が低いとみられがちです。けれども葉っぱがなければ木は生きられず、その光合成のおかげで人間を含む動物たちは息ができています。たった一枚の葉っぱを引っぱると、枝─幹─根─土─水─微生物─大気─日光などなどの宇宙大の無限のつながりがあらわれてきます。これと同じようにたった一つの言葉もまた、それを引っぱると事──それを発する人の思いとその背景にある人生と環境、その表現を可能にする「文化」や「歴史」──の総体とつながっています。「言葉」という言葉はその広がりあるイメージをはらんでいます。たった一つの言葉は、一枚の葉っぱのように小さく

てはかないものかもしれません。けれどもそれは無限の物事のつながりから生じているのです。

　この章では言葉と人類学との関わりをみていきます。こういう場合、従来は「言語」という言葉が用いられてきました。しかしすでに定着した用語以外には、「言葉」を用いていこうと思います。事とつながり、「自然」とつながり、人間中心の「言語」観を超える視点が「言葉」には内在しているからです。

2. 言葉が経験を規定する：言語相対主義

　文化人類学という分野を確立したのは、ドイツ出身でアメリカに移民したフランツ・ボアズ（Franz Boas: 1858-1942）でした。ボアズはコロンビア大学に人類学部を創設するにあたり、文化人類学、言語人類学、自然人類学、考古学という4分野を包摂する総合的な人類学を構想しました。19世紀末に欧米に広まりつつあった人種主義（racism）に対し、ボアズは果敢に批判的論陣を張りました。人間は先天的な生物学的特徴で決定されるのではなく、後天的に習得される「文化」の影響を強く受けると考えたのです。後に「文化相対主義」と呼ばれるこの立場は、言語人類学でも継承されています。

　そのボアズの弟子エドワード・サピア（Edward Sapir: 1884-1939）が人類学的な言語の研究を確立しました。さらにサピアのもとで学んだベンジャミン・L・ウォーフ（Benjamin L. Whorf: 1897-1941）というきわめてユニークな人物が、言語人類学に決定的な影響を及ぼします。ウォーフは実は火災保険会社の有能な社員でした。その仕事を続けながら彼はイエール大学でサピアの授業を聴講したのです。今でいう「社会人学生」ですね。

　そのウォーフが言語学に関心をもったきっかけは火災保険会社での職場経験でした。「空のガソリン缶（empty gasoline drums）」と表記されたガソリン缶があるとします。それを見ると、「空（から）」だからガソリンは入っていない、だから安全だと考えて、その近くで煙草を吸ったり、火のついた吸殻を投げ捨てたりといった行動を取る人が出てきます。それによって爆発事故が起きたというのです。なぜならその缶の中ではガソリンが気化して、むしろ起爆性が高まっているからです。こうした火災現場を検証することで、「空の（empty）」という言葉が、人間の行動に影響を与えていることにウォーフは気づきます［ウォーフ 1993: 96］。この仕事の現場で出くわした問題を、ウォーフは学問的に深めたいと考えたのでした。

　そしてアメリカの先住民族のホピやアズテクの言語の研究に取り組みます。「光った」と言うとき、英語では "It flashed." のように主語を立てますが、ホピ語は "rī 'pi:"

（≒flash occurred：光った）と表現します［Whorf 1950］。つまり出来事として事象を描くのです。これについてウォーフは「ホピ語はわれわれの誇る英語よりも高度の思考をし、もっと理性的な場面の分析をしている」［ウォーフ 1993: 62］と評価しています。こうした研究を通して主張されることになった、言語が人間のものの見方や行動の仕方を規定するという立場は「サピア＝ウォーフ仮説」だとか、「言語相対主義」と呼ばれ、賛同するにせよ反論するにせよ、言語の研究に多大なインパクトを与えました。

　しかし実際にウォーフの著作を紐解いてみると、人間が既存の言語の枠組みを超える創造性を強調していることがわかります。つまりウォーフ本人は「サピア＝ウォーフ仮説」を超えているのです。例えば「宇宙の中には、われわれがこの螺旋階段を登りながら作り出した概念とは合わない何かがあるということを科学は気がつき始めている。科学はもっと広い宇宙に適合するように『新しい言語』を作ろうとしているのである」［ウォーフ 1993: 130］と述べています。ウォーフがこれを言った背景には、「西洋世界」で一般的となっていた二元論的な世界像と西洋的な言語との結びつきに対して、当時現れつつあった一元論的、全体論的、相対論的な科学理論がありました。つまり人間は、一方では、自分たちでつくり出した言葉や文化の網にからめとられていますが、しかし他方ではそのことに気づいて、それを超えた新しい言葉を創造することができる。このような創造性をウォーフは見据えていたのでした。私はこの点でウォーフをたいへん尊敬しています。

　ここから学ぶことができるのは、私たちが無意識の言葉の枷を自覚して、より望ましい世界にかなった「言葉の創造者」になっていく、という姿勢ではないでしょうか。

3. 言葉の力：中動態・フォーカシング・アブダクション

3-1　中動態

サピア＝ウォーフ仮説が示唆するように、一方で言葉は人間の思考や行動を鋳型にはめてしまいます。しかし、ウォーフが展望したのは、まだ言葉にならない現実を洞察して、言い当てること、名づけることで、その隠された現実をあらわにする言葉の力でした。言葉や名前には人や物事を動かす力があることを、アーシュラ・クローバー・ル＝グウィンの小説『ゲド戦記 第1巻 影との戦い』や宮﨑駿の映画『千と千尋の神隠し』のような物語が描き出しています。ファンタジーの中で描かれる言葉の力を、私たちが実際に経験し、そしてそれを使いこなす技を身につけていきましょう。

　現代の日本人が学校で英語を習うと、「S（主語）V（動詞）O（目的語）」のような文法用語と一緒に、英語では「主語」が必須と刷り込まれます。また主語が動作を行う構文を「能動態」、反対に主語が動作を受ける場合は「受動態」というのだと学び

ます。どちらの場合も主語が明確に立てられます。こうした言語を基準とすると、主語を必要としない場合が多い日本語は規則性のゆるいあいまいな言語のような印象を受けるでしょう。ところが、時代をさかのぼると『英語にも主語はなかった』［金谷2004］ことが明らかになるそうです。「主語」や、その主語と目的語の分離的な関係を前提にした「能動／受動」の区別は、実は英語においてもあたりまえのものではなかったのです。

　かつて西洋諸語に存在した、能動でも受動でもない態を「中動態」といいます［バンヴェニスト 1983; 森田 2013; 木村 2014; 國分 2017］。中動態とはある動詞が示す活動が起こること、もし仮に主語を立てる場合には、その主語がある活動が起こる場であることを表現する態です。ここで主語はその状況の内にあります。この点で、主語と目的語とを切り離して、互いに外在的な関係となる能動／受動とは異なっています。バンヴェニストが中動態を「内態」と呼んだ所以です。日本語では中動態に相当する表現を容易に使うことができます。簡単な例を示せば、「私が写真を撮った」は能動態、「私が写真に撮られた」が受動態だとすれば、「（私には）写真が撮れた」は中動態です。この中動態の再発見は、他との関係性から切り離された自律的な個人という見方の問い直しにつながり、芸術の創作の現場で起こっていることの理解［森田2013］、統合失調症の根底で生じている過程の描写［木村 2014］、「意志」と「責任」という概念の批判［國分 2017］などの点で、この古の態に新たな光が当てられるようになっています。金谷は中動態の機能を「自然の勢いの表現」と述べています［金谷 2004: 205］。するとこれは生命の章で論じた「自発性」を描くにふさわしい言葉だということができます。生命的自発性が抑圧・隠蔽され、人間が自然をコントロールすることを旨とした近代が出現したことと、中動態の忘却とは実は同じプロセスだと考えられます。逆にいうと、中動態によってこそ、自発の動きを基層とする世界を表現できるのでしょう。また、エスノグラフィー調査の特徴は「参与観察」、つまり現場（フィールド）の一部となって内側から理解するという姿勢にありますが、状況を内側から描き出すということを中動態が可能にします。中動態という古くて新しい言葉は、エスノグラフィーにも本質的に有用なはずです。

3-2　フォーカシング

　人類学者は現場（フィールド）で実に多様で複雑な事柄を経験します。このまだ言葉になっていない「事」の総体をその内側から言葉にしていくのが、エスノグラフィーの分析という作業です。まだ言葉ではうまく表現できないけれど、たしかにつかんで、感じ取っていること。この「もやもやした感じ」に焦点を合わせて、それにふさわしい言葉を与えていくプロセスのことを、哲学者・心理学者のユージン・ジェンドリンは

「フォーカシング」と名づけました［ジェンドリン 1982］。心理療法には様々な流派がありますが、クライアントがうまく自分の問題を解決できることは、どんな流派の心理療法を外から受けたかには関係なく、そのクライアントが内側で行っていることに共通性がある、そのことにジェンドリンは気づきます。そのなかでも大切なことが、クライアントが自分の内なる「感じ」に焦点を合わせて（フォーカスして）、それにふさわしい言葉を与えているということでした。これはエスノグラフィーにおいてもたいへん参考になります。他人の言葉に安易に頼ることなく、自分と現場とのあいだで得たことを的確に言葉にするという指針を与えてくれるからです。それがなされたとき、まずエスノグラファー自身が、「うまく言葉にできた」「すきっとした」という実感を得ることができます。そして現場の人々も「ふだん何気なく感じていることを、よく言葉にしてくれた」と感じるものです。そのような「しっくりくる」言葉には内実があり、説得力があります。それが本当の意味で「事」とつながり、「事」が浮かび上がってくる力のある「言葉」だからです。

3-3　アブダクション

　そのような力のある言葉は、ひらめきから得られることがあります。まだもやもやとした感じだけの混沌状態から、言葉として結晶する段階のあいだには隔たりがあります。その隔たりを超えるのがひらめきです。このひらめきを「アブダクション」と呼んで系統的に説明したのがアメリカの哲学者チャールズ・サンダース・パースです［米盛 2007］。驚きを感じるある出来事（これを「問い」といってもいいでしょう）を説明しえるような仮説を推論することがアブダクションです。そのため「仮説推論」だとか「発想法」などとも訳されます。これは一般法則を個別の事象にあてはめる演繹（デダクション）とも、複数の事例を一般化する帰納（インダクション）とも違います。まったく個別の事象からでも仮説を立ち上げることはできるからです。アブダクションは、一つとして同じものはない現場とその中で生起する個別の具体的事象を研究するエスノグラフィーに適した推論の形といえるでしょう。アブダクションの有名な例は「ニュートンのリンゴ」です。ペストが大流行した 17 世紀、在籍していたケンブリッジ大学が閉鎖されたので、ニュートンはやむなく実家に戻ります。その庭のリンゴの木から実が落ちたことに、ニュートンは「なぜリンゴは地面に落ちるのか」との問いを見出します。そして、それを説明しえる仮説として「引力（gravity）」をひらめいたのでした。「引力」という概念は、リンゴが木から落ちるという事実関係とは違ったレベルにあります。それは地球と月や、地球と太陽の運動をも説明しえる「理論」として整備され、その後多大な影響を及ぼしたのは皆さんご存じのとおりです。ニュートンからは些細なことに問いを発見できる感性と、それを自力で言葉にし、理

論を立ち上げられる知性とを学びたいものです。けれどもいかに偉大と思えても、その理論には限界があり、それを批判的に見抜くことも大切です。「なぜリンゴはそのときまで落ちなかったのか」という問いを引力の理論では説明できません。この問いからはニュートンが見た物理法則とは違った、生命の世界が見えてきます。それを指摘しているのが野口晴哉です。リンゴは「熟した」から落ちるのです［野口 1971: 64］。それまではいかに地球の引力がかかっても落ちることはありません。野口は物理現象と違った生命の性質を「自発の動き」と言い表したのでした（この「自発性」については生命の章で詳しく論じています）。

4. 人間を超える言葉

　北海道の富良野に広がる樹海に、東京大学の演習林があります。その林長を務めた高橋延清教授は、森の中を泥にまみれて歩き回るので「どろ亀」とニックネームが付けられました。明治以降日本の大学はドイツ流の林学を輸入しますが、それではまったく森が生きてこないので、どろ亀さんは行き詰ってしまいます。そんなある日、森の中で……

> 　ガサガサとこの紅葉の中を「どうしたらいいのか」と、思案にくれながらトコトコと歩いていくと、「どろ亀君」と声がするんです。それは大きなエゾ松さんだった。そこは我々がしょっちゅう仲間と一緒に雨宿りしたり、昼飯をそこで食べた、エゾ松さんだった。そのエゾ松さんが、どろ亀を哀れに思うてか、森の施業方法を教えてくださった。「小さく林分ごとに作業しなさい。動物、生き物たちのことも考えて……」という表現でエッセイを書いていますが、まさにその通りなんです［今田 1990: 24-5］。

　みなさんはこの話をどう受け取りますか？　東大林学科の教授が、木から林学の理論を教わったと言うのです。単に話を面白くしようとしたというのではななく、本人が「まさにその通りなんです」と言っている。これを真剣に受け止めると、どうやら言葉を話すのは人間だけではないようです。
　従来の人類学では言葉を人間に限定してきました。「言語」の使用が人類の特徴であり、それが「文化」の中核に位置するという人類中心主義がその前提となってきました。言語人類学でも人類のみの「言語」に視野を限定してきました。近代の代表的な言語学者であるフェルディナン・ド・ソシュールは、言語を人間が世界を分節する体系としてとらえました。言語の最小単位を「能記・記号表現（signifiant）」（例えば「カラス」）と「所記・記号内容（signifié）」（「カラス」が意味する黒い鳥）の組み合わせとして、それらの関係は必然的ではなく、恣意的であるとしました。つまり、あ

る黒い鳥を「カラス」と呼ぶか、crow もしくは raven と呼ぶかは、言語・文化によ
る物事の切り分け方（分節の仕方）の違いに過ぎないというのです。このソシュール
の言語学はクロード・レヴィ＝ストロースに影響を与え、言語ばかりではなく親族や
神話などの研究を通して、世界を差異化する「人間精神（l'esprit humain）」を明らか
にしようとする「構造主義」の基礎となりました。

　人類中心主義から自由になったとき、人類に限定されない「言葉」が聞こえてくる
ようになります。むしろ人類の「言語」は、生きとし生けるものの「言葉」の一種だ
と位置づけられることに気づきます。人類学者のエドゥアルド・コーンはエクアド
ル・アマゾンでのエスノグラフィー研究を通して、「人間的なるものを超えた人類学」
を提起しています。例えば「森は考える」というとき、従来の文化人類学では、「現地
の人々が『森は考える』と考えている」のだと枠づけてきました。しかし、コーンは
その枠づけを外して、「森はそれ自体で思考する」［コーン 2016: 43］ということにま
で視野を拡大しています。その人間を超える思考をとらえるためにコーンが依拠した
のがパースの記号論でした。なぜならパースの記号論は、象徴的な表象形態を特徴と
する人間の言語（これをソシュールは研究したのでした）以外に、非象徴的な記号の
形態をも包摂するものだからです。そのため人間以外の生きものが世界を思考する様
をとらえる理論的視座として適しているというのです［コーン 2016: 19］。

　パースの記号論は存在を３つの様式に分けることを前提としています。「第一次性
（firstness）」とはあるものが他のものを介さずにそのもの自体であること、「第二次
性（secondness）」はあるものが他のものとの関係にあること、そして「第三次性
（thirdness）」はあるものと他のものとの関係を第三のものが媒介すること、と大まか
に定義できます［米盛 1981: 69-89］。この３つのカテゴリーにはそれぞれ三種類の記
号、すなわち「類似記号（icon）」「指標記号（index）」「象徴記号（symbol）」が対応
します。従来の言語学で扱われてきたのは、記号とその対象との関係が恣意的な「象
徴記号」でした。コーンがパースの記号論を援用したのは、非象徴的な記号（類似記
号と指標記号）を包摂しており、それらを人間以外の生命形態もまた感知し、思考す
ると考えるからです。生命論の文脈で、パースの三分法において注目されるのは「第
一次性」のカテゴリーです。それは「直接的で、新鮮で、新しく、創始的で、オリジ
ナルで、自発的で（spontaneous）、自由で、生き生きとしていて［…］、その世界を
記述しようとすると、それに背くことになる」ものです［Peirce 1960: 183; 訳は米盛
1989: 71 を参照］。これは本書の生命の章で述べた「自発性」のことに他なりません。
また無限定で客体化できない自発性が、自らを限定した形象をパースのいう第二次性
的な指標記号、その指標記号を恣意的に言語化したものが第三次性的な象徴記号とと
らえることができるでしょう。

　木々が互いに言葉を交わしていることを明らかにしたのが、カナダの森林生態学者スザンヌ・シマード（Suzanne Simard）です。森の地下では、木々の根っこと共生する菌根という微生物がつながり合い、木々を結びつけています。木々はそのネットワークを介して——種の壁をも超えて！——炭素などの物質を情報として相互にやり取りし、助け合っていることがわかったのです［Simard ほか 1997; シマード 2023］。母樹が自身の子どもを認識して、優先的に養分を与えることもあるようです。それまで考えられてきたように、木々は日光を奪い合い生存競争をしているのではなく、菌糸のネットワークでつながり合ってコミュニティを形成している。それを可能にしているのが、菌根を介して交わされる「言葉」です。

　この微生物のネットワークの中に人間もいることが近年明らかになってきています。母体や土壌などの外環境に住まう微生物を人は体内に取り入れて共生し、その体内の微生物が心身の健康状態に多大な影響を与えているというのです。その数は、受精卵由来の体細胞の実に数倍にのぼると考えられています［モントゴメリー＆ビクレー 2016］。特に多いのが腸で、そこに住む微生物群を腸内フローラといいます。個体はすでに共生体であり、そこでは微生物と細胞のコミュニケーションが刻々と繰り広げられているのです。その言葉は、狭い意味での人間が使う言語とは違っているでしょう。けれどもこれだけ精妙な——人間には決してつくることのできない——森林や人体という生きているシステムを生成し続けている「言葉」は、人間の言語では計り知れないほど智慧の深いもののはずです。

5. 存在は言葉である

五大に皆響きあり
十界（じっかい）に言語（ごんご）を具（ぐ）す
六塵（じんことごと）悉（もん）く文字（じ）なり
法身（ほっしん）これ実相なり

　空海は言葉を人間への限定から解き放ちました。その点で、空海はパースと並べられる存在です。上で引用した『声字実相義（しょうじ）』からの4行の詩句にその精髄が表れています［松長 2020: 72］。ここで空海が言っていることは、宇宙全体に響きがあり、言葉がある、六境（眼・耳・鼻・舌・身・意）で知覚される六塵（色・声・香・味・触・法）がすべて「文字」である。根源的な真理（法身）のあらわれがこの宇宙である、ということです。これを一言でいうと「あらゆる存在は言葉である」となります。空海は言葉を宇宙全体（これを「法界（ほうかい）」と言います）へと拡張したのです。ここには

人間の「言語」と、それ以外の「非言語」とを分ける発想はありません。ここで注意しなければならないのは、この言葉論は、人間がその言語によって現実をつくり出しているという構築主義的な言語論とまったく違うという点です。構築主義的な言語論も、それと共通するミシェル・フーコー流の言説論も人間の視点に限定されていることに変わりはありません。けれども空海の言葉論は人間の視点を超え出ています。それはどういうことであり、その立場は人類学を含む「経験の学（empirical research）」にどのような意義があるのでしょうか。

　この点を把握するためには、生命の章で述べた、無限定の根源がおのずから動いて、森羅万象になり続けているという存在論に立ち還ることが必要です。あらゆる事物——私もあなたも、私がこれを書く PC も、あなたが読むこの本も、太陽も空気も木々もペットの犬も——根源なる一のあらわれです。この根源なる一が、多なる事物へと自己を分節する動きが〈言葉〉なのです［井筒 1991, 2019 をも参照］。狭い意味での人間の言語（単語や文字や文法からなるシステム）をここでは忘れなくてはなりません。広い〈言葉〉の一部が人間の「言語」に過ぎません。花が色とりどりに咲いているということ、その香り、鳥のさえずり、木々のささやき、土地の表情、川の流れ、人の顔色、人々が集まる場の空気、これらすべてが〈言葉〉だということになります。つまり「非言語的」といわれる領域も、自発の生命の動きの表現（存在を表現と考えた思想家に西田幾多郎とスピノザがいます）としての〈言葉〉なのです。生命の章で、生命を自発の動きと定義しました。言葉が自発の動きの表現であるならば、ここで言葉は生命であり、生命は言葉であるということになります。

　このような〈言葉〉の理解は、上述のパースの「記号」論と重なります。空海の場合、根源（それを「阿字」と言ったり「法身・大日如来」と言ったりします）を出発点として、それが展開してあらゆる事物（これを「一切諸法」と言います）となっている、存在論的なプロセスの把握があります。同じ構図といえる木村敏の生命論には禅仏教の影響からか、生命的自発性の動きを〈言葉〉ととらえる視点はありません。しかし、木村は精神科医療の現場において、患者のあらわす症状や（狭い意味での）言葉の表現から、その奥にあって、精神病を成立せしめている生命の動きを洞察することを強調します。そうした症状や表現が〈言葉〉に他なりません。

　このような生命論的な〈言葉〉論は、人類学やそれを含む質的・定性的な「経験の学」が、人間に限定した言語観に縛られてきたその枷から私たちを自由にしてくれます。そして、「現地の人々」の語りを介することなく、直接に鳥の声を聞き、木々の語りに耳を傾け、物事の名を知り、大地の文字を読み取る感性を取り戻させてくれます。そうやって聞き取り、読み取ったことにフィットする名前を与えるという経験の学が可能になるでしょう。それはもはや狭い「人類学」を超えたものです。その「方法論」

についてはエスノグラフィーの章で述べることにします。

参照文献

井筒俊彦 1991『意識と本質：精神的東洋を索めて』岩波書店.

井筒俊彦 2019「意味分節理論と空海：真言密教の言語哲学的可能性を探る」『意味の深みへ』岩波書店 pp. 264-307.

今田求仁生編 1990「森の智恵──高橋延清」『愚者の智恵：森の心の語り部たち』柏樹社 pp. 11-57.

ウォーフ, B. L. 1993（1964）『言語・思考・現実』池上嘉彦訳 講談社（Whorf, B. L. *Language, Thought and Reality: Selected Writings of Benjamin Lee Whorf.* The MIT Press.）

金谷武洋 2004『英語にも主語はなかった』講談社.

木村敏 2013「中動態的自己の病理」『あいだと生命』創元社 pp. 119-138.

コーン, E. 2016（2013）『森は考える：人間的なるものを超えた人類学』奥野克巳・近藤宏監訳 亜紀書房（Kohn, E. *How Forests Think: Toward an Anthropology beyond the Human.* University of California Press.）

國分功一郎 2017『中動態の世界：意志と責任の考古学』医学書院.

サピア, E.・B. L. ウォーフほか 1970『文化人類学と言語学』池上嘉彦編訳 弘文堂.

ジェンドリン, E. T. 1982（0982）『フォーカシング』村山正治ほか訳 福村出版（Gendlin, E. T. *Focusing* (2nd ed.) Bantam Books.）

シマード, S. 2023（2021）『マザーツリー：森に隠された「知性」をめぐる冒険』三木直子訳 ダイヤモンド社（Simard, S. *Finding the Mother Tree: Uncovering the Wisdom and Intelligence of the Forest.* Allen Lane.）

スピノザ, B. 2022『スピノザ全集Ⅲ　エチカ』上野修訳 岩波書店（Spinoza, B. de. *Ethica ordine geometrico demonstrata.*）

ソシュール, F. de. 1972（1916）『一般言語学講義』小林英夫訳 岩波書店（Saussure, F. de. *Cours de linguistique générale.* Éditions Payot & Rivages.）

高橋延清 1988『樹海に生きて：どろ亀さんと森の仲間たち』講談社.

津曲敏郎 2014「コトノハ考」『北海道民族学』10: 96-103.

西田幾多郎 1989「場所的論理と宗教的世界観」『西田幾多郎哲学論集Ⅲ』岩波書店 pp. 299-397.

野口晴哉 1971『健康生活の原理：活元運動のすすめ』全生社.

バンヴェニスト, E. 1983（1974）『一般言語学の諸問題』岸本通夫監訳 みすず書房（Benveniste, É. *Problèmes de linguistique générale.* Gallimard.）

松長有慶 2020『訳注　声字実相義』春秋社.

森田亜紀 2013『芸術の中動態：受容／制作の基層』萌書房.

モントゴメリー, D. & ビクレー, A. 2016（2015）『土と内臓──微生物がつくる世界』片岡夏実訳 築地書館（Montgomery, D. R. & A. Biklé. *The Hidden Half of Nature: The Microbial Roots of Life and Health.* W W Norton & Co.）.

米盛裕二 1995『パースの記号学』勁草書房.

米盛裕二 2007『アブダクション　仮説と発見の論理』勁草書房.

Peirce, C. S. 1960. *Collected Papers of Charles Sanders Peirce: Volume I Principles of Philosophy.* The Belknap Press of Harvard University Press.

Simard, S. W. et al. 1997. Net Transfer of Carbon Between Ectomycorrhizal Tree Species in the Field. *Nature* 388: 579–582.

Whorf, B. L. 1950 Time, Space and Language. In L. Thompson (ed) *Culture in Crisis: A Study of the Hopi Indians*, pp. 152–172. Harper.

第 11 章
平　　和

　私が平和というテーマと出会ったのは、1999 年の夏、コソヴォ自治州（当時）に滞在したときでした。東西冷戦の終結という歴史的コンテクストの中で、ユーゴスラビア連邦共和国において内戦が次々と勃発し、その最終段階でコソヴォにおける民族紛争に NATO が軍事介入、私が留学していたドイツのハイデルベルク近郊にもアルバニア人難民が押し寄せてくるという差し迫った状況でした。難民のメンタルヘルスにも関心があった私は、NATO の空爆の終結後に、日本のある NGO のインターンとしてコソヴォに赴きました。州都プリシュティナを拠点に、アルバニア人、セルビア人、そしてロマ人の住むコミュニティを他のインターンたちと訪ねました。現地で強く実感したのは、難民問題の根本的な解決とは、和解と平和構築だということでした。つまり難民を出さないような平和な関係性をつくっていくことの重要性を実感したのです。NATO の空爆でインフラが損傷しているため、プリシュティナの住居では水道や電気がしょっちゅう止まりました。壁面に穴が開いたビル、屋根が崩れ落ちた民家の風景。地雷埋設のために舗装した所しか歩いてはならず、NATO が使用した劣化ウラン弾が発する放射性物質を吸い込まぬよう注意して行動しなければなりません。ひと月半後にドイツに戻ると、建物が無傷で、蛇口をひねると水が出ることがしばらくの間、奇妙に思えました。しかし数十年前には、そのドイツの街もナチスが引き起こした第二次世界大戦によって、コソヴォと同様に瓦礫の山だったのです。ということはコソヴォもまた平和な風景を回復していくことは可能だと考えました。

　この章では、このように始まった私の平和を探求する旅をお話していきましょう。人類学的な平和研究のレヴューや「平和」という概念の検討は『平和の人類学』［小田・関 2014］で述べています。同書には多様な平和の現場に関する論文も収録していますので合わせてお読みください。ここでは私のこれまでの人類学的な平和研究のエッセンスをお伝えするだけでなく、それを超える観点、つまり人類に限定されない生命論的な平和についても述べようと思います。

　ここで追求したいのは、支配（コントロール）無き平和とは、という問いです。国家間の支配をめぐる争いだけではなく、私たちのふだんの暮らしの中にも支配が見られます。親や教師が子どもに対して支配を及ぼそうとすることがあります。支配される側は、自分の

思いが抑えつけられるように感じて、息苦しくなるでしょう。また社会生活の中でも、ハラスメントやマイクロ・アグレッションのほか、「マウントを取る」などの微細な支配が散りばめられています。そのために傷ついている人も多いでしょう。これらは、戦争や植民地支配、レイシズムなどの大きい支配と地続きといえます。このような支配のない関係性とはどのようなもので、その根拠は何かを探っていきたいと思います。

1. 聴く耳と人の痛みのわかる心

　ベルリンにあるドイツ歴史博物館で 2005 年に、第二次世界大戦の戦後社会への影響に関する特別展が開催されました[1]。コソヴォ滞在以来、戦後の和解と平和構築について関心があった私の目を特に引いたのが、戦後間もない頃に、ドイツの青少年のスポーツクラブやキリスト教系の団体といった草の根の人々が、戦争被害者との和解にいち早く取り組んだという内容のパネルでした。日本ではリヒャルト・フォン・ヴァイツゼッカーのような西ドイツ政府首脳の演説などはよく知られています。しかしこうした草の根の和解の動きが、政府に先んじてあったことはほとんど知られていません。そこで第二次大戦後の草の根の和解と平和構築について調べようと思い、そのパネルにあったプロテスタント系市民団体「行動・償いの印・平和奉仕（Aktion Sühnezeichen Friedensdienste）」に連絡を取ってみました。

　この団体の活動の現場はドイツ国内のみならず、ポーランド、フランス、チェコ、イスラエル、アメリカなど多地域にわたります。それらの現場を訪ねてインタヴューを行ったり、ときにはサマーキャンプなどの活動に参加したりしながら、調査を重ねていきました。それをとおして浮かび上がってきたのは「歴史の他者」、つまり異なった歴史の経験をした人々の声が聴かれる場をその団体が多様な形で開いていっているということでした。それを私は「歴史の他者と出会い直す」という論文で、「他者を迎えいれる『余地』を空ける」実践と表現しました［小田 2014b: 83］。その点に関して、チェコのユダヤ人コミュニティの方は、ドイツ人ヴォランティアが「聴く耳」をもっていたことが、ホロコーストを生き延びたユダヤ人のお年寄りの心を和らげるために重要な意味をもっていたと語りました［小田 2014b: 78］。他人の声を聞くなんてなんでもないことのように思われるかもしれません。けれども自分が「加害者」の側に置かれるという状況で、被害を受けた人々の声に耳をふさいだり、自己正当化したりすることなく、真摯に耳を傾けることは容易ではありません。それはたんに音声を聞くのではなく、相手の痛みを含めて「深く聴く」ということです。別の言い方をすると、相手の存在をまるごと「受け入れる＝歓待する」ということです［レヴィナ

1　ドイツ歴史博物館：https://www.dhm.de/archiv/ausstellungen/achtermai/（2022 年 11 月 14 日閲覧）

ス 2005; 歓待と平和については小田 2019 をも参照]。この「聴く耳」をもつことが平和をつくる基礎になるということを、私はその後様々な場所で経験することになりました。

　争いになりそうなとき、互いの声に耳を傾け合うことは、人類の平和の智慧といえるものです。ヤウンモシ𝓇（北海道）、サハリン、千島列島、北東北の地域にかけて暮らしてきたアイヌ民族は、ウコチャランケといって、互いに言い分を徹底的に述べ合うことでもめごとを収めてきました。こうした深い対話を、現代の紛争の解決に応用しようとしたのがイスラエルの社会心理学者ダン・バル＝オンでした。バル＝オンは、ナチス期にドイツからかろうじてパレスチナに脱出したユダヤ人の両親のもとに生まれました。彼はまずドイツに赴いてナチ高官の子孫の声に耳を傾けます［バル＝オン 1993］。そして彼自身が暮らす土地が抱えるイスラエル・パレスチナ紛争に対して、対立する双方が出会い、互いの経験に耳を傾け合う場を開きます［Bar-On 2006, 2008］。バル＝オンはこうした経験を語り‐聴き合う場は平和構築の「必要条件」だと述べています［Bar-On 2002］。互いを「敵」あるいは非人間的な「モンスター」のように表象することで紛争はエスカレートしていきます。そのなかで対話の場は、当事者たちが互いを再び「人間化」するチャンスとなるのです。これが平和の中身となって、そこにマクロな国家間の和平協定であるとか、植民地支配の認定と謝罪が「十分条件」として加われば、息の長い平和が実現するとバル＝オンは考えたのでした。

　平和の定義には諸説あります［小田 2014a］。しかしそのなかでもっとも簡潔で本質を突いていると私が思う定義の一つが、長崎で被爆した下平作江さんによる「平和とは人の痛みのわかる心をもつこと」[2] です。他者の痛みがわかる心、これを英語ではコンパッションといいます。平和の基礎をつくるのは、他者とのあいだの壁を取り去って、コンパッションをもってその心を聴くことなのです。北海道において、支配の構造によって分断された人々のあいだを架橋してきた「民衆史掘りおこし運動」は、この〈痛み〉の感覚から始まったものでした［小田 2015］。では顔を合わせることもないような遠く離れた他者の〈痛み〉を感じることはできるのでしょうか。また人間以外の存在の〈痛み〉を感受する、人間を超えた平和とはどのようなものでしょうか。

2. 影と直面する

　人の痛みのわかる心が平和の基礎なら、人の痛みがわからないときに平和が壊れることになります。日が射せば、影が伸びる。昼の後には夜が訪れる。この世界は明暗

2　諫早市：https://www.city.isahaya.nagasaki.jp/post06/2215.html（2022 年 11 月 14 日閲覧）

で成り立っています。しかし人間は往々にして明るくて、目立つ方に注意を向けがちでしょう。けれども、暗くてよく見えない〈影〉の領域もまた現実の一部です。個人であれ、集団であれ、その人（々）の明るい顔の反面に、目をそむけたくなる負の側面があるかもしれません。また自分だけが明（正義）だと考え、他人に暗（悪）を押し付けて攻撃するとき、人はその他者の痛みを忘れ、大きい悪に陥ってしまうことすらあります。地上にいる人々の痛みを想像できなかったからこそ、米軍は広島と長崎に原爆を投下できたのでしょう。日本軍がアジア太平洋戦争時にアジアで働いた加害の行為は、戦後社会において影の領域に隠されてきました。北海道の植民地化によってこうむってきたアイヌ民族の痛みがきちんと聴かれる場はほとんどありません。

　アーシュラ・クローバー・ル＝グウィンは、文化人類学者アルフレッド・クローバーと『イシ：北米最後の野生インディアン』の著者シオドーラ・クローバーの娘であり、『闇の左手』のような優れた文化人類学的SFを書きました。その代表作の一つ『ゲド戦記』第1巻は『影との戦い』と名づけられています。主人公ゲドは魔法使いとしての修行を積むなかで、自らの心の傲慢さ、嫉妬、醜さから不気味な〈影〉を生み出してしまいます。それは強い力を有し、ゲドを追い詰めていきます。影との戦いの顛末はこの優れた物語でお読みください。ル＝グウィンは〈影〉あるいは悪、敵との関わり方の深い智慧を、この物語に込めています。それは、〈影〉は自分の一部であり滅ぼすことができないのであって、それに直面して、統合することで〈影〉だけではなく自分もまた変容するということです。

　周囲から切り離された狭い自己を、仏教では「我」といいます。我が他の人や物事を自分の思いどおりに支配（コントロール）しようとして、それがかなわないときに「苦」を経験します。苦は我の影です。我（「私」という存在）は、そもそも実体として存在するのではなく、多様な人と物事とのつながりのなかで仮に生じている現象に過ぎません。この我が実体としてあるという誤った思い込み（これを「我見」とか「無明」といいます）を取り去ったときに、広いつながりの世界とそのつながりの一部である自分が見えてきます。

3. つながりの平和

　「つながり」を具体的に考えてみましょう。私は家族や友人や職場の人たちとのつながりのなかにいます。それだけでなく、台所や風呂で使う水が、どこから来てどこへ流れて行くのか。スーパーやコンビニで買う食品は、どこで誰がどのようにつくっているのか。私がいま身に着けている衣類はどこから来て、どこへ行くのか。ふだんの生活で出るゴミはどうなっていくのか。たいていの場合、こうした問いをきちんと考えることはないでしょう。考えなくても暮らしていけるようになっているからです。

けれどもこのつながりは平和と密接な関係にあります。もしそれが向う側にいる人た
ちや生きものに痛みを及ぼしてしまうつながりであるとすれば、その仕組みを認識し
て、変えていかなければなりません。すべてが網の目のなかでつながり合っています。
ですからそのなかで無意識にせよ向うに害を与えれば、その結果は巡り巡ってやがて
は自分にも還って来ます。

　現代世界の都市部には、大量生産された安い衣類を販売する大規模なショップがあ
ります。それをファストファッションともいいます。そんなシャツやパンツを皆さん
も買っているかもしれません。その材料の一つがコットン（木綿）です。このコット
ンを大量生産するために、畑に化学肥料を撒き、食品の野菜などの場合より毒性の強
い農薬をかけます。大手の多国籍企業が開発した遺伝子組み換えの種苗が独占的に販
売されるインドでは、種苗や農薬の購入費の借金を返せなくなったコットン農家の自
殺が相次いでいます［シヴァ＆辻 2014］。そればかりか土地から気化する化学肥料由
来の気体は地球温暖化に拍車をかけ、強い農薬は土壌や河川の中の生きものを死滅さ
せ続けています。その一端で日本の私たちは安い服を買うことができます。つながり
の向こうを不幸にするような服をいくら安いからといって買ってもいいのでしょうか[3]。
同様のことはふだん何気なく食べているバナナ［鶴見 1982］、エビ［村井 1987,
2004］、パーム油、大豆や鶏肉についてもいえます。日本のスーパーやコンビニで安
い食べものが買える、その向こうで、東南アジアやアマゾンの森林が破壊され、その
森で生きる先住民族や生きものが暮らしの場を失い、土壌や河川や海洋が汚染され、
グローバル気候変動の悪化にもつながっているのです。日常で消費するモノを通して
グローバルなつながりを批判的に検討するという研究を行った先駆者は、人類学者の
シドニー・ミンツです。ミンツは砂糖という食品が、アメリカの植民地プランテー
ションにおける奴隷労働とイギリスにおける嗜好の変化とを結びつけていく過程を明
らかにしました［ミンツ 2021］。

　これは近現代のグローバル資本主義の〈影〉です。ごく少数の多国籍企業が、衣や
食という人間の生活必需品の生産や流通を 支配（コントロール） することで成立している構造の中で、
普通に消費（お金を出して買いものを）することが上記のような問題を引き起こすこ
とにつながっています。それらの企業は多大な広告費を投じてテレビや街頭で、自社
製品を使うことが「進んで」「豊か」なことだというイメージを広めています。消費す
るためには、お金が必要です。賃金労働者となるための進学や就職活動を通して、私
たちはこうしたつながりにときには自ら進んで組み込まれていっています。その前提
にあるのが、お金（貨幣）を使わなければ生きていけないようにつくられた社会です。

3　ファストファッションの問題を描いたドキュメンタリー映画に『ザ・トゥルー・コスト：ファス
　トファッション 真の代償』［アンドリュー・モーガン監督 2015 年アメリカ］があります。

しかしお金は人類が利便のために仮につくり出した経済的交換の手段に過ぎません。広い意味での「経済」を対象とする経済人類学を体系化したカール・ポランニーは、人間の経済活動を「互酬」「再分配」「交換」の三類型に分けました［ポランニー 2003］。貨幣を用いて商品を生産し消費する経済は、そのなかの特殊な「交換」形態に過ぎないのです。

　私が 2019 年 9 月と 20 年 3 月に訪れたペルー・アンデスのサルワ村では、ほぼ自給自足の生活が行われています。アンデス山脈から湧き出る泉の近くに開かれたこの村では、食べものは山の斜面を耕して、段々畑にし、ジャガイモ、トウモロコシ、豆、麦などを栽培しています。高地では牛や羊を、各世帯の庭ではクイ（モルモット）を飼育しています。衣類は羊毛を糸に紡いで手織りしますし、家も日干し煉瓦を積み上げて自分たちで建てることができます。ここで採れない塩の購入や、医療費・子どもの学費などのために、家畜を売ったり、公共工事の出稼ぎに従事したりして最低限の

写真 11-1　アンデスのサルワ村の段々畑（2020 年 9 月小田博志撮影）

お金を得ているとのことでした。お金がなくても生きていけるその村で、私は安心と豊かさをからだの底から感じました。村人の表情にもそれは表れています。反面でお金に依存する生活のもろさと不安感を認識する機会でもありました。サルワ村は決して閉じた共同体ではなく、他の村々や、山、川、大気とのつながりのなかにあります。

　この村のような自給自足的な生活形態を、人類学では「生業（サブシステンス）」と呼んできました［岸上 2008］。現代において生業経済と貨幣経済とは純粋に区別されることはなく、サルワ村にも商店はありますし、村の若者のほとんどは都市に出稼ぎにでているのだそうです。けれども、一つの可能性として、あるいは基盤として自給自足的な生活を知っておくことは、とても重要なことだと思います。二百数十年前にイギリスで起こった産業革命と植民地主義とが結合して、経済成長を自己目的化したグローバル資本主義がますます勢力を拡大し、その果てに新型コロナウィルス感染症といったパンデミックやグローバル気候危機などが起こっています［小田 2020］。それらは経済成長の〈影〉なのです。お金に頼らない生業経済が、不便さと貧しさに耐える窮乏生活ではなく、実はそう思い込まされてきただけで、内からの豊かさと安心感のある暮らしであるとすれば、それは立ち還るにふさわしい「懐かしい未来」［ノーバーグ＝ホッジ 2021］ではないでしょうか。

　平和というと、戦後日本の文脈では「ヒロシマ・ナガサキ」の被爆が想起されたり、第二次世界大戦といった戦争と対比されて議論されたりすることが多いのです。しかし二度の世界大戦は、突如勃発したのではなく、欧米列強（イギリス、フランス、ベルギー、オランダ、ドイツ、イタリアそこにアメリカと日本が加わっていきます）の植民地獲得競争の果てに起こったことを忘れてはなりません。それは地上と地下のものを私有財産として所有し、商品化して、貨幣経済に組み込んでいく動きであり、現代の開発[4]やグローバル化もその延長上にあるものです。地表のあらゆる土地が線引きされて所有され、グローバル資本主義が覆いつくすかのような現代において、その外側に出ることはできるのでしょうか。

4. 歓待と非所有

　北米先住民の「歓待のしきたり」とは「インディアンの住居に誰かが入ってくれば、その人が、村人か、同部族の人間か、あるいはまったく関係のない異邦人かを問わずに、また、一日のいつであるかを問わずに、その人に食べ物を提供する」［モーガン 1990: 118］ということです。モーガンはその「基本原理」を、モラヴィア派宣教師ヘッケヴェルダーを引きながら説明しています。

4　最近流行している SDGs（持続可能な開発目標）も、「開発」を掲げ「経済成長」をうたう以上限界があるように思えます。

　インディアンは、大いなる精霊が人類全体の幸せのために、地球とそこにあるす
べてのものを創った、とかんがえている。大いなる精霊が彼らにたくさんの獲物を
もたらす山野をこしらえたのは、少数の者のためにではなく、皆のためであった。
あらゆるものがことごとく、人の子すべてに等しく与えられた。地の上で生きとし
生けるもの、大地よりはえ生ずるあらゆるもの、川や海のなかにあってそこを漂う
あらゆるものがあいまって、すべての人に与えられているのであり、誰もが、自分
の分け前を受ける資格を持っている。この基本原理を源として、歓待のしきたりは
生まれる［モーガン　1990: 96-97］。

　ルイス・ヘンリー・モーガンは1881年に原書が出版された『アメリカ先住民のす
まい』の第2章を「歓待のしきたりとその実践」にあて、歓待がアメリカ先住民の住
居の在り方を規定しているのだと論じています。モーガンが「歓待（hospitality）」と
いう重要なテーマに先駆的に注目し、西洋の「文明社会」においてもこれほど「人道
的で寛容」なしくみは見られないと高く評価している［モーガン　1990: 99］のを読ん
だとき私は驚きました。モーガンは進化主義的な古い人類学者というイメージをもっ
ていたからです。やはり古典は直に読まなくてはいけません。表現はその時代に応じ
て旧式であっても、著者が感じた驚きとそこから言葉を立ち上げようとする現場性が
伝わってくるからです。
　さて、モーガンが歓待の前提としてあげているのが大地の非所有ということです。
大地とそこから生じるものは、本来人間がつくったのではないのだから、誰のもので
もない。ゆえに誰とでも分かち合う。非所有に基づく歓待は北米先住民に特殊なもの
ではなく、普遍的ではないかと思えるほど世界各地にみられます：アラブ［片倉
2008］、アフリカ［サンコン 1996; 松田 1999］、ヨーロッパ［カント 2006; デリダ
2004; レヴィナス 2020; 小田 2008］、これに四国の「お接待」を付け加えることがで
きるでしょう［星野・浅川 2011］。これらの歓待の実践は、植民地主義と資本主義の
拡張によって次第に消され、無償の食事と宿泊は、商業的なサービス業に置き換わっ
ていっています。近年、日本独自のものとして「おもてなし」が吹聴されることがあ
りますが、それは商業主義的なもので、非所有に基づく無償の歓待とは根本的に異な
ります。
　現象面では薄れていっているとはいえ、歓待は決して消し去ることのできない根源
的な事柄、すなわち所有の不可能性を示唆しています。地表には国境線や私有地の境
界線が引かれ、誰のものでもない土地は残されていないかのように思えます。しかし
人間は大地から歓待されて、つかの間の客として地上に滞在しているに過ぎないので
す。大地の側から見るならば、所有は原理的に不可能であることがわかります。地表
が私有地によって覆われているように見えても、実際には大地は誰のものにもなって

はいないのです。

5. 大地との平和：スチュワードシップ

この非所有を前提としてインドのモーハンダース・カラムチャンド・ガンディーは、「信託（trusteeship）」の思想を展開しました。それは、「土地の私有権を主張する地主たちは、実際には万人と万物自然に帰属すべき土地の管理を創造主から『信託』されているにすぎない」というものです［森本の要約、ガンディー 2010: 67］。

このような土地との関係性が、同様に私的所有を前提としない北米先住民の「スチュワードシップ」と通じているのは偶然ではありません[5]。カナダ・ユーコン準州のファースト・ネーションはヘリテージ（祖先から受け継いだ土地と暮らし）との関わりを次のように説明しています。

> かつて私たちは、私たちの土地とコミュニティをケアする義務を負っていました。長老から教わった信仰と価値は、私たちがいかに世界をケアするのかを示していました。今日、私たちは「スチュワードシップ（stewardship）」という言葉で土地、水系、動物、魚への義務を表現します。この義務は、私たちの信念、価値、慣習の一部なのです。それは私たちの社会システム、政治的・経済的実践、親族関係に織り込まれています［Yukon First Nations Heritage Group 2018: 1］。

大地をケアするという関わり方。それは単に所有物を好き勝手に利用するということではなく、生きている存在を、そのいのちを感じ取りながら大切に育むということであり、何より、人間もまた大地から育まれるという双方向的な関係性のことです［デ・ラ・カデナ 2017 をも参照］。さらに言えば、切り離された二者間の関係ではなく、大地の一部として人間が含まれる、包含の関係にあります。この点を保苅実はオーストラリア北部準州グリンジカントリーの長老のジミーじいさんから学び取って、言葉にしています。「大地」あるいは「世界は生きている」。そして「人間は車の一部ではないが、人間は世界の一部」であり、「世界は人間が手を加えて維持すべき客体ではない。そうではなく、人間が存在しているのは、世界が生きていて、その倫理性を維持しているからである。（中略）世界が人間をメンテナンスするように、人間が世界をメンテナンスするのである」［保苅 2018: 72-73］。「メンテナンス」を「ケア」に置き換えれば、これはスチュワードシップの存在論を内側から描写したものだということになります。

5　次のウェブページも参考になります：「先住民族と大地〜 Stewardship とは」https://decolonization.jp/canada#canada06（2022 年 11 月 14 日閲覧）。

6. 支配_{コントロール}無き平和へ

　大地に対する一方的な所有と 支 配（コントロール） の関係を止めたときにあらわれてくる生きてい・・・る大地の風景。ここで生命の章で述べた生命的自発性の存在論と、この章のテーマである平和とが合流します。生きている大地とは、生きとし生けるもの（そこに川や山や土や空も含まれます）がつながり合いながら動いている〈いのちの網の目〉のことでもあります［小田 2020］。その網の目の一部として人間も生きており、そこから自らを切り離して何かを所有したり支配したりすることはできません。この網の目は生きています。その自発の動きのあらわれである自分や他者の〈痛み〉を感じ取ったり、あるいはそれぞれの自発性が発揮されたりするようにケアをする。人間にできるのはそれに尽きます。この〈いのちの網の目〉を育むようなケア的な関わり方をスチュワードシップともいうのです。

　近代社会では覆い隠され、極小化されている生命的自発性が、生きている世界においては全面化しています。両者は水平の二項対立的な関係にはありません。生命の章で述べたように、生きている世界の方が、つねに垂直軸で深い基層の次元において働き続けており、人間がそれを 支 配（コントロール） できるという錯覚のために見えなくされているだけなのです。その錯覚の覆いを取ればいつでもそれはあらわれます。だからそれは狭い意味での「先住民族」に特殊な「文化」でも「信仰」でも「世界観」でもなく、あるいは古典的な「アニミズム」のように限定されたカテゴリーでもなく、そうした諸々の現象の存在論的な基層なのです。しかし近代によって周縁化されてきた「先住民族」や「伝統社会」において、その基層は隠されることなく、前提とされてきたといえるでしょう。そこでは声を発して語り、感情をもつのは人間だけではありません。この章の最初の節を「聴く耳と人の痛みのわかる心」と名づけ、それを平和の基礎として、人間に限定して述べました。生きている世界において、人間は大地に聴く耳を立て、大地の痛みのわかる心をもつことが、広くて深い平和の条件となります。

　近代において支配がもっとも過酷な形で行使されたのが世界各地の先住民族でした。生活基盤が根こそぎ奪われるという経験をしてきたのです。近代化や文明化の美名のもと、先住民族の土地に根差した暮らしは「遅れている」と一方的に蔑視され、否定されて、支 配（コントロール） と収奪の対象とされてきました。その尖兵となったのが、大学であり、そこに属する研究者、特に人類学者であったことを認めなければなりません［研究目的で行われた先住民族の遺骨の収奪について小田 2018］。この植民地支配の解消は現代における重要な平和のための課題です。そのプロセスを「脱植民地化（decolonization）」[6]といい、先住民族の権利回復はその重要な第一歩ですが、ここで

6　脱植民地化のためのポータル https://declonization. jp をも参照。

も人間だけに視野を限定するのではなく、生きている世界の回復を目指さなくてはなりません。脱植民地化はどこに向かうべきなのかは、すでに述べてきた先住民族のスチュワードシップの存在論から学び直すことができます。

　ところで先住民族（indigenous peoples）とは、欧米や日本などの宗主国によって植民地支配される以前にその土地に住んでいた人々という意味ですが、indigenous には「土地に根差した」という意味もあります。言い換えるとそれは「生きている大地とつながっている」ということです。生きている大地とつながり直すことは、「先住民族」とカテゴライズされない人間にも喫緊の課題です。脱植民地化と関連した概念で indigenization が使われることがあります。これは一つには先住民族の流儀に戻すという意味で、大学の授業に踊りや歌、物語を取り入れることを指したりします。けれどもそれを indigenous のもう一つの深い意味「生きている大地とつながっている」と関連づけて解釈すれば、自らを「自然」から切り離す価値観を身につけた人々（「近代人」）が、それを学び捨てて（unlearn して）、自らの裡で、そして周囲で動いている〈いのちの網の目〉へとつながり直すプロセスをも指すことになります。そこには、「自然」から離れれば離れるほど「進んでいる」と見なし、「途上国／先進国」のような地域区分の前提ともなっている近代に独特の時間性を問い直すことも含まれます。近代において「遅れている」と見下されて、打ち捨てられてきた「伝統」は、裏を返せば宝庫です。歌、祈り、踊り、物語、手仕事、生業などに、どれほどの智慧と工夫が込められているか再発見してください。そのときに宮本常一［1993］のような優れた伝統生活の記録者から学ぶことは多いですし、活字に頼らず身近なところにいる伝承者を見つけて教えを乞うのもいいでしょう。

　支配無き平和というテーマにはアナキズムが関連しています。アナキズムは「無政府主義」のように否定的なイメージがつきまといますが、支配をかいくぐる民衆の智慧なのです。人類学においてはジェームズ・C・スコット［2017］やデヴィッド・グレーバー［2006］がアナキズムに新しい光を当てていますし、上述の宮本常一［1993］は『相互扶助論』のピョートル・クロポトキン［2017］から示唆されながら、民衆の生活世界を発見していきました。

　以上のように書くと何か難しい印象をもってしまうかもしれません。それにこれだけ「近代化」が進み、所有と支配で固められてしまっているかに見える世界を前に、どうしたって変わらないとの無力感を抱くこともあるでしょう。しかし答えはもっとも簡単で、身近なところにあります。いかに強大に見える国家であれ、多国籍企業であれ、いのちの自発性を決して所有することも、支配することもできません。そのことが隠されているのです。その覆いを取り去ればいのちの風景はいつでもあらわれま

す。深くみるならば、近代化や、植民地支配は一度も完了していません。

　自分の息に注意を向けて、それがゆったり深くなるように整えることはすぐにでも
できます。それは何気ないようでしかしとても大きい変化です。そして他の人ととも
に、さらに大地とのあいだでゆったり深く息ができるように広げてゆけば、世界は自
ずと変わるでしょう。それがいのちとつながるということだからです。

参照文献

小田博志 2008「難民―現代ドイツの教会アジール」春日直樹編『人類学で世界をみる』ミネル
　　ヴァ書房 pp. 149-168.

小田博志 2014a「平和の人類学　序論」小田博志・関雄二編著『平和の人類学』法律文化社
　　pp. 1-23.

小田博志 2014b「歴史の他者と出会い直す：ナチズム後の「和解」のネットワーク形成」小田博
　　志・関雄二編著『平和の人類学』法律文化社 pp. 70-91.

小田博志 2015「小池喜孝―〈痛み〉からはじまる民衆史運動」テッサ・モーリス＝スズキ編
　　『ひとびとの精神史 第2巻 朝鮮の戦争―1950年代』岩波書店 pp. 313-339.

小田博志 2018「骨から人へ：あるアイヌ遺骨の repatriation と再人間化」『北方人文研究』11:
　　73-94.〈http://hdl.handle.net/2115/70076〉

小田博志 2019「トラウマと歓待――ホロコースト生存者の声を聴くことと当事者性」田中雅
　　一・松嶋健編『トラウマを共有する』（トラウマ研究2）京都大学学術出版会 pp. 21-53.

小田博志 2021「いのちの網の目の平和学」『平和研究』56: 1-26.
　　doi: https://doi.org/10.50848/psaj.56002

小田博志・関雄二編 2014『平和の人類学』法律文化社.

片倉もとこ 2008『イスラームの世界観：「移動文化」を考える』岩波書店.

ガンディー，M. K. 2010（1933）『獄中からの手紙』森本達雄訳　岩波書店（Gandhi, M. K. *From
　　Yeravda Mandir: Ashram Observances*. Navajivan Mudranalaya.）

カント，I. 2006（n.d.）『永遠の平和のために』中山元訳 光文社（Kant, I. *Zum ewigen Frieden*.）

岸上伸啓 2008「文化人類学的生業論：極北地域の先住民による狩 猟漁撈採集活動を中心に」
　　『国立民族学博物館研究報告』32(4): 529-578.

グレーバー，D. 2006（2004）『アナーキスト人類学のための断章』高祖岩三郎訳 以文社
　　（Graeber, D. *Fragments of an Anarchist Anthropology*. Prichly Paradigm Press.）

クローバー，T. 2003（1961）『イシ：北米最後の野生インディアン』行方昭夫訳 岩波書店
　　（Kroeber, T. *Ishi in Two Worlds: A Biography of the Last Wild Indian in North
　　America*. University of California Press）

クロポトキン，P. 2017（1902）『〈新装〉増補修訂版 相互扶助論』大杉栄訳（Kropotkin, P. *Mutual
　　Aid: A Factor of Evolution*. McClure Phillips & Co.）

サンコン，O. 1996『大地の教え』講談社.

シヴァ，V.・辻信一 2014『ヴァンダナ・シヴァのいのちの種を抱きしめて』SOKEIパブリッシ
　　ング.

スコット，J. C. 2017（2012）『実践 日々のアナキズム――世界に抗う土着の秩序の作り方』清水
　　展ほか訳　岩波書店（Scott, J. C. *Two Cheers for Anarchism: Six Easy Pieces on Autonomy,
　　Dignity, and Meaningful Work and Play*. Princeton University Press.）

高橋哲哉ほか編 2002『〈コンパッション（共感共苦）〉は可能か？――歴史認識と教科書問題を考える』影書房.

鶴見良行 1982『バナナと日本人――フィリピン農園と食卓のあいだ』岩波書店.

デ・ラ・カデナ，M. 2017（2010）「アンデス先住民のコスモポリティクス：「政治」を超えるための概念的な省察」田口陽子訳『現代思想 3 月臨時増刊号 人類学の時代』：46-80（de la Cadena, M. Indigenous Cosmopolitics in the Andes: Conceptual Reflections beyond "Politics". *Cultural Anthropology* 25(2): 334-370.）

デリダ，J. 2004（1997）『アデュー：エマニュエル・レヴィナスへ』藤本一勇訳 岩波書店（Derrida, J. *Adieu: à Emmanuel Lévinas*. Galilée.）

ノーバーグ＝ホッジ，H. 2021（1992）『懐かしい未来――ラダックから学ぶ［増補改訂版］』鎌田陽司監訳 山と渓谷社（Norberg-Hodge, H. *Ancient Futures: Learning from Ladakh*. Sierra Club Books.）

バル＝オン，D. 1993（1991）『沈黙という名の遺産――第三帝国の子どもたちと戦後責任』姫岡とし子訳 時事通信（Bar-On, D. *Legacy of Silence: Encounters with Children of the Third Reich*. Harvard University Press.）

星野英紀・浅川泰宏 2011『四国遍路――さまざまな祈りの世界』吉川弘文館.

ポランニー，K. 2003（1971）『経済の文明史』玉野井芳郎ほか編訳 筑摩書房（Polanyi, K. *Trade and Market in the Early Empires*. Henry Regnery Company.）

松田素二 1999『抵抗する都市――ナイロビ移民の界から』岩波書店.

宮本常一 1993『民俗学の旅』講談社.

ミンツ，S. 2021（1985）『甘さと権力：砂糖が語る近代史』川北稔・和田光弘訳 筑摩書房（Mintz, S. W. *Sweetness and Power: The Place of Sugar in Modern History*. Penguin Books.）

村井吉敬 1988『エビと日本人』岩波書店.

村井吉敬 2007『エビと日本人Ⅱ――暮らしのなかのグローバル化』岩波書店.

モーガン，L. H. 1990（1881）『アメリカ先住民のすまい』古代社会研究会訳 岩波書店（Morgan, L. H. *Houses and House-Life of the American Aborigines*. Government Printing Office.）

ル＝グウィン，U. K. 2011（1968）『ゲド戦記Ⅰ 影との戦い』清水真砂子訳 岩波書店（Le Guin, U. K. *A Wizard of Earthsea*. Puffin.）

レヴィナス，E. 2020（1961）『全体性と無限』藤岡俊博訳 講談社（Lévinas, E. *Totalité et infini: essai sur l'extériorité*. Martinus Nijhoff.）

Bar-On, D. 2002. Conciliation through Storytelling: Beyond Victimhood. In G. Salomon & B. Nevo (eds) *Peace Education: The Concept, Principles, and Practices around the World*. pp. 109-116. Lawrence Erlbaum Associates Publishers.

Bar-On, D. 2006. *Tell Your Life Story: Creating Dialogue Among Jews And Germans, Israelis And Palestinians*. Central European University Press.

Bar-On, D. 2008. *The Others Within Us: Constructing Jewish-Israeli Identity*. Cambridge University Press.

Yukon First Nations Heritage Group 2018. *Guide to Heritage Stewardship for Yukon First Nation Governments*. Heritage BC.〈https://heritagebc.ca/wp-content/uploads/2018/04/YFN-heritage-guide-feb-21.pdf〉（2022 年 11 月 14 日閲覧）

コラム7 ●●

障害・ケア・平和：安積遊歩さんとの 29 年から

小田博志

『癒しのセクシー・トリップ』[安積 1993]という刺激的なタイトルの本に私の手が思わず伸びたのは、かつて京都・四条河原町にあった丸善の新刊書コーナーでのことでした。それは 1993 年 12 月、上野千鶴子さんのキレのある帯文にも引かれ、さっそく購入。安積遊歩（あさかゆうほ）さんが、自身の半生をセクシュアリティーを交えて率直にときには赤裸々に語る、その言葉の勢いと輝きに魅了されて、翌年には東京国立市の当時のご自宅にまで会いに行ったほどでした。

遊歩さん（親がつけた名前は「純子」、自由に、誇り高く「遊び歩く」思いから自分でそう名づけたそうです）は、「骨形成不全症」という「障害」をもって生まれました。そのため外出する時には車イスを使っています。けれども「不全」も「障害」も社会の側が押し付けてくる分類に過ぎません。

その後、私はドイツに留学、遊歩さんは 2 年後に娘の宇宙（うみ）さんを出産されました。私が赴任した先の札幌で再びお目にかかり、交流が始まろうとは、当時想像すらしませんでした。遊歩さんは 2011 年の福島第一原発事故による放射能から逃れてニュージーランドに渡り、さらに札幌へと移住されていたのでした。

ところで、私の四国の実家の祖父は、家族の中で日陰者のような存在でした。その祖父があるとき、私に戦時中の話をしてきたことがあります。召集令状が来て、新兵訓練に行ったが、体調が悪くなり除隊された。帰った故郷では「非国民」呼ばわりされ、つらかった、という内容でした。そのことを再会したばかりの遊歩さんに話すと、「おじいさんは“平和の人”ですね、からだで軍隊を拒否したのですから」とおっしゃいました。これは私にとって祖父の評価がくつがえる、目から鱗の体験でした。遊歩さん自身「争えないからだ」をしています。戦争になれば真っ先に犠牲になり、また平時でも社会に浸透した「優生思想」によって犠牲にされ続けているのが「障害者」だ、という自身の切実な立ち位置から遊歩さんは「平和」を語ります。語る前に、遊歩さんは自身の子どもの頃の声を含め、社会の中でかき消されてしまう「小さい声」をよく聴く人です。

昨年（2022 年）12 月に私は遊歩さんから新しい本『このからだが平和をつくる』[安積 2022]をいただきました。そのテーマは「重度訪問介護」です。これは障害をもつ人が施設で管理されるのではなく、地域で自由に尊厳のある形で暮らせることを目指して、遊歩さんたち当事者が尽力してできた制度です。これがユニークなのは「見守り」というケアを含みこんでいることです。そしてそれはケアを前提とした社会への変化を促すものだと力説されています。「役立たずといわれてきた私たちが社会に出ることで、さまざまな仕事をつくりだし、経済を回し、尊厳と自由を根幹とした平和な社会をつくりだすことができる」[安積 2022：117]。ここには軍事的な安全保障とはまったく異なる、新しい平和のヴィジョンがあります。

当然のことですが最初の本と最新刊とのあいだには、遊歩さんの人生の変化と経験があり、それによる語り口と視野の違いがあります。しかしどちらもが自分の身から社会を逆照射し、

あたりまえを問い直し、よりよい世界を構想する点で、そうとは名づけられていませんが現代の重要なオートエスノグラフィー（第 12 章の石原真衣さんによるコラム 8 の記事を参照）といえます。

　優生思想とは、貨幣経済的な生産性という表面的で一方的な基準によって人を「健常者」と「障害者」に分け、優劣を押し付けるイデオロギーです。けれどもどんな人であれ生まれたときも死ぬ際にも障害者です。ですから「障害者」の存在は、いのちの自然であり、多様性の表現といえる面もあるのです。そして多様性を実現するのがケアの関係性です。この深くて広い〈いのちの思想〉を私は 29 年かけて遊歩さんから学んできました。

参照文献

安積遊歩 1993『癒しのセクシー・トリップ：わたしは車イスの私が好き！』太郎次郎社.
安積遊歩 2022『このからだが平和をつくる：ケアから始まる変革』大月書店.

第12章
エスノグラフィー

　エスノグラフィーとは、文化人類学の基本的な調査・研究の方法論です。それは、研究者が身をもって具体的な現場（フィールド）を経験し、その現場の内側からの理解に基づいて、研究上の問いを明らかにしていくという道のりです。エスノグラフィーの系統だった解説は教科書［例えば小田 2010］に譲るとして、この章ではそのいくつかのポイントを解説するとともに、後半では、従来型のエスノグラフィーを超える、生命論に基づいた調査・研究の方法論を構想します。

1. エスノグラフィーとは
　ギリシャ語の「（異なった）民族（*ethnos*）を書く・描く（*graphein*）」がエスノグラフィー（ethnography）の語源です。そこには自分たちとは違った人たち（他者）への関心が表れています。その違った人たちのなかに入って、その世界を内側から描き出そうとすることがエスノグラフィーの原型といっていいでしょう。
　これと関連のある概念として「フィールドワーク」がよく使われます。それはエスノグラフィー研究のなかの一つの段階である現場調査を指すものです。またフィールドワークはたんなる「現地や野外での作業」といった意味でポピュラーになっています。方法論としてのエスノグラフィーは、フィールドワーク（現場調査）を一つの段階として含みながらも、研究計画の立案や理論的考察、成果の発表といったプロセスを網羅します。また日本でエスノグラフィーは長らく「民族誌」と訳されてきました。この場合は、ある特定の「民族」に関する調査の報告書という狭い意味となります。しかしエスノグラフィーは近年ではいわゆる「民族集団」に限定せず、科学者の実験室、学校、サイバー空間などの多種多様で現代的な「現場」における調査研究に応用されるようになっており、カタカナ表記の方が誤解が少ないと思われます。
　さて、エスノグラフィーという研究のスタイルが人類学の分野で定着する画期となったのは、ブラニスラフ・マリノフスキが『西太平洋の遠洋航海者』を 1922 年に出版［マリノフスキ 2010］したことによってでした。ポーランド（当時はオーストリア領）生まれのマリノフスキは、当時イギリス領であったオーストラリアを旅行します。そのときに勃発したのが第一次世界大戦でした。オーストリア国籍だったマリノ

フスキは、イギリスの敵国人として出国が禁止され、やむなくその地域に留まらざるをえなくなります。そこで彼が赴いたのが、パプアニューギニアの東側にあるトロブリアンド諸島でした。彼はそこに足かけ 2 年にわたって滞在し、調査（フィールドワーク）を行いました。あらかじめ決まった質問項目について調べるのではなく、そこの人々と行動をともにし、現地の文脈に沿って調査を進めていきます。この調査のなかでマリノフスキは、現地語で「クラ」という一見奇妙な現象と出会います。それは貝殻でできた腕輪と首飾りを島々のあいだで交換するという慣習でした。「奇妙」というのは、当時のヨーロッパで広まっていた進化論的な経済の理論が、この現象にあてはまらないということです。けれども時間をかけてクラに関して調べていくと、それが航海術や儀礼やしきたりなどの様々な文化的要素と関わり合い、その独自の意味が理解できることがわかりました。この調査と分析の成果を、マリノフスキは上述の本に著したのです。そのインパクトは大きく、理論的には特にマルセル・モース［2014］の『贈与論』特に「互酬性（reciprocity）」の概念に影響を与えました。

　そしてマリノフスキのやり方は方法論の点でその後の人類学を決定づけることにもなりました。自分の側の視点が通用しない〈他者〉と出会った驚き・（センス・オブ・ワンダー）が、エスノグラフィーの出発点にあります。既存の解釈の枠組み、つまり理論が通用しないために、現場で一から理解を積み上げていくしかありません。ここからエスノグラフィーの、他の方法論とは根本的に異なる特質が生じることになります。それは、標準化・規格化（standardization）に抗する方法論［小田 2021］ということであり、言い換えると、現場を既存の理論で支配（コントロール）しない姿勢です。他者の世界を、自分の側の尺度で切り取るのではなく、できるだけありのままに浮かび上がらせるために、次の 3 つの手法を取ることになります。

1-1　参与観察

　英語では participant observation といい、part（部分）の語が入っていることからわかるように、これは現場（フィールド）の一員・一部となって、内側から観察するということです。これを調査方法の軸とするエスノグラフィーは、ですから、たんにインタヴュー調査でもありませんし、アンケート調査でもありません。現場の人々の声を聴くインタヴューは重要な調査の手法です。しかし、インタヴューでは言葉で把握されていることしか明らかになりません。意識され、言葉で表現されていることの底に、暗黙の次元［ポランニー 2003］が広がっています。その次元をも含めて現場を知るためには、そこに行為的に関わるほかありません。つまりインタヴューやアンケートなどの間接的な方法のみならず、むしろ調査者が現場を直接に経験するという点にエスノグラフィーの本質があるのです。またその現場の一員となるということは、

ある程度長い時間をかけなければかなわないことです。単発的な調査では表面的なことしかわからないでしょう。そうではない深い理解を、じっくりと醸していくのです。

1-2　文脈理解

生きものは周りの環境とのつながりのなかで生きています。魚を水から出して陸に置いておけば死んでしまいます。相手の生きた姿を知るには、その環境とセットで理解しなければなりません。エスノグラフィーもまた生きものモデルの方法論です。この場合、環境にあたるものを「文脈（context）」といいます。ある現場の事象は、それと関わりのある文脈の中で生じています。ですからある事象だけを切り取るのではなく、逆に、それを取り囲む文脈をも調べていくことになります。このような姿勢を文脈理解といいます。ある文脈の中でのその事象の生起は、他に同じものがなく、繰り返しのない、一回的なものです。この具体的な個別性、別の言葉でいえば存在のかけがえのなさを大切にすることにエスノグラフィーの特徴があります。個別性をじっくり観ることで、深い普遍性が浮かび上がってきます。このような推論の仕方は、演繹（デダクション）でもなく、帰納（インダクション）でもない、アブダクションと呼ばれます（言葉の章を参照）。むろん、個別の事象だけを観ていたのでは視野が狭くなります。他の似たような事象との比較をとおして、最初に観ようとしていたことの性質がはっきりとしてくるものですから、多様なアプローチを組み合わせることも重要です。トップダウン／ボトムアップという言い方がありますが、エスノグラフィーでは、既存の理論を"上から"現場に下すのではなく、現場から徐々に理解を積み上げ、ボトムアップに理論化を進めていきます。

1-3　問い直し

このようにして得られるエスノグラフィーの知は、既存の理論や定説の枠にはまらないものです。むしろ現場の視点から、自分にとってあたりまえであったものの見方を問い直す、つまり相対化する点に、エスノグラフィーに基づく人類学の面白さと意義があります。人類学の姿勢を表す言葉に "Making the strange familiar, and the familiar strange" があります。これを「奇妙なものをあたりまえに、あたりまえを奇妙に」と訳すことができるでしょうか。これが起こるのも、エスノグラファーが、現場で「これはなんだ！」という驚きを経験するからです。これが現場での〈問い〉の発見ということです。この現場の〈問い〉の答えが明らかになるに従って、それを奇妙に感じた自分のそれまでの考え方が揺さぶられ、他者の側から見たらそれは奇妙なものかもしれないとの視点の反転が起こります。このようにして視野が広がり、多様化するのです。これは硬直化した視点に風穴を開け、風通しをよくするという、非常

に意義のある仕事だといえるでしょう。

　「科学は客観的」という規範意識がみられますが、研究者が現場に積極的に関わる
エスノグラフィーは「主観的」なのでしょうか。そうではなく、これは「主観／客観」
の二元論を超えるものです。現実とは人々や物事の複雑な関わり合いのことです。こ
の関わり合いを知るためには、研究者もそこに関わり合う必要があります。こうした
姿勢を「関係論的（relational）」と呼びます。物事を関係から切り離して一方を「主
観」、他方を「客観」と呼ぶ、旧来の「科学性」とはよって立つ前提が異なっているの
です。研究者と現場との関わり合いから生まれる知見は、研究者の「主観的」な思い
込みではありませんし、研究者とは別に実在していると思い込まれる「客観的」な事
実でもありません。それは生きている知識であり、智慧なのです。

　このように〈他者〉との出会いを起源にもつエスノグラフィーは、〈他者〉の智慧か
ら学ぶ方法論といえるでしょう。その現代的な意義がますます認められ人類学を超え
て、社会学、心理学、言語学、教育学、医療保健、工学などの諸学問分野で用いられ
るようになっているばかりか、行政、開発、防災、マーケティングなど実務・実践の
場面へと応用の領域が広がっています。

2. エスノグラフィーのポイント

　さて、ここからはエスノグラフィーの要点を簡潔に述べていきます。2010 年に『エ
スノグラフィー入門』を出版してから、同書を用いてゼミ（文化人類学演習）を実施
していますが、それでもやはり行き詰まりやすい点があるようで、むしろそこにこの方
法論を理解する要（かなめ）があるようです。それだけエスノグラフィーは、人や物事、知識を
規格化する「学校」という文脈における異物（アノマリー）であり、だから心身が「学校化」された
人は戸惑うのかもしれず、ということはこれは、「学校」を内側から脱学校化し、脱規
格化する智慧なのかもしれません。

2-1　現場へと自分を開く

　「現場」（フィールド）とは現在進行し続ける場です。一つとして同じところはなく、時に応じて
移り変わり、関わる人と見る角度によって異なった側面が見えてきます。「現場」と
「文化」とは重なりながらも違っています。「文化」がすでに定まった意味と行動のパ
ターン、すなわちリアリティだとすれば、「現場」の半分はすでに定まっていながら、
もう半分は不確定な未来が生成し続けるアクチュアリティです［リアリティとアク
チュアリティについては木村 1994: 28-31 を参照］。自分がもっている知識は手放して、
自分の身と心を現場へと開きましょう。虚心に聞く耳を立て、見たいものだけでなく、
目に入ってくるものを見、具体的な現場の空気を全身で感じ取ります。そうすること

で意外な、思いもかけない発見があり、予想もしなかった驚きを経験し、ときには無意識に残っている枠組みにそぐわない何かに違和感を覚えることになります。そのような頭で覚えた知識があてはまらない出来事に、その場で、どう創意工夫して、柔軟に対応するかが智慧ということです。智慧は生きる 現場 (フィールド) で発揮されます。そして現場に開かれた姿勢をとることで、既存の思考の枠組みから外れる問いを受け取ることが可能になります。

2-2　問いから研究は育つ

　研究とは問いを明らかにすることです。わからないこと、知りたいことが研究の原動力になります。エスノグラフィー研究においては、現場でその問いを発見することに特徴があります。つまり現場は調査の場である以前に、問いの発見の場でもあります。そして、この問いが種子となって、一つの研究が育っていくのです。この問いを明らかにするために関連のありそうな情報を現場で集めることになりますし、その答えを自分で考えながら、文献を調べて自分の問いに光を当ててくれそうな言葉を探します。この過程で、当初の素朴な問いが、研究設問（research question）へと練り上げられていきます。

　この研究設問が、口頭発表や論文を組み立てるときの縦糸となります。もし先行研究をむやみに列挙してしまう、どの事例を選んだらよいかわからない、考察が散漫になるといった場合は、研究設問がまだあいまいで焦点が定まっていないことの「症状」だと考えられます。そのときは設問を適切に焦点づけ、エッジの立ったものへと練り直しましょう。適切な設問が、どの先行研究を引用するのか、どの事例をどのような構成で用いるのか、どのような考察と議論を展開するのかの選択基準となります。

　問いとは言い換えると謎です。どうしてかわからない、文献を読んでみても解けない謎を口頭発表や論文の冒頭でうまく使うと、聞く側・読む側の興味をかき立てることができるでしょう。その後に先行研究のレヴューを持ってきます。なぜなら先行研究も他人の理論も、あくまでもその謎を解くためにあるからです。またくれぐれも他人がつくった理論によりかからないようにしましょう。その謎を説明する理論を、最終的には自分の言葉でつくり出すものです。そのコツを以下で述べます。

2-3　先行研究と理論との関わり方

　初心者にとり先行研究と理論をどう扱うかが、つまずきの石になるようです。要点を述べると、「理論」とは他人がつくった"難しそうな"言葉ではなく、現場がよく見えるようになる視座です。また「先行研究のレヴュー」とは自分の設問をある研究分野に位置づけて、そこでこれまで何が明らかになっているのか／いないのかを見極め

て、自分の設問の独自性（オリジナリティ）を導くことであり、最終的には他人がつくった理論を現場にあてはめず、自分の言葉を対話的に生み出すことで結論を導くことを目指します。

①　理論とはものごとがよく見えるようになる視座

　現場で調査をすると、様々な事実関係の記録が集まります。現場を観察したフィールドノーツや、インタヴューを文字化したトランスクリプトなどです。それらをまとめて、その現場はこのようなところだ、このようなことが起こっている、と書くだけであれば、それは報告書であり、研究論文ではありません。事実関係に関する「分析」がないからです。そのような場合、聞く側・読む側は「詳しいことはわかった、で何が言えるの？」と感じてしまいます。一方で、「理論」をよそから借りてきて、現場に無理にあてはめてしまうなら、それによって現場がよく見えるようにはなりません。現場を既存の理論で支配しないという姿勢が重要です。エスノグラフィーの場合、現場の具体的な事例がまず重要であり、それを描き出して伝えることが発表や論文の「中身」となります。そこから現場がよく見えるようになる言葉を組み立てていきます。これが「理論化」の作業です。また研究者と現場の、また現場の事例と先行研究との対話からエスノグラフィーの分析は進んでいきます。この「分析」についてもう少し詳しくみていきましょう。

　エスノグラフィー研究における「分析」とは、現場（フィールド）で経験したことを言葉にする作業です（言葉の章の「フォーカシング」と「アブダクション」の項をも参照）。現場で見たり、聞いたり、感じ取ったりして経験を重ね、問いについて考えていくうちに、最初は何かもやもやとした印象や〈感じ〉が生れてきます。それはいわゆる「データ」（フィールドノーツの記録やインタヴューのトランスクリプトなど）という具体的な情報のレベルというよりは、それらの「行間」に浮かび上がってくる、もう一段階抽象的な〈何か〉です。その〈何か〉にふさわしい言葉を与えること、もしくはそれを適切に名づけることがここでいう分析です。言い換えると、具体的な現場の事例から何が言えるのか、と問うて、その答えを考えていくということです。その答えを考えていくなかで理論が立ち上がっていきます。

　具体的な物事をくくって、それを表現した言葉を「概念（concept）」といいます。「生命」や「平和」などは概念です。既成の概念もありますし、もしそれでピタリと来ない場合は、研究者が概念を創造することになります。物事を概念的なレベルで把握できる力が、エスノグラフィー研究においてきわめて重要です［「概念力」については小田 2010 115-137］。

　「理論」とは複数の概念で組み立てられた、事象を説明するための言葉の枠組みのことです。「理論」というと、何かことさらに難しく考えたり、他人が書いた文献（本

や論文）から借りてこようとしがちです。しかし理論にあたる英語 theory の語源は、古代ギリシャ語の「眺める」です。つまり物事をどう見るかが原義です。理論を何らかの現象を説明する言葉の枠組みだと理解すれば、自分で理論を手づくりすることもできることがわかります。

②　先行研究に縛られるのではなく、それから自由になるためにレヴューをする

　理論を手づくりといっても、大学で研究をするのであれば、自分の研究を何らかの研究分野に位置づけることが求められます。研究とは、研究者コミュニティの中で行う社会的な行為だからです。自分の研究課題をある程度広い、例えば「生業研究」「映像人類学」「クィアスタディーズ」といった分野に位置づけることを考えてみて、そこで従来、どのような研究が行われ、何が明らかにされているのか／いないのかを調べます。これが先行研究のレヴューという作業です。先行研究のレヴューとは、先行研究に縛られるためではなく、そこから自由になるために行います。つまりこれまでの研究ではまだ明らかになっていないことを知り、それを自分の研究設問と結びつけるのです。発表や論文の先行研究のレヴューの部が、断片的な知識の羅列、他者の理論の列挙になっている場合がありますが、それはまずいやり方です。ある程度の広がりのある分野と、特定の理論とを分けて考え、発表や論文の導入では、ある分野における研究の流れを概観して、そのなかで自分の研究設問の独自性（オリジナリティ）を主張する筋立てにすると、一貫性が高まります。ある研究を評価する重要な基準が独自性（オリジナリティ）です。他人の言葉を現場にあてはめることでは独自性は出てきません。自分の言葉を生み出す姿勢が重要となります。先行研究を調べ始めると、文献の海に溺れそうになりがちですが、エスノグラフィー研究では現場の具体的な事象が"中身"です。そこからボトムアップに分析を進めるように気をつけましょう。

③　既存の理論で現場を支配（コントロール）しない

　これはエスノグラフィーの本質（スピリット）に関わることなので、繰り返し伝えます。現場で生きている人たちも、そこで起こる出来事も、すべてオリジナルです。いかに偉大な学者が打ち立てた、高名な理論であっても、現場の複雑な事象を説明し尽せるものではありません。そうした既存の理論を現場に持ち込んであてはめようとするのは避けましょう。むしろあてはまらないのはどこかを見極めて、既存の理論にチャレンジし、それでは説明できない部分にふさわしい言葉を手づくりしていきましょう。

2-4　現場との対話・先人との対話・自分との対話

　言葉を手づくりするといっても、それは独りよがりのものであってはいけません。

それは三方の対話（dialogue というより trilogue と呼ぶべきかもしれません）で進行します。現場との対話において、そこを描き、とらえるのに無理がなく、ふさわしいものかどうか。先人の行った研究との対話において、どれは使え、どこからは使えないのか。そして自分自身との対話において、その言葉は、自分が現場で理解したことを表現するのにしっくりくるのか。これらを意識しましょう。

2-5　借り物の言葉を離れ、独自な言葉を生み出す

　このような対話のプロセスを通して、自分の言葉が形づくられていきます。これは既存の、教科書などの本に書かれている言葉から離れて、生きている現実に沿った言葉を創造するという、かけがえのない営みです。オリジナリティとは、表面的な意味で他人と違っているということではなく、根源的という意味でもあります。自分自身の深く内側から生み出されたものは、おのずからオリジナルなのです。独自性の「自」という文字も、木村の指摘によると根源的な自発性を表すのでした［木村 2005］。自分とは周りから切り離されて、閉じた存在ではなく、様々なつながりが結節して生じる〈場〉であると見えてきます。エスノグラフィー研究において、私は智慧ある言葉を生み出す〈場〉となるのです。他人からの借り物の言葉ではなく、自分自身のほんとうの言葉で語りましょう。

3. 生命論的なエスノグラフィーを構想する

　以上で、従来型の（といってもかなり生命論よりになっていますが）エスノグラフィーの要点を説明しました。いずれにせよ、研究者が自分のホームから離れたフィールドに出かけて、それを内側から理解し、既存の枠組みを相対化する（問い直す）という姿勢は変わりありません。

　そんなマリノフスキ的なエスノグラフィーは、この百年間、膨大な知見を集積してきましたが、それは人類学者を縛ることにもなってきたのではないでしょうか。上述のように、それは歴史の偶然からはじまったものです。であればそれを問い直して、別の可能性を探ることもできるはずです。近年では「文化」への一般化に抗して、個別的なものを描き出すエスノグラフィー［Abu-Lughod 1996］、研究者自らの経験から世界を逆照射するオートエスノグラフィー［石原 2020; アダムス 2022 のほか、石原真衣のコラム 8 を参照］、あるフィールドと他の複数のフィールドとの関係をとらえる多現場エスノグラフィーなどの試みがあります［多様なエスノグラフィーについては小田 2021 を参照］。また存在論的転回以後、人間・文化中心主義を超え人間と他の生物種との絡まり合いをとらえるマルチスピーシーズ人類学、人間とモノを同位においてそれらが織り成す関係性をみるアクターネットワーク論などが注目されていま

す。

　ここでは生命の章で述べた生命論的存在論によってエスノグラフィーを基礎づけしてみたいと思います。そこで生命とは、「自発の動き」のことでした。無限定で根源的な自発の動きが森羅万象として生成しており、客観／主観、物質／精神、自然／文化などの二元論もこの自発の動きの別様のあらわれと見えてきました。ここからエスノグラフィーはどのような姿になるでしょうか。

　来たるべき生命論的なエスノグラフィーを構想するために、ここでは『土中環境』[高田 2020] という書籍を手掛かりとしたいと思います。これは元来、人類学プロパーのエスノグラフィーではなく、学術書でもありません。むしろそうした制約から自由なところから、著者の高田宏臣氏は人間を含めた自然環境に関わり、その現場経験から得た智慧が同書には豊富に収められています。生きている世界と関わりながら研究をする「経験の学」の方法論を同書から学び取りましょう。

　高田氏は若いころ住宅開発に携わりました。造成許可を得るためにその現場の裏山の崖を削ってコンクリートで固める工事をします。ところがそれまで安定した自然環境だった裏山は、その工事の後、みるみる荒れていき、コンクリート擁壁の上のケヤキの巨木が、根こそぎ倒れるに至ります。工事をしたために、土中の水脈が停滞し、ケヤキの根が枯れてしまったのでした。これが契機となって、高田氏は地下の水と空気の流れ、植物の根と微生物の共生が織り成す環境が、地表の状態を左右することに気づきます。それを高田氏は「土中環境」と呼ぶことになります、その後、日本全国の土砂災害や水害の現場、森林環境を見て回り、それをとおして、現代の土木建築が土中環境を変え、地表の環境悪化や災害の多発につながっていること、そして「その土地に暮らす人々にとって安全で豊かな環境を保つためには、見えない土の中から健康な状態を保たねばならない」[高田 2020: 12] ことを自覚します。それと同時に、それまであたりまえに思ってきた、現代の造園と土木実務の「すべての技術、知識、先入見を徹底的に見直していきました」[高田 2020: 12]。これは翻って、「先人がコツコツと積み上げてきたかつての土木造作の中には、現代にはほとんどかえりみられなくなってしまった大切な智慧が、実にたくさんある」との再発見にもつながりました。『土中環境』はこれらの洞察を多様な現場の実例に即して述べた本です。本書から生命論的なエスノグラフィー、あるいは「生きている世界のエスノグラフィー」の方法論を読み取って、それを前提、現場、調査、分析、意義の５点からみていきます。

3-1　前提：基層に立ち還る

　従来のエスノグラフィーは、人間だけに閉じた世界を前提に、研究者がその世界に外から入り込んで調査をする形を取ってきました。これに対して、生命論的なエスノグラフィーでは、人間も含めた存在の基層を前提とします。研究者もまたその基層の一部です。高田氏はその基層を「自然環境」と表現します。それは通常言われる、人間から切り離された自然環境とは違います。

> 　ここで述べる「自然環境」とは、いわゆる「人工環境」の対義語としての意味ではありません。都会を含むすべての大地と、そこを起点として水と空気が循環することで息づく環境全体を示します。そこには私たち人間も含まれます［高田 2020: 6］。

　個々の生物だけでなく、その「環境」もまた「息づいて」います。ですから高田氏のいう「自然環境」とは、生命の章で述べた「生きている世界」と重なります。水や空気が流動する生きている自然環境の中で、人間も含めた動植物、昆虫、微生物などが互いにつながりながら生きており、その「いのちの網の目」の特殊なあらわれとして人間の「社会」とか「文化」というものもある。その基層に立ち還り、その生命の流動のただなかで、「研究」を行うことになります。そこでは「研究」も生きるという営みの一つになります。

3-2　現場：生きている現場

　高田氏の「現場」とは、環境再生のために働きかける現場であり、あるいは伝統の土木造作の智慧から学ぶ現場です。それは人間を含めて生きている現場です。秩父多摩甲斐国立公園内の森林崩壊箇所において、人間の建設した道路、ダム、トンネル、擁壁などの建造物によって、土中の水と空気の流れ（通気浸透水脈）が分断され、その症状として地上で松枯れ、そして森林崩壊が生じていることを高田氏は読み取っています［高田 2020: 28］。

　あるいは松林の枯死が深刻化していた新潟県太夫浜 海辺の森において、これまでその原因がマツクイムシだとされ農薬散布が繰り返されても問題が解決しないなかで、高田氏は環境改善プロジェクトに取り組んで、一定のエリアで薬剤散布を停止して、土中環境の改善に着手します。横溝・縦穴を掘削したり、炭や枝葉を埋設したりすることで、土中の通気浸透性が高まり、改善を開始してからの 4 年間（2019 年現在）、そのエリアでのマツクイムシの被害はゼロとなったとのことです［高田 2020: 184-7］。

　千葉県香取郡神崎町は「発酵の里」と呼ばれ、古来、日本酒が醸造されてきた土地です。ここで酒蔵を見るときにも、高田氏はその酒蔵だけを切り取り、人間の活動だ

けに注目するのではなく、その裏山の神社と鎮守の杜、隣接する墓地、酒蔵の建物に住み着いた微生物、土中の水と空気の流れ、および菌糸のネットワークをトータルにとらえ、そのつながりのなかに人間の酒造りの営みがあることを描き出しています。高田氏と対談した、その酒蔵の当主・寺田氏は「微生物が答えを出してくれている」と語ります［高田 2020: 149］。酒造りの現場においては、発酵のプロセスを人間が完全にコントロールすることはできず、「菌に委ねる」ほかはない［高田 2020: 150］。つまり人間が一方的に酒を造るのではないということがうかがえます。また高田氏が現場経験をとおして言葉にした「土中環境」の理論について、寺田氏は「言葉で説明してくださったことで、日頃体感していたことの意味が確認できました」と述べています［高田 2020: 147-8］。この研究が現場の人々に「言葉をもたらす」という役割については他の文献においてもみられます［波平・小田 2010; 岡 2013 など］。

　人間に限定した社会や文化でもなく、人間を除外した自然や環境でもなく、両者が関わり合う現場。文字どおり目に見えない土中の空気や水の動き、微生物の活動をも含めた複雑な関係性が動き、その動きに人間の活動もおのずと組み込まれている生きている現場。エスノグラフィーの現場（フィールド）をこのように開くことを、高田氏の仕事から学ぶことができるでしょう。ではそのような現場をどう「調査」すればよいのでしょうか。

3-3　調査：感性と想像力を用いた深い観察

　「見えない部分で無限の要因が絡み合って成り立つ自然の摂理は、計量化や理論化（＝定量化）ができない部分がほとんど」と高田氏が述べるように、生きている世界は森羅万象が重重に関わり合って動いており、その動きのなかに「研究者」もいるわけですから、何らかの事象の「客観的」な認識はそもそも不可能です。それでは、そのような現場の事象をどう「調査」することができるのでしょうか。高田氏は上の文章に続けて「現実の事象を観察し、想像力をもって体感的に感じ取って補うことも必要」と言います［高田 2020: 100］。目の前の事象をただ見るだけではなく、その奥に広がってその事象を生起せしめている動きを感じ取り、想像することで事象とその環境を総体的に知ることができるということです。想像といっても、それは何もないところで勝手に何かを想像するということではなく、現場に身をもって関わることに裏打ちされた「行為的直観」（西田幾多郎）もしくは「構想力」といってもよいでしょう［木村 2005: 67-80］。自分を固定して、その向こうにある客体を認識しようとする浅い観察に対して、これは研究者が自我の縛りをゆるめて、自分とその事象が生起している基底の〈場〉に参与して可能になる〈深い観察〉です。海に立つ波の比喩を使うと、表層の波だけを見ることと、波が生じる海のうねり、風の動き、月の力などを観

て取ることの違いです。高田氏の著書には、土中の空気と水の動きを伝えるために随所で「イメージ断面図」が掲載されています。

　このように説明すると難しい印象を与えるかもしれませんが、「感じ取ること」は人間がいのちとしてふだん行っていることです。それを抑え込むのを止めればすぐにでも可能です。心地よいか、不快か。楽に息ができるか、息詰まるか。いきいきしているか、荒れているか。しっとりしているか、カサカサか。こうした〈感じ〉は決して些細なものではなく、生きている現場を知るための重要な生命感覚です。この感性に注意深い観察、事実関係に関する情報、既存の知識を総合して、現場の実相と直結した〈智慧〉が結晶するのでしょう。人類学者は〈感性〉や〈感覚〉という場合でも、往々にして「フィールドの人々の感覚」に注意をあててきました。しかしここで言っているのは、「人々」を介さずに、人類学者自身が現場でどう感じるかです。

　私（小田）は北海道内の山中で森林再生の現場に関わってきました。ここでは広葉樹が主体の森が広がり、それを利用するアイヌ民族の暮らしがありましたが、明治以降の植民地化の中で、それらの木は伐採され、トドマツやカラマツなどの針葉樹が植林されました。この森林再生とはそれらが皆伐された後の土地をナショナルトラストの形で買い取り、そこに広葉樹の森を再生するという取り組みです。あるエリアは谷

写真 12-1　自然に再生した木々（2021 年 5 月小田博志撮影）

合の砂地で笹が一面に生い茂り、いくら植樹してもエゾシカに食べられて全滅を繰り返していました。シカよけのネットを張ろうが、電牧柵を設置しようが無駄です。しかし、この最難関のエリアで、私の視野の片隅に、育たないはずの木が育っているのが飛び込んできました（写真 12-1 中央）。ネットの中に入って近づいてみると、十数本のシラカバの木々が密集して、すくすくと育っています。それは過去に近辺にある倒木を積み重ねた場所で、そこにシラカバの種が落ちて実生となり生育したようです。まことに不思議なのは、人間が植えた苗木をシカは食べてしまうのに、この実生の木々は食べられていないことです。

　ここで私と高田氏の接点が生れました。メッセンジャーでこの件について高田氏から「健全な森環境での植物間コミュニケーションが取れているかいないかで、被食防衛反応が起きるか起きないか、が鍵となります。同じ樹種の新芽でも、シカに食い尽くされる個体とちょっとかじるだけの個体、味比べすると分かります」（2021 年 6 月23 日）との見解が寄せられ、実際にその現場のシラカバの葉を嚙んでみると強い苦みが感じられました。そしてその実生の木々の根元は、倒木が土に戻りつつあり、他のカラカラの砂地とは明らかに違う土壌となっているのが観て取れました。それまで人間の手で森林再生をしようとして失敗に終わってきましたが、倒木更新の環境にすることで森林はおのずから再生していき、苗木を食べつくす悪者として見ていたシカがそのように振る舞わない場合があることに気づかされました。まことに人間は自然をコントロールできず、その営みをお手伝いできるだけなのです。

　このような具体的な現場での具体的な経験（気づきや驚き）をいかに「分析」するのかが次のステップとなります。

3-4　分析：現場と循環する言葉

　現場で起こっていることにフィットする言葉を与えることが分析の要となります。高田氏は通常意識されない地下の環境が地上の現象を左右していることに気づいて、それを「土中環境」と言い表しました。そして土中における空気と水の動きを「通気浸透水脈」と概念化しています［高田 2020: 36］。このようにそれまで意識されてこなかったが、実際には働いている現実に言葉を与えることで、それは見えるようになり、思考し、関われるようになるのです。この「言葉にする」という局面においても体感は重要です。自分が現場で感じ取り、把握した何かを言い表すのにその言葉がふさわしいかどうかもやはり、その言葉が「しっくりくる」「フィットする」と感じられるかどうかによるからです。現場を体感し、その体感にフィットする言葉は、現場とつながり循環する、本当の意味での「言の葉＝事の端」だといえます。

　生命論的エスノグラフィーとは、実際はそうであるのに、「我見（人や物をつなが

りから切り離して実体視すること）」によって覆い隠されている存在の基層をあらわにする作業です。基層は認識可能な現象よりも深い次元です。地表にあらわれた木々や湧き水よりも、土中環境が深いところにあるように。この基層という場所から、垂直的な相対化を行うことが可能となります。表層的な現象のみを見て、それを外からコントロールしようとする近代の傾向を深く問い直し、それとは違う根本的な解決策を提示することができるのです。高田氏は「コンクリートなどの大きな力と重量で固める」といった現代においてはあたりまえの土木工学のやり方は、それが通気浸透水脈を分断し、停滞させるため、根本的な防災にはつながらないのだと論じています［高田 2020: 158］。これは垂直軸を降りなければ見えてこない視野です。生命論的なエスノグラフィーは、水平的な相対化しか行いえない従来のエスノグラフィーと、この深さの次元で違っています。そしてこの深い視野から、自然の生命的な営みを「押さえ込むのではなく［…］、地形自らが安定していくような土木造作」［高田 2020: 159］を行ってきた先人の〈智慧〉を正当に再評価できるようになるのです。

3-5 意義：生業が風景をケアする

　環境や土地は「自律的」に安定しようと働いている［高田 2020: 162］。言い換えると、これは自然環境の「自発性」ということです。
　大学の研究目的で行われるエスノグラフィーは、論文を書いたらそれでおしまい（デッドエンド）となる傾向にありました。研究と現場とが切り離され、研究の意義という場合にも、何らかの研究分野のなかでの意義がまず考えられます。しかしそれでは倫理上問題があるばかりでなく、自発的に動き、妨げなく循環していく自然の摂理にも反しています。近代においてはあたりまえであった研究の在り方自体を問い直すべきなのでしょう。高田氏の『土中環境』は現場と直結し、現場と循環する言葉で書かれています。そこに本書自体が研究目的のエスノグラフィーに対する批判であり、それを来たるべきエスノグラフィーの範としてここに取り上げる理由があります。ここに綴られた言葉に、読む者に土中環境への視野を開く力があります。それは単なる知的理解に留まらず、読む者の心身を揺さぶって、その感性を開き、暮らし方を変えていくほどのインパクトです。

　　　自然の営みと一体となって健全な大地を保ちながら、風景・風土をつくる。それがかつての土木造作だったのです。その造作を通じて環境はより良い形で息づき、安定し、人の営みの積み重ねが豊かで安全な郷土を育んできました［高田 2020: 174］。

　こうして高田氏が述べていることを、先住民族の文脈でいうと「スチュワードシッ

プ（stewardship）」という言葉になります（第 11 章 5. を参照）。スチュワードシップ
とは、人間が大地を所有しコントロールする近代的な関係性とは根本的に違い、生き
ている大地の一部としての人間が、大地をケアし健やかに保って、次世代に受け継い
でいくということです。環境保全なるものがふだんの生活と別にあるのではなく、人
間が生きることそのものが自然環境をいきいきと保つことにつながる。「生業」とい
う言葉には、本来そのような意味がありました。生業と生命とが一致する基層を明ら
かにして、言葉で的確に表現し、再び見えるようにする仕事。これが、これから開か
れるべき道であろうと私には感じられます（それはもはや「エスノグラフィー」と呼
べないのかもしれません）。コントロールからケアへの動きを推し進め、いのちの自
発性が躍動する風景をよみがえらせる研究・実践・生活。それはこれからあらわれて
いくでしょう。

参照文献

アダムス，T. E. ほか 2022（2015）『オートエスノグラフィー：質的研究を再考し、表現するため
　　の実践ガイド』澤和正・佐藤美保訳　新曜社（Adams, T. E., S. Jones & H. C. Ellis.
　　Autoethnography: Understanding Qualitative Research. Oxford University Press.）
石原真衣 2020『〈沈黙〉の自伝的民族誌（オートエスノグラフィー）サイレント・アイヌの痛み
　　と救済の物語』北海道大学出版会.
岡　檀 2013『生き心地の良い町：この自殺率の低さには理由がある』講談社.
小田博志 2010『エスノグラフィー入門：〈現場〉を質的研究する』春秋社.
小田博志 2021「質的研究とエスノグラフィー」波平恵美子編『文化人類学』（第 4 版）医学書院
　　pp. 27-54.
木村敏 1994『心の病理を考える』岩波書店.
木村敏 2005『あいだ』筑摩書房.
高田宏臣 2020『土中環境：忘れられた共生のまなざし、蘇る古の技』建築資料研究社.
高田宏臣 2022『よくわかる土中環境』PARCO 出版.
波平恵美子・小田博志 2010『質的研究の方法：いのちの〈現場〉を読みとく』春秋社.
野口晴哉 1976『健康生活の原理：活元運動のすすめ』全生社.
フリック，U. 2011（2007/2009）『新版　質的研究入門：〈人間の科学〉のための方法論』小田博
　　志監訳　春秋社（Flick, U. *Qualitative Sozialforschung.* Rowohlt, 2007 および *An intro-
　　duction to qualitative research.* Sage, 2009）.
ポランニー，M. 2003（1966）『暗黙知の次元』高橋勇夫訳　筑摩書房（Polanyi, M. *The Tacit
　　Dimension.* The Chicago University Press.）
マリノフスキ，B. 2010（1922）『西太平洋の遠洋航海者：メラネシアのニュー・ギニア諸島にお
　　ける、住民たちの事業と冒険の報告』増田義郎訳　講談社（Malinowski, B. *Argonauts of the
　　western Pacific.* Routledge & Kegan Paul.）
モース，M. 2014（1923-1924）『贈与論』森山工訳　岩波書店（Mauss, M. Essai sur le don,
　　L'Année Sociologique, N. S. tome 1, 1923-1924: 30-186.）
米盛誠二 2007『アブダクション』勁草書房.

Abu-Lughod, L. 1996. Writing against Culture. In Richard, G. F. (ed) *Recapturing Anthropology: Working in the Present*, pp. 137-162. School of American Research Press.

Malkki, L. H. 1995. Refugees and Exile: From "Refugee Studies" to the National Order of Things. *Annual Review of Anthropology* 24: 495-523.

Oda, H. 2006. "Because We Are a Community of Refugees": An Ethnographic Study on Church Asylum in Germany. *Journal of the Graduate School of Letters*, Hokkaido University 1: 17-29.

Oda, H., 2012, Ethnography of Relationships among Church Sanctuary Actors in Germany. In Lippert, R. & S. Rehaag (eds) *Sanctuary Practices in International Perspectives: Migration, Citizenship and Social Movements*, pp. 148-161. Routledge.

コラム8 ●●●
オートエスノグラフィ──「私」──が拓く世界

石原真衣

　オートエスノグラフィは文学的自伝とどのように違うのでしょうか。オートエスノグラフィが拓く未来や希望はどのようなものでしょう。ここではこういった問いに私なりの答えを提示してみたいと思います。

　拙著『〈沈黙〉の自伝的民族誌（オートエスノグラフィー）』は、タイトルにオートエスノグラフィが冠された日本で初めての書籍として刊行されました。当時、既存の学問への反逆でもあったオートエスノグラフィという手法を、大学院生だった私が採用することは命がけの闘いでした。権威ある「研究者」のほとんどが、オートエスノグラフィという方法論を疑い、私を挫折させるあらゆる言葉を放ち続けました。それでも私は、オートエスノグラフィが拓く未来を信じていました。

　私は先住民族アイヌの母方の祖母をもち、「開拓のリーダー」である琴似屯田兵の系譜の父方の祖母をもちます。「アイヌでも和人でもない」という私の存在を理解できる人は、私のオートエスノグラフィ以前には誰一人いませんでした。「私」は歴史にも現在にも──つまり未来にも──存在しませんでした。私は他者の言葉で自分の痛みを意味づけないためにオートエスノグラフィを書きました。オートエスノグラフィによって世界に刻まれる「私」は、歴史的および社会的構造のリミナルな──過渡的な──領域にいるといえるでしょう。分類できない存在は、危険なものであると同時に新しい世界の創造に関与するという点で大いなる可能性を秘めるコミュニタスでもあります。

　「私」の痛みと言葉は、他者表象の死角を照らし出すことによって、まだ誰も知らない私たち人類の世界を可視化させる可能性を秘めています。他の誰も知らない世界や痛みや言葉は、オートエスノグラフィを通じてしか生まれないオリジナルな知性を創造すると思います。

　オートエスノグラフィを書くことは、自己にまとわりつく他者の言葉への違和感に徹底的にこだわること、そこから誰も知らない世界を提示することによって達成されます。また客観性や他者表象の虚構や欠落を照らし出すことで、学術そのものに刺激を与えることすらできます。異文化は数か月かけて歩いたり船に乗ったり、あるいは十数時間飛行機に乗って赴かなくても、自分自身にもつまっています。それはあなた以外他の誰も赴くことができない

という点において、あなただけが赴き書くことができる「異文化の世界」です。そこにはまだ人類が知らない世界がつまっています。これからたくさんのオートエスノグラフィが、私たち人類の文化と感性と知性を豊かにすることを願っています。

参照文献

石原真衣 2020『〈沈黙〉の自伝的民族誌（オートエスノグラフィー）』北海道大学出版会.

北村毅 2022「《特集》オートエスノグラフィで拓く感情と歴史」『文化人類学』87(2)：191-205.

おすすめの映画／書籍など

第1部　ケイトリン・コーカー推薦

エスニシティや人種についてインターセクショナルな観点から考えたいという場合、次の作品をおすすめします。

栗原奈名子（監督）　2008　『ブラジルから来たおじいちゃん』
ヤン・ヨンヒ（監督）　2006　『ディア・ピョンヤン』
井筒和幸（監督）　2005　『パッチギ！』
ジョン・M・チュウ（監督）　2018　『クレイジー・リッチ！』

日本でのフェミニズムに関しては、次の作品をおすすめします。

栗原奈名子（監督）　1993　『ルッキング・フォー・フミコ』
松井久子（監督）　2015　『何を怖れる―フェミニズムを生きた女たち―』
村山英治（監督）　1981　『八十七歳の青春　市川房枝生涯を語る』

ジェンダーと表現に関しては、次の作品をおすすめします。

松永大司（監督）　2011　『ピュ〜ぴる』
岩井俊二（監督）　1996　『スワロウテイル』
レイチェル・タラレイ（監督）　1995　『タンク・ガール』

身体表現に関しては、次の作品をおすすめします。

ヴィム・ヴェンダース（監督）　2011　『ピナ・バウシュ　踊り続けるいのち』
荒井美三雄（監督）、土方巽（振付・演出）　2004（1973）『夏の嵐―土方巽』
斉藤洋平（監督）、東野祥子（振付・演出）　2021　『HEAVEN』
ジム・シャーマン（監督）　1976　『ロッキー・ホラー・ショー』
ハーバート・ロス（監督）　1984　『フットルース』

人物に関しては、次の人の生き方を紹介します。

「劇団態変」の主宰者　金満里さん。

第2部　山口未花子推薦

動物について考えるためのヒントになるために参照できそうな本や映画を紹介します。人類学の本は本文の中で参照しているので、ここでは人類学以外の分野から選びました。

動物とともに暮らす人たちの生活に入り込む。

煎本孝　2002　『カナダ・インディアンの世界から』　福音館文庫
水木しげる　2002　『水木しげるのラバウル従軍後記』　中公文庫

生物学の視点。

盛口満　2011　『僕らが死体を拾うわけ』　ちくま文庫

コンラート・ローレンツ　1998　『ソロモンの指環』日高敏隆（訳）　ハヤカワ文庫

黒田末壽・西江仁徳（シリーズ編）　2021〜2022　『新・動物記』シリーズ 1 〜 7 巻以降継続
　　刊行　京都大学学術出版会

アーネスト・シートン　1997〜1998　『シートン動物誌』今泉吉晴（監訳）1 〜12 巻　紀伊國
　　屋書店

なぜ動物を描く（表す）のか、というところから考える。

土取利行　2008　『壁画洞窟の音』　青土社

土取利行　1999　『縄文の音』　青土社

齋藤亜矢　2014　『ヒトはなぜ絵を描くのか』　岩波科学ライブラリー

鴻池朋子　2016　『どうぶつのことば──根源的暴力をこえて』　羽鳥書店

映画：アニメーション映画には人間の想像力や表現力を駆使して他者の視点から世界を見ることを可能にする力があります。

ルネ・ラルー監督、ロラン・トポール画　1973　『ファンタスティック・プラネット』

ユーリ・ノルシュテイン（監督）　1975　『霧につつまれたハリネズミ』

宮﨑 駿（監督）　1997　『もののけ姫』

なかなか行くことのできない場所における人々と動物のかかわり。

ヴェルナー・ヘルツォーク（監督）　2012　『世界最古の洞窟壁画　忘れられた夢の記憶』

ロバート・フラファティ（監督）　1947　『極北のナヌーク』

ビャンバスレン・ダヴァー＆ルイジ・ファロルニ（監督）　2003　『らくだの涙』

肉を食べることを考える。

纐纈あや（監督）　2013　『ある精肉店のはなし』

ジャン＝ピエール・ジュネ ＆ マルク・キャロ（監督）　1991　『デリカテッセン』

第 3 部　小田博志推薦

岩田慶治　1991　『草木虫魚の人類学』　講談社学術文庫

賢者の趣をたたえた人類学者・岩田慶治。1970 年代に出版したこの『草木虫魚の人類学』をはじめとする著作において、今日の「存在論的転回」「マルチスピーシーズ人類学」に当たることを、岩田は自前の思索によってすでに深いレベルで表現しています。流行に左右されず、借り物の言葉によらない姿勢こそ学ぶべきでしょう。「人間と草木虫魚とのあいだに、互いにその根柢をわかちあう場所がなければ、真に自由な人間の世界が保証されない」[岩田 1991：295]。これを読むと岩田人類学が自由の思想であったことがわかります。

宮本常一　1993　『民俗学の旅』　講談社学術文庫

宮本常一は歩く人でした。歩く〈遅さ〉で村々を訪ね、人々の土地に根差した生活を記録し続けました。その際に宮本が徹底して貫いたのが、現場を既存の理論で支配しないという姿勢でした。宮本の人生の歩みがここではゆったりと語られています。

保苅 実　2018　『ラディカル・オーラル・ヒストリー：オーストラリア先住民アボリジニの
　　歴史実践』　岩波現代文庫

「世界は生きている」ということを前提にした「大地の存在論」が語られる第2章の66ページ以降は非常に重要。これは生命論的エスノグラフィーの先駆です。

今田求仁生（編）　1990　『愚者の智恵：森の心の語り部たち』　柏樹社

入手困難ではありますが、「ひとつらなりのいのち」の風景を、今田求仁生がどろ亀さん、志村ふくみ、西岡常一らそうそうたる人たちと語り合った、かけがえのない書物です。

志村ふくみ　1998　『色を奏でる』　ちくま文庫

これはもっとも美しい文庫本かもしれません。志村ふくみが草木染めの真髄を語った「色をいただく」は、見開き2ページの短文でありながらエスノグラフィーの真髄にも通じます。井上隆雄の写真とあとがきもまた見事です。

鷲田清一　2015　『「聴く」ことの力：臨床哲学試論』　ちくま学芸文庫

とかく〈不可聴化〉されがちな「聴く」という行為についての思索は、人類学者のフィールドでの営みの深い理解へも誘ってくれるでしょう。

木村　敏　2005　『あいだ』　ちくま学芸文庫

木村生命論の出発を告げる記念碑的書籍。1988年初版のこの本は、人類学の生命論的基礎づけのためにまず参照されるべき名著でもあります。

空海（松長有慶　訳注）　2021　『吽字義釈』　春秋社

まず『空海』（松長有慶 2022 岩波新書）で入門してから、本書をはじめとする空海の著作を実際に読むと、その存在論、生命論、身体論、言語論などの根源的な〈新しさ〉に目を見張ることになるでしょう。空海はスピノザと並び立つ存在です。

高田宏臣　2020　『土中環境：忘れられた共生のまなざし、蘇る古の技』　建築資料研究社

エスノグラフィーの章で詳述したとおり、これは未来のエスノグラフィーを告げる書です。

ヴィム・ヴェンダース（監督）　1987　『ベルリン天使の詩』西ドイツ・フランス

どこか遠く離れた地でもなく、いつか遥かな過去や未来でもなく、いまここで暮らしている日常こそが奇跡であることに気づかせてくれる名作。

あとがき

　本書は北海道大学文学研究院文化人類学研究室の教員３人が、共同で担当している授業の教科書を作ろうというところから始まりました。したがってこの本の執筆には、北大で教えてきた学生たち、とくにコラムを寄せてくれた６名をはじめとする大学院のゼミ生との対話から大きな影響を受けています。

　また、教員それぞれがこれまでに師事してきた先達から受けた教えや、ともに切磋琢磨した学生時代の友人たちから受けた刺激も大きな糧となっています。そして何よりフィールドで出会った人々は、時に師として、友人として、あるいは家族として、長く時に大変なフィールドワークを豊かなものにしてくれました。

　これらの人々に大きな感謝の意を示したいと思います。

　最後に、この本のそもそものきっかけを作ってくれたナカニシヤ出版の宍倉由髙さんにもお礼を述べたいと思います。原稿を丁寧に読んで適切に助言を添え、３人の執筆者を信じて長い執筆・校正の作業に粘り強く付き合ってくださいました。宍倉さんの励ましがなかったら完成にたどり着けたかどうかわかりません。

　お世話になった多くの人々とのあいだに生成したものとして描かれた本書が、多くの人の手に渡り、その人の生になんらかの知恵をもたらすものになることを願っています。

山口未花子　ケイトリン・コーカー　小田博志

索　引

事項索引
（［　］は当該語の載る文脈を，⇒は当該語と対になる語を示す）

in alphabetical order
ANT　54, 58
conceptualization　58-59
decolonization　171-172
enact　54
epistemology　139
experimentation　58, 61
going native　9
hospitality　170
indigenization ⇒ decolonization　173
indigenous　173
Les Techniques du Corps　38
LGBTQIA+　32
reflexivity　58-59
Riot grrrl　21
things　47, 55, 58
Thinking Through Things：TTT　55, 58
Women, Culture, and Society　23

50 音順
あ行
あいだ［インゴルド；動物］　106-107, 110
あいだ［エスノグラフィー］　155
あいだ［木村敏］　143
アイデンティティ　iv, 27-28, 31, 43, 47, 106
アイヌ民族　165-166, 190
アクター　24, 28, 54, 58, 99, 143
アクターネットワーク　140
──理論　54, 99, 101, 140, 143, 186
アクチュアリティ　144, 182
浅い観察 ⇒ 深い観察　189
アシュアール　100
あたりまえ　8, 15, 37, 43, 48, 59, 61, 135, 137-139, 154, 177, 181, 187, 192
アッサンブラージュ　102
アナキズム　173

アナロジズム　100, 140
アニミズム　v, 91-94, 100-101, 140-141, 172
アフェクト　53, 62-65, 68
アフェクトゥス　63
アフェクト概念　62-63
アフェクト的転回 ⇒ 情動論的転回　62
アブダクション　vi, 153, 155, 181, 184
アボリジナル　89-90
アマゾニア　100, 108
暗黒舞踏　41, 59-60
息　68, 138, 174, 188, 190, 192
生きている　vi, 29, 37, 42, 46, 64, 106, 111, 127, 137-143, 145-147, 158, 171-173, 182, 185-190, 193
──世界　vi, 145-147, 172-173, 187-189
イグルー　73
痛み　vi, 44-45, 63, 87, 164-167, 172, 194
──のわかる ⇒ 聞く耳　vi, 164-165, 172
いのち　138, 141, 171-174, 177, 188, 190, 193
──の網の目　172-173, 188
──の自発性　174, 193
──の存在論　141
イロコイ族　8-9, 11
インターセクショナリティ　26
インダクション　155, 181
ヴィジョン・クエスト　125
ウーマンリブ　22
動き　vi-vii, 43, 49, 57, 61, 65, 68, 90, 107, 110, 129, 131, 135, 138, 141-146, 154, 156, 159, 172, 187, 189, 192
──の原初性　141
エージェンシー ⇒ メタエージェンシー　30-31, 33, 58, 140, 143-144

——論　58
エスノグラフィー　ii-iii, vi, 63, 147,
　154-155, 157, 179-193
Xジェンダー　iv, 17
エッジ⇒辺縁　102-103
エピジェネティクス⇒後成学　42
遠近法　74, 108
オートエスノグラフィー　177, 186, 194-195
オジブワ　88
おのずから　138-139, 143, 146, 159, 186,
　191

か行
我　166
階層性　94
概念　23, 25-26, 47, 58, 76, 153, 184
　——化　58-60, 65, 144, 191
影　vi, 165-167, 169
我見　146, 166, 191
カスカ　77, 79-80, 116-119, 122-124,
　126-129
家畜　81-83, 87, 168
　——化　9, 74, 106, 111
神　7, 25, 94, 144
柄⇒地　137
カラハリ狩猟採集民グウィ　46
カルシッコ　148-149
考えるに適す⇒食べるに適す　v, 89, 94,
　99, 103
感覚的な人類学　47-48
関係性　vii, 21, 28, 42, 53, 57-58, 102, 108,
　145, 154, 163-164, 171, 177, 186, 189, 193
関係論　56, 180
観察　7, 91, 109, 114, 137, 184
　　　浅い——　189
　　　経験的——　116
　　　参与——　ii-iii, 46, 154, 180
　　　深い——　vi, 189-190
感性　vi, 109, 155, 159, 189-190, 192, 195
環世界　101
歓待⇒非所有　vi, 164-165, 169-170
規格化　135, 180, 182
聴く耳⇒痛みのわかる　vi, 164-165, 172

気候変動　75, 140, 167
記号論　41, 157
基層⇒表層　vi, 137-138, 140-141, 146-147,
　154, 172, 188-189, 192-193
　——の次元　140-141, 172
規範　17, 19, 30-31, 39-40, 76, 79, 90
　——意識　182
ギミ族　28-29
キャバレー　56-57
共通感覚　46-47
共同体　v, 23, 80, 110, 124, 169
漁労　87, 89, 118, 120
儀礼⇒浄化儀礼；通過儀礼；豊穣儀礼　27,
　39, 87, 90, 93, 122-123, 180
供犠⇒動物供犠　73, 88, 94
クランコ族　44-45, 47
グローバル気候変動　140, 167
グローバル資本主義　167, 169
ケア　vi, 54, 171-172, 176-177, 192-193
経験的観察法　115-116
経験の学　144-146, 159, 187
傾向性　62
芸術　11, 18, 41, 47, 91-92, 154
研究設問　183, 185
言語行為　30
言語相対主義　152-153
言語の手前　46, 50, 63, 154
現象学　29, 44, 48, 50, 55
現生人類⇒ホモ・サピエンス　136
現代人類学　v, 9, 12, 18
現場⇒フィールド　vi, 57, 143, 152,
　154-155, 159, 163-164, 170, 179-192
行為主体性⇒エージェンシー　30, 103, 135,
　140, 143
行為遂行性⇒パフォーマティヴィティ　29
行為的直観　189
行為能力　143
後成学⇒エピジェネティクス　42
構造主義　39, 41-42, 50, 55, 157
互恵性　78-80
互酬性　78, 94, 180
コソヴォ自治州　163-164
言葉　vi, 60, 68, 76, 83, 96-97, 110, 129,

137-138, 144, 146-147, 151-159, 170,
　180-181, 183-186, 189, 191-193, 194
子とらせ　83
コリヤーク　94
婚姻関係　93
根拠関係　142
根源　127, 140, 143-146, 158-159, 170
根源［言葉］　144, 159
根源的経験主義　44
根源的自発性　143-144, 146, 186-187
コンタクト・ゾーン　102-104
コントロール⇒支配　vi, 127, 135, 141-142,
　144, 146, 154, 163, 166-167, 172, 180, 185,
　189, 191-193
コンパッション　165

さ行
再帰人類学　108
再帰性　58-60, 65
再帰的な眼差し　33
再分配⇒分配　73, 168
サイボーグ宣言　24
搾取　11, 19, 27, 56
サピア＝ウォーフ仮説　153
参与観察　ii-iii, 46, 154, 180
地⇒柄　137-138, 140, 142
飼育　82, 87, 94, 119, 168
ジェンダー　v, 17-18, 20, 22, 24, 26-33, 45,
　53-54, 56
自給自足　168-169
資源　v, 9, 25-26, 44, 55, 73-74, 82-83, 85,
　87, 89, 99, 118, 123, 136
　──利用　74, 87
自己差異化　143
自己成立以前　143
思春期　20-22, 125
自然［科学］　5-14, 24, 37, 54-56, 93, 100,
　114, 135, 137, 141
自然［存在］　25, 32, 53, 55-56, 62, 81, 139
自然［ジェンダー］　22-24, 29-32, 38, 53
自然［人間］　vi, 90, 136, 139-140, 152, 173
自然［文化］　vi, 22-26, 42, 44, 50, 53, 56,
　58, 61, 98-99, 135-143, 185

自然環境　73, 148, 187-188, 192-193
自然人類学⇒文化人類学　13, 109, 137, 152
自然と人間のつなぎ直し　vi, 140
自然と文化のつなぎ直し　136-137, 141
自然（じねん）　138
実験　41, 56, 58, 60-61, 65, 79
実行⇒enact　54
実相　139, 146, 158, 190
支配⇒コントロール　vi, 12, 23, 25-27, 41,
　46, 57, 81, 106, 127, 135, 141-142, 144, 146,
　154, 163-165, 172-173, 184
自発性⇒根源的自発性；生命的自発性　vi,
　141-144, 146, 154, 156-157, 159, 172-174,
　186, 192-193
自発の動き　vi, 135, 144, 146, 154, 156, 159,
　172, 187
指標記号　157
自文化中心主義　139
社会進化論　7, 12
社会的リアリティ　29
シャマン　90, 125
種　v, 5-7, 62, 74-75, 81, 83, 89, 101-103,
　105, 107, 110-111, 123-125, 136
主／客および内／外分離以前　140
集合的沸騰　68
狩猟　74-78, 80-81, 85, 87, 89-91, 93-94,
　101, 110, 115-120, 126-129, 131
　──採集　74-75, 77, 80-81, 85, 89-91,
　93, 116-118, 120
循環［アフェクト］　65
循環［言葉］　vi, 191-192
循環［贈与］　79
循環［習慣］　45
浄化儀礼　40
象徴　v, 39, 41, 46, 48, 59, 87, 89, 93
　──記号　157
　──人類学　48
　──体系としての身体　39
　──論　88
情動　41, 63-65, 105-107, 110, 128
情動論的転回　v, 50, 53, 62
植民地主義　6, 9, 12, 25, 53, 136, 169-170
食物分配　77

初源的同一性　80
女性・文化・社会　23
所有⇒非所有　65, 77, 89, 94, 135, 142, 146,
　169-173, 193
　　──の概念　94
新型コロナウイルス　140, 169
進化論　7-9, 11, 42, 180
真剣に受け取る　11, 48, 60, 108, 110, 126,
　156
人種（race）　5-6, 13, 18, 26-27, 136
　　──主義　6, 9, 12, 152
新進化主義　73
人新世　103, 108, 130
心身二元論　37, 43-45, 50, 58, 65
　　──の克服　42, 44, 53, 55
親族関係　8-9, 171
身体　iv-v, 1-, 19, 21, 23, 25, 28-31, 37-,
　53-, 62-65, 74-76, 80, 82-83, 93, 96,
　100-111, 121, 126-127, 129, 131
　　──化論　44-46, 48
　　──技法論　38
　　──の人類学　37-38, 42-43, 46, 48
　　──表現　30, 43, 56, 127
　　──論　37, 39-42, 44, 48, 50, 53
　　自然な──　39, 42
　　社会的な──　39-40, 42
信託　171
信頼から支配へ　81, 106
人類　i, 13, 74-75, 81, 91, 135-137, 146,
　156-157, 163, 165, 168, 170, 195
　　──中心主義　137, 156-157
垂直軸　139-140, 143, 172, 192
水平軸　139
頭蓋計測学　18
スチュワードシップ　vi, 171, 192-193
ストリップティーズ　57
性自認　29
生成　iii, vi, 28, 32, 42, 68, 102-103, 106-107,
　110, 131, 140-141, 145, 158, 182, 187
　　──変化　iv, 24, 42, 48, 63, 103-108,
　110, 127, 129
生命　vi, 63, 65, 108, 131, 135-, 151, 156,
　159, 187-188, 193

生命的自発性　vi, 141, 143, 146, 154, 159,
　172
生命論　vi, 135-, 141-145, 147, 157, 159,
　186-188, 191-192
　　──的存在論　135, 141, 143, 147, 187
世界観　56, 81, 100-101, 172
世界内存在　44, 46
生態人類学　73, 103, 109
性別　21, 24, 27, 29, 32, 53
先行研究　vi, 29, 140, 183-185
センザンコウ　88
先住民族　136, 138, 141, 146, 152, 167,
　171-173, 192, 194
千のプラトー　103-104
想像力　vi, 41, 189
相対化⇒問い直し　181, 186, 192
相対主義　73, 139-140
贈与　27-28, 58, 76-81, 90, 94, 121, 180
ソンガイ　47-48
存在論　vi, 25, 28, 33, 53-63, 65, 99-101,
　135, 138-143, 146-147, 159, 171-173, 187
　　──的転回　v, 33, 50, 53, 55-56, 58,
　61, 100, 109, 139-141, 186

た行
退化論⇒社会進化論　7-8
大地　vi, 119, 137-138, 146-147, 159,
　170-174, 188, 192-193
第二の性　23
対話　i, vi, 91, 93, 143, 165, 184-186
　　──者　61
多元化　60
多自然主義　61, 100-101
脱構築　22, 24, 26, 33, 59, 86, 107
脱植民地化⇒ indigenization　12-14, 136,
　172-173
脱性差　26
脱人間中心主義　25, 61
多文化主義　61, 101
食べるに適す⇒考えるに適す　v, 73-74,
　89, 94, 99, 103
魂　62, 86, 93, 122, 140
多様性　i, iv, 101-102, 136, 177

知恵　　i - ii, vi, 22, 77, 117-118, 128-130
智恵　　ii
智慧　　ii, vii, 136, 158, 165-166, 173,
　　182-183, 186-188, 190, 192
知覚　　63, 103, 105-106, 127, 131, 146, 158
知の世界システム　　12
チペワイアン　　80, 93-94
中動態　　vi, 107, 153-154
超自然　　90, 125
超自然的互酬性　　94
通過儀礼　　28, 45, 125
つながり　　vi-vii, 4, 8, 79, 81, 90-91, 93-94,
　　138-139, 145-146, 149, 151-152, 155, 158,
　　166-167, 169, 172-173, 181, 186-189, 191
つなぐ言葉　　137, 146
適応　　7, 74-75, 136
テクノロジー　　25-26, 31-32
デダクション　　155, 181
哲学　　86-87, 99
問い　　ii, iv-vi, 21, 28, 31, 50, 53-54, 59-60,
　　62, 93, 126, 136, 138, 155-156, 163, 166,
　　179, 181, 183-184, 194
問い直し⇒相対化　　22, 24, 43, 62, 137, 140,
　　154, 177, 181, 186, 192
洞窟壁画　　91
動物機械論　　86
動物供犠　　73
動物になる　　103-105
動物論　　v, 86, 100
トーテミズム　　v, 88-93, 100, 140
トーテム　　89, 93
　　──ポール　　89
独自性［研究］　　24, 185-186
独自性［種］　　62
独自性［存在］　　87
独自性［文化］　　73
ともにあること　　107
ドラァグ・クイーン　　30-31
トリンギット　　89-91, 93, 124

な行
ナチュラリズム　　100, 140
生業　　74-77, 81, 87, 89, 93, 169, 173, 185,

　　192-193
肉体の時代　　41
二元論　　17, 22-26, 33, 37, 42-45, 48, 50, 53,
　　55, 58-59, 65, 86-87, 99, 101, 140-143, 153,
　　182, 187
二足歩行　　75, 136
二命名法　　5-6
人間中心主義⇒脱人間中心主義　　86, 99,
　　130
認識論　　iv, 25, 53-54, 57, 139-140
　　──的なアプローチ　　53, 57
認知考古学　　76
農耕　　73, 90

は行
パースペクティヴ　　61-62, 101
ハビトゥス　　45
パフォーマティヴィティ⇒行為遂行性
　　30-31, 33
パリ五月革命　　40-41
繁殖　　94, 111
半狩猟採集　　90
半族　　90
非象徴的な記号　　157
非所有⇒歓待　　vi, 169-171
ヒト　　v, 6, 18, 75, 80, 107, 123, 136
批判的人種理論　　6, 26
病気　　iv, 54, 76, 146
表現　　7, 29, 30, 41, 43, 50, 56, 61, 64, 83, 92,
　　97, 105, 127, 142, 144-145, 151, 153-154,
　　156, 159, 164, 170-171, 177, 180, 184, 186,
　　193
標準化　　180
表象　　39, 48, 50, 55, 63, 85, 88, 90, 141, 143,
　　157, 165, 194
　　──主義　　48, 50
表層的な次元⇒基層　　140, 189, 192
ひらめき　　iv, 155
ファストファッション　　167
フィールド⇒現場　　i - iii, 9, 12, 45, 48,
　　59-61, 65, 76, 89, 108-109, 113, 116,
　　118-119, 127, 137-138, 149, 154, 179-180,
　　182-184, 186, 189-190

――ワーク　ⅱ-ⅲ, ⅴ, 20-21, 24,
　44-48, 87, 94, 109, 113-116, 120, 125,
　129, 131, 136-137, 179
風景　ⅱ, ⅶ, 129, 163, 172-173, 192-193
フェミニズム　19, 21-23, 26-28, 33, 53, 106
――第一波　19, 22
――第二波　22-23, 33
フォーカシング　153-155, 184
深い観察⇒浅い観察　ⅵ, 189-190
複数の存在　54, 56-57, 100
舞踏カンパニー「倚羅座」　4, 10
普遍主義　139
文化（の定義）　11, 18, 136
――人類学　ⅰ, 19, 37, 59, 87, 136-137,
　139, 152, 157, 179
――生態学　73
――相対主義　55, 137, 139, 152
――盗用　11
――唯物論　73
分人　28, 33
分析　21, 26-28, 38, 44-45, 61-62, 88, 103,
　106, 143, 153-154, 180, 184-185, 187, 191
分配　77, 80
文脈　23, 26, 28, 30, 32, 37-38, 41, 47, 62, 93,
　144, 157, 169, 180-182, 192
――理解　181
平和構築　163-165
ベジアーゼの神話　80
辺縁⇒エッジ　102, 106
法界　145, 158
豊穣儀礼　88
ポールダンス　43, 49
北西海岸諸民族　89-90, 92
母系社会　90
牧畜民　82, 87
ポスト構造主義　40, 50, 55
ポスト表象主義　48, 50
ポストモダン　48, 50, 55, 61
ホモ・サピエンス　ⅴ, 6, 74-75, 111, 136

ホモ属　74, 111

ま行

マウントハーゲン族　27
マルチスピーシーズ　104, 109, 114
――人類学　ⅴ, 24, 33, 42, 102-104,
　186
身分制度　89
ミメーシス⇒模倣　101
民族　13, 89, 130, 179
――誌　18, 38, 47, 54, 87-88, 103, 125,
　179, 194
――集団　13, 179
メタエージェンシー⇒エージェンシー　144
メディシン　124-127
モノ⇒アクター　54, 57-59, 140-141
模倣　31, 46-47, 90, 101, 103, 105

や・ら行

野生　6, 81, 114, 118, 166
――性　105
――動物　81, 105-106
遊牧民　82-83, 94
ユカギール　101
余地［他者への］　164

ラポール（rapport）　9
力能　62, 65, 105
リプロダクティヴ・ライツ　23
理論　ⅰ, ⅳ-ⅴ, 7, 17, 23-24, 29-30, 33, 38,
　48, 54-56, 58-59, 61-62, 93, 99, 101, 153,
　155-156, 180-181, 183-185, 189
類似記号　157
類人猿　109, 136
霊　42, 61, 94, 101, 103, 123-125, 141, 170
霊魂　141
霊長類　25, 101, 108-110
――学者　101, 109-110
レレ　88

人名索引

in alphabetical order
Abu-Lughod, L.　186
Ardener, S.　23
Beatty, A.　65
Beauvoir, S. de　23
Bhopal, R.　7
Bourdieu, P.　45
Briggs, J.　65
Campbell, G.　65
Clifford, J.　11
Cromby, J.　65
DeVore, I.　74
Frankel, O.　8
Freeman, D.　21
Frühstück, S.　23
Goodman, A. H.　5
Gould, S. J.　18
Herdt, G.　28
Howard, J.　20
Holbraad, M.　58-59, 139
Kisner, M. J.　63
Kohn, E.　62
Lamphere, L.　23-24
Lee, R. B.　74
Levy, R.　65
Leys, R.　65
Lie, J.　13
Lutz, C.　65
Marcus, G. E.　11
Martin, D.　54
Martin, E.　65
Mazzarella, W.　65
Pedersen, M. A.　58-59, 139
Reiter, R.　23
Resek, C.　8
Rosaldo, M.　23-24, 65
Sandoval, C.　26
Shankman, M.　21
Skoggard, I.　65
Trautmann, T.　8
Tsing, A.　102

Waterston, A.　65
Wetherell, M.　65
Willis, M.　65
Woolgar, S.　54
Yukon First Nations Heritage Group　171

50 音順
あ行
アーメッド, サラ（Ahmed, S.）　26
安積遊歩　176
浅川泰宏　170
東 優也　13
足立 薫　110
アダムス, トニー（Adams, T. E.）　186
アリストテレス（Aristotle）　86
イームズ夫妻（Eames, C. & Eames, R.）
　107
五十嵐大介　96-97
池田晶子　ii-iii
石原真衣　177, 186, 194
伊谷純一郎　109
市川尚徳　30
市川房枝　20
井筒俊彦　159
今 貂子　4, 10, 49, 57
今西錦司　109
煎本 孝　80-81, 93-94, 115-116
岩田慶治　129-130, 137-138, 140
インゴルド, ティム（Ingold, T.）　i-iv,
　42, 48, 81, 91, 104, 106-108, 110, 114-115,
　141-142
ヴァイツゼカー, ヴィクトーア・フォン
　（Weizsäcker, V. von）　vi, 142-144
ヴァイツゼカー, リヒャルト・フォン
　（Weizsäcker, R. von）　164
ヴィヴェイロス・デ・カストロ, エドゥアル
　ド（Viveiros de Castro, E.）　56,
　60-62, 100
ウィラースレフ, レネ（Willerslev, R.）
　101
呉 納馨　30

上野千鶴子　22, 176
ウォーフ，ベンジャミン（Whorf, B. L.）
　vi, 152-153
魚住洋一　30
エイムス，ケネス（Ames, K. M.）　90
エヴァンズ＝プリチャード，エドワード
　（Evans-Pritchard, E. E.）　87
大島弓子　96
太田　満　13
大野　晋　138, 151
大橋由香子　19, 23
隠岐さやか　135
小田博志（Oda, H.）　vi, 146, 164-165,
　168-170, 172, 176, 179-180, 184, 186,
　189-190

か行
カークセイ，エベン（Kirksey, E.）　104
カーペンター，エドモンド（Carpenter, E.）
　131
海部陽介　136
加賀田直子　131
ガタリ，フェリックス（Guattari, P.-F.）
　62-63, 101, 103-107, 110, 114, 127
金森　修　86
金谷武洋　154
川田順造　136
ガンディー，モーハンダース・カラムチャン
　ド（Gandhi, M. K.）　171
カント，イマヌエル（Kant, I.）　170
菊水健史　111
岸上伸啓　169
北村功一　77-78
紀野一義　vii
木村　敏　vi, 138, 143-145, 154, 159, 182,
　186, 189
キャリー，マライア（Carey, M.）　64-65
ギンタス，ハーバート（Gintis, H.）　79
空海　vi, 144-146, 158-159
久布白落実　20
倉島　哲　38
栗原奈名子　23
グレーバー，デイヴィッド（Graeber, D. R.）

173
クレナック，アユトン（Krenak, Ailton）
　138
クレンショー，キンバリー（Crenshaw, K.）
　26
クロポトキン，ピョートル（Kropotkin, P. A.）
　173
桑山敬己（Kuwayama, T.）　12
ケイトリン，コーカー（Coker, C. C.）　iv,
　41, 60, 63, 65
ケージ，ジョン・フォン（Cage, J. von）
　131
ゲーテ，ヨハン・ヴォルフガング（Goethe,
　J. W.）　144
ゲルホルム，トーマス（Gerholm, T.）　12
玄奘　vii
コーン，エドゥアルド（Kohn, E.）　157
國分功一郎　38, 154
小長谷有紀　83
近藤祉秋　103

さ行
坂野　徹　13
佐藤知久　30
サピア，エドワード（Sapir, E.）　20,
　152-153
サリントヤ（薩仁図雅）　82
サンコン，オスマン（Sankhon, O. Y.）　170
シヴァ，ヴァンダナ（Shiva, V.）　167
シェクナー，リチャード（Schechner, R.）
　29
ジェル，アルフレッド（Gell, A.）　58
ジェンドリン，ユージン（Jendlin, E. T.）
　154-155
シマード，スザンヌ（Simard, S.）　158
ジミーじいさん（マンガヤリ，ジミー）
　146, 171
清水晶子　22
下平作江　165
ジャクソン，マイケル（Jackson, M.）　44-
　48
ショルダシュ，トマス（Csordas, T.）　44
白土三平　96

シンガー，ピーター（Singer, P.）　86-87
菅原和孝　44, 46-48, 50, 108-109
スコット，ジェームズ（Scott, J. C.）　173
鈴木俊貴　110-111
スチュアート，カスリーン（Stewart, K.）
　68
スチュアード，ジュリアン（Steward, J. H.）
　i , 73
ストーラー，ポール（Stoller, P.）　47-48
ストラザーン，マリリン（Strathern, M.）
　27-28, 53, 56, 58, 60, 99, 137
スピノザ，バールーフ・デ（Spinoza, Baruch
　de）　63, 107, 144, 159
スペンサー，ハーバート（Spencer, H.）　7
セメンヤ，キャスター（Semenya, C.）　32
ソシュール，フェルディナン・ド（Saussure,
　F. de）　156-157

た行
ダーウィン，チャールズ（Darwin, C.）　7,
　11, 14, 104
ターナー，ヴィクター（Turner, V. W.）
　29
ターナー，ブライアン（Turner, B.）　41
タイラー，エドワード（Tylor, E. B）　7,
　11, 13, 18, 141
高田宏臣　187-192
高橋延清　156
ダグラス，メアリ（Douglas, M. T.）　39-
　42, 44, 48, 88
田中佑実　148
谷口真由美　19
田房永子　22
千葉雅也　106
辻 信一　167
坪井正五郎　13
津曲敏郎　151
鶴見良行　167
デヴォア，アーヴェン（DeVore, I.）　74-75
デカルト，ルネ（Descartes, R.）　37, 43,
　48, 86-87
デスコラ，フィリップ（Descola, P.）　100,
　140

デュルケーム，エミール（Durkheim, E.）
　68, 88
寺田和夫　13
デリダ，ジャック（Derrida, J.）　86, 104,
　170
ドゥルーズ，ジル（Deleuze, G.）　60, 62-
　63, 101, 103-107, 110, 127, 144

な行
長倉洋海　138
中村 元　vii
中村美知夫　108
波平恵美子　189
西井涼子　63-65
西江仁徳　109
西田幾多郎　143, 159, 189
ニュートン，アイザック（Newton, I.）　86,
　155-156
ネルソン，リチャード（Nelson, R. K.）　81,
　114-115
ノーバーグ＝ホッジ，ヘレナ（Norberg-
　Hodge, H.）　169
野口晴哉　156
野村雅一　38

は行
パース，チャールズ・サンダース（Peirce,
　C. S.）　vi, 155, 157-159
ハイデガー，マルティン（Heidegger, M., H.
　F-W. von.）　86-87, 143
ハウズ，デイヴィッド（Howes, D.）　48
パスコウ，ブルース（Pascoe, B.）　90
バトラー，ジュディス（Butler, J. P.）　27,
　29-31, 33, 53, 143
ハナレグミ　iii, 129
ハラウェイ，ダナ（Haraway, D. J.）　24-
　26, 32-33, 44, 101-107, 110, 114
ハリス，マーヴィン（Harris, M.）　73
バル＝オン，ダン（Bar-On, D.）　165
パルソン，ギスリ（Palsson, G.）　42
バンヴェニスト，エミール（Benveniste, É.）
　154
ピーダーセン，モーテン（Pedersen, M. A.）

55, 58-59, 139
ビクレー，アン（Biklé, A.）　158
土方 巽　41, 56
平塚らいてう　20
ピンク，サラ（Pink, S.）　48
フーコー，ミシェル（Foucault, M.）　143,
　159
福岡伸一　141-142
フックス，ベル（hooks, b.）　12, 19
ブラッキング，ジョン（Blacking, J.）　42-
　44, 48
ブルーメンバッハ，ヨハン（Blumenbach,
　J. F.）　13
ブレイス，チャールズ（Brace, C. L.）　5
フレーザー，ジェームズ（Frazer, J. G.）　88
ブローカ，ピエール（Broca, P. P.）　18
ヘーゲルストランド，トルステン
　（Hägerstrand, T.）　107
ヘッケヴェルダー（Heckewelder, J）　169
ヘナレ，アミリア（Henare, A.）　55-56,
　58, 60
ベネディクト，ルース（Benedict, R.）　20
ベルクソン，アンリ（Bergson, H.）　89,
　144
ヘルムライヒ，ステファン（Helmreich, S.）
　104
ボアズ，フランツ（Boas, F.）　19-20, 152
ボウルズ，サミュエル（Bowles, S.）　79
保苅 実　146-147, 171
星野英紀　170
ホニッグマン，ジョン（Honigmann, J.）
　125-126
ポランニー，カール（Polanyi, K.）　168,
　180
堀場清子　20
ホルブラード，マルティン（Holbraad, M.）
　55, 58-59, 139

ま行
マクルーハン，マーシャル（McLuhan, M.）
　131
マシュナー，ハーバート（Maschner, H. D.
　G.）　90

松嶋 健　48
マッスミ，ブライアン（Massumi, B.）
　62-63, 65
松田素二　170
松長有慶　144-146, 158
マリオット，マッキム（Marriott, M.）　28
マリノフスキー，ブラニスラフ（Malinowski,
　B. K.）　iii, 179-180, 186
ミード，マーガレット（Mead, M.）　19-22,
　24
ミズン，スティーヴン（Mithen, S.）　76,
　85
三成美保　20
南方熊楠　145
宮﨑 駿　153
宮本常一　173
ミンツ，シドニー（Mintz, S. W.）　167
村井吉敬　167
メルロ＝ポンティ，モーリス（Merleau-
　Ponty, M.）　29, 44, 48
モーガン，ルイス・ヘンリー（Morgan,
　L. H.）　8-9, 11, 13, 169-170
モース，マルセル（Mauss, M.）　37-39, 48,
　180
モートン，サミュエル（Morton, S. J.）　18
森田亜紀　154
森本達雄　171
モル，アンマリー（Mol, A.）　48, 53-54
モントゴメリー，デイヴィッド
　（Montgomery, D. R.）　158

や行
箭内 匡　iii, 63
柳父 章　138
山極寿一　109-110
山口昌男　78-79
山口未花子　v, 88, 96, 110, 113-114, 127
吉田真理子　103
與那覇 潤　13
米盛裕二　155, 157

ら・わ行
ラトゥール，ブリュノ（Latour, B.）　54,

58, 99, 140-141, 143
ラドクリフ = ブラウン，アルフレッド
　（Radcliffe-Brown, A. R.）　88
リー，リチャード（Lee, R. B.）　74-75
リーバーマン，ダニエル（Lieberman, D. E.）
　75
リンネ，カール・フォン（Linne, C. von）
　5-7, 11-14
ル = グウィン，アーシュラ・クローバー（Le
　Guin, U. K.）　153, 166

レヴィ = ストロース，クロード（Lévi-
　Strauss, C.）　　ⅴ, 73, 85, 88-89, 91, 100,
　157
レヴィナス，エマニュエル（Levinas, E.）
　164, 170
レットソン，ジェームス（Letson, J. D.）
　68
ローズ，デボラ（Rose, D. B.）　146

ワグナー，ロイ（Wagner, R.）　56, 60, 99

著者紹介（執筆順）

ケイトリン・コーカー（Caitlin Christine COKER）第 1 部
北海道大学大学院文学研究院准教授
博士（人間・環境学）（京都大学）
著書に
『暗黒舞踏の身体経験――アフェクトと生成の人類学』京都大学学術出版会　2019（単著）
「「しぬかも」――ポールダンス実践で情動を体現させる生成変化」『文化人類学』86(4)：617-634.
　　2022（単著）
「ダンシング・カンノウ――ポールダンスからみたエロスの人類学」『官能の人類学――感覚論的転回
　　を超えて』（第 6 章）ナカニシヤ出版　2022（分担執筆）　他

山口未花子（やまぐち みかこ）第 2 部
北海道大学大学院文学研究院准教授
博士（文学）（北海道大学）
著書に
『ヘラジカの贈り物』春風社　2014（単著）
『人と動物の人類学』奥野克巳・山口未花子・近藤祉秋　春風社　2012（共編著）
「動物との対話――ユーコンと北海道での狩猟を通して」『マンガ版マルチスピーシーズ人類学』奥野
　　克巳・シンジルト編　以文社　2021（分担執筆）　他

小田博志（おだ ひろし）第 3 部
北海道大学大学院文学研究院教授
Dr.sc.hum.（ハイデルベルク大学）
著書に
『エスノグラフィー入門：〈現場〉を質的研究する』春秋社　2010（単著）
『質的研究の方法：いのちの〈現場〉を読み解く』春秋社　2010（波平恵美子と共著）
『平和の人類学』法律文化社　2014（関雄二と共編著）　他

呉 納馨　コラム 1
北海道大学大学院文学研究院博士後期課程在籍

レットソン ジェームス D.　コラム 2
北海道大学大学院文学研究院博士後期課程在籍

サリントヤ（薩仁図雅）　コラム 3
北海道大学大学院文学研究院博士後期課程在籍

加賀田直子　コラム 5
北海道大学大学院文学研究院博士後期課程在籍

田中佑実　コラム 6
北海道大学大学院文学研究院　助教

石原真衣　コラム 8
北海道大学アイヌ・先住民研究センター，先住民・文化的多様性研究グローバルステーション（GSI）
　　准教授

生きる智慧はフィールドで学んだ：現代人類学入門

2023 年 4 月 20 日	初版第 1 刷発行	定価はカヴァーに 表示してあります

　　　　　　　著　者　山口未花子
　　　　　　　　　　　ケイトリン・コーカー
　　　　　　　　　　　小田　博志
　　　　　　　発行者　中西　良
　　　　　　　発行所　株式会社ナカニシヤ出版
　　　　　　　〠606-8161　京都市左京区一乗寺木ノ本町 15 番地
　　　　　　　　　　　　　　Telephone 075-723-0111
　　　　　　　　　　　　　　Facsimile 075-723-0095
　　　　　　　　　　Website　http://www.nakanishiya.co.jp/
　　　　　　　　　　Email　iihon-ippai@nakanishiya.co.jp
　　　　　　　　　　　　郵便振替　01030-0-13128

装幀＝白沢　正／印刷・製本＝創栄図書印刷株式会社
Learning Wisdom in the Field: An Introduction to Contemporary
　Anthropology
Copyright © 2023 by Mikako Yamaguchi, Catlin Christine Coker, and
　Hiroshi Oda
Printed in Japan
ISBN978-4-7795-1608-5 C3036

本書のコピー，スキャン，デジタル化等の無断複製は著作権法上での例外を除き禁じられています。本書を代行業者等の第三者に依頼してスキャンやデジタル化することはたとえ個人や家庭内の利用であっても著作権法上認められておりません。